权威·前沿·原创

皮书系列为
"十二五""十三五""十四五"时期国家重点出版物出版专项规划项目

BLUE BOOK

智库成果出版与传播平台

城市社区蓝皮书

BLUE BOOK OF URBAN COMMUNITY

中国城市社区建设与发展报告（2022）

ANNUAL REPORT ON CONSTRUCTION AND DEVELOPMENT OF
CHINA URBAN COMMUNITY (2022)

对外经济贸易大学北京对外开放研究院

主　编／原　珂

社会科学文献出版社
SOCIAL SCIENCES ACADEMIC PRESS (CHINA)

图书在版编目（CIP）数据

中国城市社区建设与发展报告. 2022 / 原珂主编
. --北京：社会科学文献出版社，2023.4
（城市社区蓝皮书）
ISBN 978-7-5228-1689-0

Ⅰ.①中⋯　Ⅱ.①原⋯　Ⅲ.①城市-社区建设-研究
报告-中国-2022　Ⅳ.①D669.3

中国国家版本馆 CIP 数据核字（2023）第 060603 号

城市社区蓝皮书
中国城市社区建设与发展报告（2022）

主　　编 / 原　珂

出 版 人 / 王利民
组稿编辑 / 任文武
责任编辑 / 刘如东
责任印制 / 王京美

出　　版 / 社会科学文献出版社·城市和绿色发展分社（010）59367143
　　　　　　地址：北京市北三环中路甲 29 号院华龙大厦　邮编：100029
　　　　　　网址：www. ssap. com. cn
发　　行 / 社会科学文献出版社（010）59367028
印　　装 / 天津千鹤文化传播有限公司

规　　格 / 开　本：787mm×1092mm　1/16
　　　　　　印　张：21.25　字　数：315 千字
版　　次 / 2023 年 4 月第 1 版　2023 年 4 月第 1 次印刷
书　　号 / ISBN 978-7-5228-1689-0
定　　价 / 128.00 元

读者服务电话：4008918866

主要编撰者简介

原　珂　对外经济贸易大学北京对外开放研究院副研究员、教育与开放经济研究中心副教授、政府管理学院硕士生导师、公共服务管理与创新研究中心执行主任。南开大学周恩来政府管理学院博士毕业，英国格拉斯哥大学城市研究中心（Urban Studies）博士后（国家留学基金会公派）。现为新疆石河子大学政法学院副院长（援疆）。兼任南开大学公共冲突管理研究中心研究员，深圳大学城市治理研究院研究员，中国民族建筑研究会宜居城市与城乡治理专业委员会委员、副秘书长，中国社区发展协会第二届专家委员会委员，北京市人民政府研究室合作外脑专家，广东带路城市发展规划研究院专家委员，《理论探索》特约编辑等。

主要研究方向为公共政策、城市问题与社区治理、教育经济管理等，主持或参与国家社会科学基金项目、自然科学基金项目、国际合作项目及部委委托项目 30 余项。出版《中国特大城市社区治理：基于北上广深津的调查》《城市社区治理理论与实践》《"三社"联动机制建设与协同治理》《学习型城市视域下北京社区教育资源统筹管理研究》《中国城市治理》《北京"四个中心"建设及其协同发展》等多部著作，在《中国行政管理》《中国软科学》《国家行政学院学报》《社会主义研究》等中英文期刊发表学术论文 100 余篇，其中多项研究成果得到国家领导人和相关部门的批示与采纳。曾获南开大学优秀毕业生、对外经贸大学"惠园优秀青年学者"等荣誉称号，博士学位论文《中国特大城市社区冲突与治理研究》曾分别于 2017 年和 2019 年获评南开大学、天津市优秀博士学位论文。

宁　晶　对外经济贸易大学北京对外开放研究院、政府管理学院讲师，硕士生导师。北京大学政府管理学院博士，北京大学—哈佛大学联合培养博士。主要兼任北京大学中国国情研究中心研究员、清华大学数据治理研究中心研究员、上海交通大学健康长三角研究院研究员、《中国公共卫生管理》编委。

主要研究方向为社会治理与健康政策、计算社会科学等，参与教育部哲学社会科学重大课题"社会治理与公共服务"、北京市社科基金规划项目"接诉即办地方性立法的实施及效果评估研究"等项目。在《社会学研究》、《公共行政评论》、《国家行政学院学报》、*Health Policy and Planning*、*Social Policy and Society*、*Health and Social Care in the Community* 等中英文期刊发表论文 30 余篇，并且参与了多个全国性调查项目的设计与执行工作。担任 *Health Policy and Planning*、*Science Report*、*International Journal for Equity in Health*、*International Journal of Health Policy and Management*、《公共管理评论》、《公共行政评论》、《经济社会体制比较》等国内外学术期刊审稿人。

王　雨　天津大学建筑学院长聘副教授（北洋学者英才计划），硕士生导师。担任中国城市科学研究会韧性城市专委会委员、天津市城市规划学会理事、规划实施专委会委员、天津市海河英才人才计划资助成员、天津市重点培养"项目+团队"成员、天津市科技局专家库成员、中英重大国际合作研究团队成员。英国格拉斯哥大学城市研究中心博士后，英国利物浦大学地理与规划专业博士（国家建设高水平大学公派项目）。

主要研究方向为城市更新与社区营造、城乡韧性发展。在 *Sustainable Cities and Society*、《城市问题》、《建筑学报》、《规划师》等中英文期刊发表论文 20 余篇。担任《城市》期刊编委及 *Sustainability Science*、《工业建筑》、《西部人居环境学刊》等期刊审稿人。主持和参与国家级课题 5 项，主持完成城市更新、住房发展规划、公共服务设施规划等地方政府课题多项。

黄　晴　山东大学政治学与公共管理学院副教授，硕士生导师，山东大学城市发展与公共政策研究中心研究员、生活质量与公共政策研究中心研究员，青岛市民政局城乡社区治理专家组成员等。英国伦敦大学国王学院人文地理博士，美国弗吉尼亚理工大学访问学者。

主要研究方向为内城更新与社区发展规划等。在《中国行政管理》、《城市发展研究》、*Social Indicators Research*、*Applied Research in Quality of Life* 等中英文期刊发表相关论文 20 余篇，出版专著 2 部。

摘　要

城市化是人类发展到近现代工业化之后的必然进程，也是中国式现代化的必由之路。改革开放以来，中国城镇化率以年均 1 个百分点的速度增长，2019 年末中国城镇化率首次超过 60%。到 2022 年末，中国城镇化率已达 65.22%。2022 年第三季度民政统计数据显示，全国共有城乡社区约 60.6 万个，其中农村社区约 48.9 万个、城市社区约 11.7 万个。习近平总书记指出："人民对美好生活的向往，就是我们的奋斗目标。"社区尤其是住宅小区（也称居住社区）作为城市居民生活和基层社会治理的最基本单元，愈发成为党和政府提供社会基本公共服务、开展社会治理及居民邻里互动等的微观单元。当前我国城市居民平均约 75% 的时间在居住社区中度过，到 2035 年我国将有约 70% 的人口生活在居住社区。为此，建设发展城市社区，要以系统科学的方法，科学系统地推动社区高质量发展、高品质生活和高水平治理，提高社会活力、提升管理精度、传递治理温度，让我们的城市、社区成为人民群众追求更美好生活的有力依托。

《中国城市社区建设与发展报告（2022）》的年度主题是"绿色、健康、韧性、智慧"。本书由总报告、分报告、专题报告和案例研究四大部分组成。总报告系统探讨了当前我国城市社区高品质建设发展与治理创新的五大趋向：宜居化、精细化、绿色化、数字化和法治化，并在此基础上提出在党和政府的核心引领下，坚持以人民为中心，通过多元共治、科技赋能和法治护航等重要举措，切实推进人民群众对居住社区的要求从"有无"问题转向"高品质""更宜居"需求的升华，真正满足和实现人民群众对新时代美好生活的需求。分报告主要围绕 2021 年度热点问题，对绿色社区、健康社区、韧性社区和智慧社区的建设与发展进行系统分析，旨在形成可借鉴、可复制的社区发展经验。专题报告主要从中国城市绿色社区评价体系建设、老年友好型社区建设、韧性社区建设和社区发展治理方面进行了重点探讨。案例研究主要对北京大栅栏地区的历史街区保护与更新、沈阳"两邻理念"下的平安社区建设、北京顺义区"接诉即办"创新实践和南京基层防汛应急的社区韧性提升等问题进行了个案分析。

总之，城市社区建设、发展与治理是新时代新征程中推进国家治理体系和治理能力现代化建设的重要议题，而持续推进和谐宜居的高品质社区建设，更是"十四五"时期实现好、维护好、发展好最广大人民根本利益的出发点和落脚点。本蓝皮书旨在通过 5~10 年的持续关注，结合年度热点议题，通过社会调查和案例研究等形式，系统探究新时代以来我国城市社区建设发展及治理创新等方面的新动态、新趋势，为城市管理者、研究者以及有识之士积极参与城市社区建设与发展治理提供理论借鉴与实践参考。

关键词： 城市社区　绿色社区　健康社区　韧性社区　智慧社区

目 录 ⤷

Ⅰ 总报告

Ⅱ 分报告

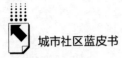
Ⅲ　专题报告

Ⅳ　案例研究

皮书数据库阅读**使用指南**

总 报 告
General Report

B.1

中国城市社区建设发展形势分析
与治理建议（2022）

原　珂[*]

摘　要： 城市社区建设、发展与治理是新时代新征程中推进国家治理体系和治理能力现代化建设的重要议题，而持续推进和谐宜居的高品质社区建设，更是"十四五"时期实现好、维护好、发展好最广大人民根本利益的出发点和落脚点。尽管 2021 年中国诸多城市的社区建设发展中持续遭受新冠疫情的影响以及特大洪涝及冰雪灾害等的冲击，但其并未阻止更多的城市因地制宜建设具有地域特色的高品质宜居社区的尝试与努力。面对百年未有之大变局和全球新冠疫情的持续影响，中国新型城市化的进程虽会放缓，但仍将持续推进。当前及未来一段时期，宜居

* 原珂，博士，对外经济贸易大学北京对外开放研究院副研究员、教育与开放经济研究中心副教授、公共服务管理与创新研究中心执行主任，对外经济贸易大学"惠园优秀青年学者"，新疆石河子大学政法学院副院长，主要研究方向为公共政策、城市问题与社区治理、教育经济管理等。

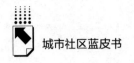
化、精细化、绿色化、数字化和法治化将是现代城市社区高品质建设发展与治理创新的重要方向。未来中国城市社区高品质建设发展将会更加凸显以人为本的价值指向，并在党和政府的核心引领下，通过多元共治、科技赋能和法治护航等重要举措，切实推进人民群众对居住社区的要求从"有无"问题转向"高品质""更宜居"需求的提升，真正满足和实现人民群众对新时代美好生活的需求。

关键词： 城市社区建设　宜居社区　品质社区　社会治理共同体

一　中国城市社区建设发展的形势分析

城市社区建设、发展与治理是新时代新征程中深化推进国家治理体系和治理能力现代化建设的重要议题。社区作为广大民众日常生活的基本场域和重要载体，不断提升社区品质，持续推进和谐宜居的高品质社区建设，是"十四五"时期实现好、维护好、发展好最广大人民根本利益的出发点和落脚点。2022年第一季度民政统计数据显示，目前中国大陆地区城乡社区共计约60.6万个，其中农村社区约48.9万个，城市社区约11.7万个。如何把这些社区建设好、治理好，是社会长治久安、人民安居乐业的重要事宜。然而，一个客观现实是，在全球新冠疫情持续影响和当下中国城市化深入推进的大背景下，居住问题（人居环境改善问题）作为关乎城乡社会发展和人民福祉的根本性问题而愈发受到党和国家的高度重视。党的十九届五中全会提出"改善人民生活品质，提高社会建设水平"，并明确将"城乡人居环境明显改善"作为"十四五"时期我国经济社会发展的主要目标之一，这为更好地推动绿色社区、低碳社区、公园社区、生态社区、韧性社区、健康社区、平安社区、智慧（数字）社区、宜居社区、共享社区、未来社区及儿童友好型社区、青年支持型社区、老年友好型社区、学习型社区等高品质创建工作指明了新方向、提出了新要求。

在理论上，高品质社区建设涉及诸多领域，故应从多维度视角进行解读与探讨；在实践中，高品质社区发展亦应是多样态的，故应结合实际、因地制宜探索建设具有地域特色的高品质社区。综观2021年度中国诸多城市在高品质、可持续社区建设发展与治理创新等方面所做的探索与努力，其大致聚焦绿色社区、韧性社区、健康社区、智慧（数字）社区、平安社区、宜居社区、共享社区及未来社区建设等方面。当然，这与2021年广大城乡社区受到新冠疫情持续影响、特大洪涝及冰雪灾害冲击等不可抗性因素是密切相关的。尽管实践中高品质社区建设发展的路径可能是多样态的，但不论如何，以下趋势或将皆应是各地因地制宜探索建设具有地域特色的高品质宜居社区发展中所要参考或遵循的方向。

（一）宜居化

城市应当是适宜居住的人类居住区。同理，社区（居住社区）更应如此。联合国《2030年可持续发展议程》已将"建设包容、安全、有复原力和可持续的城市和人类住区"作为一个重要目标。诚然，居住作为城市最基本的功能之一，也是人最基本的需求之一，尤其是在当前我国人口向城市高速集聚的城市化发展阶段，我国城镇住房短缺及房价高企的问题愈发引起全社会的广泛关注。同时，伴随着城市高质量发展和居民生活水平的不断提升，人们对居住场所（住宅小区）的人居环境要求也越来越高，已经超越"有无"问题转而关注"宜居""品质"问题。吴良镛院士曾指出，人是城市的核心，社区是人最基本的生活场所，社区规划建设与管理服务的出发点是基于居民的切身利益。在这种意义上，宜居化最核心的应是居住其中之人的感受，是让居住在其中的人能够乐在其中，是让居民或业主产生社区归属感、认同感、安全感。未来，一个人和他居住的房屋属于哪一个城区、街道办事处甚至社区居委会或许将变得不再重要。相比之下，更值得关注的是，他加入了哪个住宅小区，这个住区具有怎样的性质、小区的成员能够从社区发展中得到什么，这才应是宜居的真谛。

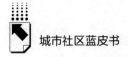

实践中，宜居问题近年来也愈发引起党和政府的高度关注。2019 年 11 月习近平总书记在上海杨浦滨江考察时强调"人民城市人民建，人民城市为人民……让城市成为老百姓宜业宜居的乐园"的重要理念。2020 年 11 月习近平总书记在浦东开发开放 30 周年庆祝大会上再次指出"必须把让人民宜居安居放在首位，把最好的资源留给人民"。2021 年作为"十四五"规划开局之年，建设国际一流的和谐宜居之都，是以习近平同志为核心的党中央统揽发展全局、把握时代潮流，对首都发展提出的新要求、寄予的新期望，也是北京这座伟大城市新的历史使命和全市人民热切期盼的美好明天。四川省成都市坚持"以人民为中心"的发展思想，遵循"一尊重五统筹"的城市工作总要求，作出了深入推进城乡社区发展治理，建设高品质和谐宜居生活社区的战略部署。当然，还有诸多城市也根据实际制定了和谐宜居社区发展的地方规划，在此就不一一列举了。

（二）精细化

21 世纪以来，中国城市化进程的快速推进对城市治理的精细化水平提出了更高的要求。2015 年 12 月 20~21 日在京召开的中央城市工作会议明确提出，政府要创新城市治理方式，特别是要注意加强城市精细化管理。2021 年 3 月 11 日，十三届全国人大四次会议表决通过的《中华人民共和国国民经济和社会发展第十四个五年规划和 2035 年远景目标纲要》中进一步要求"不断提升城市治理科学化精细化智能化水平"。其实，"精细化"是近年来我国城市发展和更新治理领域中的一个新兴词语，与传统"粗放型"管控相比，强调在现代社会治理过程中，要以科学和理性为基础，在治理体系和治理能力上能够适应现代社会的发展趋势，并通过多元协同、技术应用和制度保障等手段，解决自治、管理和服务等领域的问题，最终达到有效治理的目标。

从世界城市发展经验来看，城市治理水平特别是中心城区的精细化管理水平是衡量城市现代化程度的重要标志。2018 年 11 月习近平总书记在上海考察时指出："要通过绣花般的细心、耐心、巧心提高精细化水平，绣出城市的品质品牌。"伴随着新时代以来社会分工的越来越细和专业化程度的越来越高，城市全周期管理也要求实现精细化治理。在这种意义上，只有下足"绣花"功夫，在细节上追求尽善尽美，才能让城市生活更有温度、更加美好。现实生活中，"小社区连通着大国家"。社区作为城市治理乃至国家治理的基本单元，既是服务居民群众的"最后一公里"，也是体现精细治理与"绣花"功夫是否有效衔接的关键"末梢"环节。当然，这更考验着一个一流的城市是否有着一流的社区治理，并通过一流的社区精细化治理让一流的城市再度升华。

（三）绿色化

自 2015 年 3 月中共中央政治局审议通过的《关于加快推进生态文明建设的意见》将"绿色化"与之前的"新四化"（新型工业化、城镇化、信息化、农业现代化）并列扩容为"新五化"后，"绿色化"作为一种生产方式、生活方式和价值取向，强调将生态文明融入现代化建设各方面和全过程，以实现中华民族永续发展之目标。新时代以来，青山常在、清水长流、空气常新的绿色愿景，已经稳步在我国法治化、制度化的轨道上渐次展开，并取得显著成效。例如，全国各地以建设绿色家庭、绿色院落、绿色小区、绿色街区、绿色建筑、绿色出行等为代表的绿色生活理念及方式日渐深入人心，全社会绿色文化氛围初步形成。

当前中国城市发展已从"增量"时代逐步过渡到"存量"时代，发展重点也日渐由新城建设逐步向旧城功能完善、城市健康运行、人居水平提升等方面转变。在此背景下，绿色、低碳、生态、健康的宜居社区愈发引起人们的关注。2020 年 7 月，住建部等六部门联合印发了《绿色社区创建行动方案》，要求以城市社区为对象，将绿色发展理念贯穿社区设计、建设、管理和服务的全过程，以简约适度、绿色低碳的方式，推进社区人居环境建设和整治。本质上，创建绿色社区的根本目的是建设以人民为中心，实现居住社区及城市更健康、更安全、更宜居的人居环境。在这种意义上，未来高品质社区的建设发展及生活方式也必将呈现出绿色、低碳、生态、宜居等方面的突出特征，进而引领社区发展方式和居民消费模式向勤俭节约、绿色低碳、生态宜居、文明健康的方向转变。

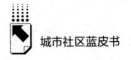
（四）数字化

进入新时期以来，党和国家就发展城乡社区信息化作出一系列重大决策。2017年6月中共中央、国务院印发的《关于加强和完善城乡社区治理的意见》中，率先提出实施"互联网+社区"行动计划的部署要求。《中华人民共和国国民经济和社会发展第十四个五年规划和2035年远景目标纲要》明确提出"推进智慧社区建设，依托社区数字化平台和线下社区服务机构，建设便民惠民智慧服务圈"。2021年4月中共中央、国务院印发的《关于加强基层治理体系和治理能力现代化建设的意见》中，进一步提出"加强基层智慧治理能力建设"，且明确要求"统筹推进智慧城市、智慧社区基础设施、系统平台和应用终端建设，强化系统集成、数据融合和网络安全保障"并积极拓展其应用场景。2021年12月，国务院办公厅印发的《"十四五"城乡社区服务体系建设规划》中明确提出"推进数字社区服务圈建设"和"构建服务便捷、管理精细、设施智能、环境宜居、私密安全的智慧社区"。由此可知，社区信息化发展及其数字社区和智慧社区建设愈发被提上议程。从根本上来说，数字社区作为智慧社区的前提要件，其建设与发展是一个系统性工程。换言之，数字社区既不是一个抽象概念，也不是某个单一的数字化工程，而是一个系统性工程，既包括新型数字基础设施、数据资源体系、开放创新体系和协同治理体系，也包括政策法规体系、组织领导体系、标准规范体系、数据治理体系、安全保障体系和建设运营体系等。

一方面，数字社区建设与数字社会一脉相承。《中华人民共和国国民经济和社会发展第十四个五年规划和2035年远景目标纲要》对加快数字社会建设作出部署安排，提出"加快数字社会建设步伐""适应数字技术全面融入社会交往和日常生活新趋势""构筑全民畅享的数字生活"，描绘了未来我国数字社会建设的图景。数字社区作为数字社会的基石，是营造全社会良好数字生态的基本构成单元。

另一方面，数字社区发展与数字经济相得益彰。2021年12月国务院专门印发了《"十四五"数字经济发展规划》，要求"把握数字化发展新机遇，拓展经济发展新空间，推动我国数字经济健康发展"。当前数字经济正在成为驱动经济增长、吸纳就业的新引擎。作为"新基建"重要组成部分和数字经济基础设施的广大城乡社区数字基建，可以直接拓宽数字经济的广度、挖掘数字经济的深度、延展数字经济的长度，带动传统产业转型升级，助力社区数字经济发展和智慧城市建设走向纵深。

（五）法治化

现代社会是法治社会，法治社区是构筑法治国家和法治社会的基石。现实生活中，社区虽小，但连着千家万户，社区在全面推进依法治国中具有不可或缺的重要地位和基础作用。从根本上来说，社区法治化旨在以法治保障各主体间的有序运转，通过以法律法规为基础的"硬法"和以社会规范为基础的"软法"，促进社区自治、法治与德治的有机融合。然而，现实情况是，到目前为止，我国在社区层面的立法还为数不多。有研究表明，既有社区立法总括为 1 部法律即《社区矫正法》、4 部行政法规、4 个关于社区矫正的司法解释，以及 383 个部门规章。其中，现阶段对社区加以规定的尚有效力的 4 部行政法规中，有 3 部且为出台最早的 3 部均是关于社区服务工作的行政法规。由此可知，新时代新征程中的社区法治化道路还很漫长。然而，伴随着近年来地方治理创新的不断发展，一些地市尝试出台了契合地域特色的地方性法规条例。如四川省成都市于 2020 年 12 月 1 日起率先在全国施行《成都市社区发展治理促进条例》，其中明确了社区建设与发展治理各个级别部门之间以及多方参与主体之间的权责关系，这不仅为提升成都市社区治理能力和治理水平提供了强有力的法律保障，而且还是成都市社区发展治理走向法治化的制度成果，更是全国社区层面法治化建设发展的制度结晶。

二　中国城市社区建设发展面临的机遇与挑战

（一）"两个一百年"目标下的城市社区发展走向

"两个一百年"是党的十八大报告重申的奋斗目标，党的十九大报告

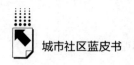

对实现"两个一百年"奋斗目标作出了全面部署，并对第二个百年奋斗目标设定了两个具体的发展阶段。这是以习近平同志为核心的党中央在决胜全面建成小康社会关键时刻向全党全国各族人民发出的向着更加宏伟的目标继续奋勇前进的动员令，意义重大且影响深远。

城乡社区作为党的执政根基，是党和国家各项政策措施落实的"最后一公里"。为此，新时期新征程中如何进一步深化城乡社区建设与发展治理这项利国惠民的基础工程，为实现"两个一百年"奋斗目标和中华民族伟大复兴的中国梦贡献应有力量，无疑是现阶段摆在党和政府面前的重要课题。另外，加之当前城市发展的全球化和全球的城市化，以及中国被卷入全球的城市之中，这三个进程都将深刻地改变"两个一百年"目标下中国城市社区发展的方向与未来。

与此同时，伴随着我国城镇化发展的深化转型，城市规划、建设与管理正从增量规划向存量提质改造和增量结构调整并重治理转变，城市发展从规模扩张到品质提升转变，城市规划的关注重点日渐从宏观要增长转向从微观要质量的新发展阶段。而社区作为城市建设发展与治理创新的基本单位，愈发成为新时代城市规建及治理的核心议题。这则对新时代的高品质社区建设与内涵式发展提出了更高的要求。实践中，要做实做细做好社区的每一件"大事小情"，让老百姓的"幸福感""获得感"更多一些。以浙江省为例，2019 年 3 月浙江省提出建设"未来社区"，2021 年 4 月浙江省印发了《浙江省未来社区建设试点工作方案》，2022 年初浙江省发布了《高质量建设"和谐自治标杆区" 2022 社区治理创新行动计划》，进一步提出"五个更好"：基层治理创新更亮、基层群众自治更畅、社区服务空间更优、公共服务能力更强、社区工作保障更好。由此可知，新时代新征程中的社区治理应不断走向更高质量的内涵式发展道路。

（二）新型城市化背景下的城市社区内涵式发展

在新型城镇化背景下的大城市快速发展之人口高速流动趋势中，人口要素是社区的第一要素，是社区产生、存在的前提。社区作为城市运作的基本单元，承担了服务居民和企业的多重责任，为其提供了不可或缺的居住和经济活动场所，而不断提升居民的满意度、幸福度也正是社区建设的价值所在。因此，社区的建设、管理及服务应将"以人为本"的核心理念贯穿社区发展的各领域和全过程。当前我国城镇化率已经超过60%，"城市中国"愈发成为现阶段及未来经济社会发展的主旋律。换言之，这意味着新阶段、新形势对广大城市社区建设、发展与治理提出了新的要求和新的挑战。当然，也要求应处理好城乡关系，破除城乡发展不平衡障碍，推动城乡融合与共同发展。

从历史的角度看，当人类社会从农业社会、工业社会冲进当下的全球化城市社会后，人类社会就被城市化的洪流淹没。美国政治学者萨缪尔·亨廷顿（Samuel P. Huntington）曾认为，"农民从自己的乡村草房移居城市的贫民窟是一种关键性的和不可抗拒的变迁"，而在这种不可抗拒的变迁中往往却饱含着大量的城乡社区矛盾冲突。从根本上来说，城乡关系是一个国家和民族在现代化进程中必须面临和解决的一对重大关系，也是影响国家整体发展和未来走向的一大重要问题。党的十九届五中全会提出"新型工农城乡关系"，2022年2月国务院印发的《"十四五"推进农业农村现代化规划》中进一步提出"城乡融合更加深入"。在此，需明确的一点是，新时代新征程中的中国城市与乡村发展不是此消彼长的零和博弈，而是共同发展、共享成果的共生共荣过程。当然，这也是新型城镇化的首要任务与城乡共同发展的应有之义。然而，截至2021年底，我国仍有约2亿农业转移人口尚未落户城市，其中一半以上分布在地级以上城市。这就要求新时期的城乡共同发展不应是一个人才单向流动的过程，既不是从乡村到城市的过程，也不是从城市到乡村的过程，而是双向互动、互促互进，是作为一个国家、一个区域整体的发展过程。为此，亟须探讨如何进一步加快大中城市和小城镇的联动发展，深化推进农业转移人口市民化。总之，对我们这样的人口大国来说，国家的强盛既需要城市的持续繁荣，也离不开乡村的振兴。城市吸纳人，乡村吸引人。"在现代化进程中，如何处理好工农关系、城乡关系，在一定程度上决定着现代化的成败"，这也要求在新时代新征程中的新型城市化建设

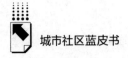
中，应坚持走城乡社区共同融合创新发展之路，实现城市社区高质量内涵式发展。

美国华盛顿特区 ICMA "地方政府规划项目" 负责人盖斯（Don Geis）和库兹马克（Tammy Kutzmark）在《开创可持续社区：未来从现在开始》一文中提出，可持续社区的目标必须同时包括尊重自然环境和以人为本，并提倡通过利用适当的技术手段去为这两方面服务。从可持续发展的视角看，未来社区亟须在以下方面作出尝试与改变：未来社区不是仅由技术驱动的产物，而是修复和创造新的社会关系的场所；未来社区不是以消费为导向，而是以生产为导向，在紧急状态时能够完成社会托底工作；未来社区不是当代原子化社会的继续放大，而是在流动性社会中，形成新社群的触发器；未来社区不是排他性、封闭性管理的私域场所，而是可进入性、开放性治理的公共空间；未来社区不是作为市场体系的社区，而是作为高品质生活场所的宜居社区。

三 中国城市社区高品质建设与发展治理的建议

党的十九大报告作出我国社会主要矛盾转化的科学论断。如上文所述，现代人们对居住场所的要求越来越高，已经超越"有无"问题转而关注"宜居""品质"问题，尤其是在当下的"存量时代"人们对现有住区的整体环境宜居性与切身生活品质度更加关注。很大程度上，新时代的社区建设与发展已进入"品质时代"，即高品质住区应成为新时代宜居社区建设与发展治理的新标杆。

（一）以人为本：高品质社区建设发展的价值指向

城市与人有着天然的紧密联系。《说文解字》载"城，所以盛民也"，即城市是人的容器。中国共产党在执政之初就提出了"城市建设为生产服务，为劳动人民生活服务"的口号。习近平总书记多次提出，让人民生活幸福是"国之大者"，"人民对美好生活的向往，就是我们的奋斗目标"。从人民群众关心的事情做起，从让人民群众满意的事情做起，带领人民不断创造美好生活。这就要求在新时代的城市建设与社区治理中，要始终践行以人民为中心的发展思想，让人们日常生活的社区成为老百姓宜业宜居的乐园。

当前，城市社区建设与品质发展不仅已成为新时代新征程中衡量现代城市高质量发展的重要因素，而且更是广大社区民众获得感、幸福感的重要来源。一言以蔽之，社会主义现代化本质上是人的现代化，与之对应的生活样式也彰显着以人民为中心的实践旨归与价值意蕴。现实地看，新时代美好生活作为一种新的生活样态，与当前千千万万的居住社区是否宜居密切相关。理想情况下，一个让民众满意的宜居社区（更准确地说，应是宜居住区），必须在空间、社会、环境三个层面同时具有较高的适宜居住性。更进一步说，未来宜居住区的建设与发展要突出人的主体性地位，从形态空间（空间结构、功能设置、交通组织、配套设施、景观环境等）与社会空间（邻里交往、混合居住、居民参与、文化活动等）多维层面打造宜居性的住区空间环境。有研究表明，我国城市居民平均约 75% 的时间是在居住社区中度过的，到 2035 年，我国有约 70% 的人口生活在居住社区。由此推知，居住社区将越来越成为提供城市社会基本公共服务、开展基层社会治理的微观单元。当然，在这种意义上，宜居住区应是未来中国高品质社区建设发展的最终旨向与归属所在，同时也为新时代新征程中打造国际一流的和谐宜居社区指明了方向和道路。

（二）党政引领：高品质社区建设发展的核心领导

社区是基层基础，只有基础坚固，国家大厦才能稳固。实践中，居住社区作为党政引领的主阵地，是党和国家诸多政策措施落实的"最后一公里"，更是党委政府联系和服务群众的"最后一百米"，还是推进基层治理体系和治理能力现代化、助力共同富裕社会建设的重要场域和空间载体。党的十九届四中全会提出"必须加强和创新社会治理，完善党委领导、政府负责、民主协商、社会协同、公众参与、法治保障、科技支撑的社会治理体系"，旨在党组织、政府和社区居民等不同主体之间形成一种良性的互动合

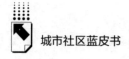

作关系。

一方面，"党委领导"是核心，党必须有效发挥在城市社区建设与发展治理中的"主心骨"作用。政党使命和国家人民性、城市人民性相互构造、相互影响，成为中国治理和城市治理的特质，也是秩序和活力相对统一的中国方案。中国共产党领导国家和社会的合法性基础，不是来自其执政程序，而是来自其对自身性质和历史使命的承诺与兑现。党的十八大以来，习近平总书记多次强调"提高社区治理效能，关键是加强党的领导"。在很大程度上，党对现实问题和人民需求有效回应的能力，更是中国共产党成功领导国家和社会治理的重要条件。实践中，基层党组织在社区建设与发展治理中发挥着总揽全局、协调各方的核心领导作用，其政治、组织、思想、文化引领能力则直接影响着社区治理效能。为此，新时代新征程中推进城市社区治理能力现代化，首要任务是加强基层党组织的领导能力，将党组织的政治优势更好地转化为治理优势，从而进一步建立健全党全面领导城市社区建设发展的各项制度。

另一方面，"政府负责"是关键，要依法厘清基层政府和基层群众自治组织的权责边界，聚焦主责主业，着力加强对社区建设发展的政策支持及资源保障。奥斯本（Osborne）和盖布勒（Gaebler）在《再造政府》一书中指出"社区拥有的政府，授权而不是服务"。这既意味着应为社区赋权增能，也意味着将公共组织对决策、资源和任务等的实质性控制权转移给社区。这是因为人们对控制自己的环境比社区之外的某些当局更有热情、更加关切及更能负责任。特别是伴随着新时代以来我国社会治理重心的不断下沉和政府职能的持续深化转型，基层政府应彻底将其"不该管、管不了，也管不好"的事情转移出去。但是，政府放权并不意味着完全不管，政府更需发挥其监管职责。这就要求新时代的基层政府更应是"有代表性的、能作出响应的政府"。

（三）多元共治：高品质社区建设发展的重要举措

从党的十九届四中全会进一步提出加强"社会治理共同体建设"可知，

现代社会是多元社会，多元社会意味着多元主体的共同参与。然而，在当下中国城市所谓的"陌生人"社区中，社区建设与发展治理的主导思维依旧是管理而非服务，且这种状况在近年全球性新冠疫情常态化防控期间更为凸显。退一步说，在这种管控思维导向下，只有被主流群体反复诉说的问题才有可能得到重视，而沉默者、音量小的群体之处境则很难被关注甚至不受关注，因为政府和其他治理主体并不会或者说很难会主动挖掘社区中潜藏的、多样化和个性化的诉求与需求。为此，新时代的高品质社区建设亟须加强多元共建共治，让居住、生活或工作在其中的"人"和组织等能够参与到社区建设与发展的公共事务中来。

首先，居民作为社区的主人翁，理应参与到居住社区的建设发展与治理创新中来，以真正促进和落实城市社区居民的自我管理、自我教育、自我服务、自我监督。

其次，要加强社区组织与社区的互动，且这种互动不仅源于社区是社会组织的核心利益相关方，而且更源于社会组织视自身为社区荣生共同体的重要组成部分，认同社区价值，与社区分享共同利益，这既是社会组织可持续发展的重要支撑，也是社区充满活力的彰显。

再次，积极引导社区和志愿者的参与。鉴于当前我国社区工作"对下"是日益增多的多元异质性服务对象以及不能用"行政方式"来完全满足的现实困境，"对上"是服务对象"千条线"、业务大数据更新不及时的焦虑，两股矛盾直击痛处。同时伴随着传统"扩编增人"的老路已愈发行不通了，若要改变基层社区缺人手、缺能力的窘境，亟须找到一支专业社会力量"补空加力"。这为当前社会工作者和志愿者服务社区提供了难得的大好机会。

最后，支持和鼓励驻区企事业单位的参与，如加强驻社区政府机关、企业、学校、医院、军队等的参与，切实深化实现共建共治共享的基层社区发展治理新格局。在此，值得注意的是，实践中尽管说社区居委会、业主委员会、物业服务企业是现代社区治理的"三驾马车"，基层政府（街道）则更多地扮演着这"三驾马车"的"掌舵者"角色，它们共同构成现代社区治

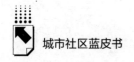

理的核心利益相关者，并本着共同建设"社区共同体"的理想目标奋进。但是，具体到一个个行动主体的实际行动，其必然更注重所代表利益群体之"小目标"的实现。故鉴于不同主体实际行动中因具体利益指向不同而遵循着各自相应的行动逻辑及相关法律法规约束，这种意义上现代社区多元共治更多的是基于"社区共同体"建设目标下有着不同利益、需求等的社区不同主体间的一种适应机制。这就要求未来应进一步通过更为合理的制度设计去探索其合作共治的适恰机制，如多方协调机制、多方联席会议制度或定期协商制度等。

此外，现代社会是开放社会。这也意味着未来社区应是一个"开放进入的社会秩序"，而非一个"有限进入的社会秩序"。因为只有在"开放进入的社会秩序"里，普通民众与社区组织才能真正享受到平等参与、公开竞争、公平合作的良序治理绩效。特别是鉴于当前我国诸多大城市社区发展治理面临的突出问题和挑战，比如社区类型复杂多样，社区居民流动性大、异质性和匿名性程度较高，多元社区治理主体之间协调困难等，但同时也具有诸多有利资源和条件，比如社区居民权利意识增强、掌握丰富的经济社会资源，物业服务企业、业主委员会、社区基金会、社区社会企业等新型治理主体发展较为迅速，以及基层政府行政能力和创新意识增强等。为此，新时代新征程中社区建设与发展治理要进一步提升开放环境下的多元共治能力，以形成推进基层社区治理体系和治理能力现代化建设的整体合力。

（四）科技赋能：高品质社区建设发展的关键支撑

人类社会正由信息社会迈向以人工智能为技术支撑的智能社会，人类社会生活将发生深刻改变。当前我国正处于向智能社会转型的关键时期，智能社会发展将引发经济社会领域的深刻变动。对城市基层社会而言，现阶段科技对社区的重构，将会是需求主导和新技术推动的双重结合。社区的未来发展将会有更加丰富的内涵，但在当前发展境遇下，仍需从具体的新技术应用角度切入，由实践带动想象。尤其是伴随着大数据、云计算、物联网、区块链和人工智能的快速发展，科技创新为城市优化内部结构提供了强大的技术支撑，科技创新成为城市发展的新引擎，也成为城市基层社区建设发展的有力臂膀。以科技创新赋能城市社区建设发展与治理创新成为各界共识。

实践中，一要注重人的需求。现代社会是数字智能社会，而居住于其中的人是最直观、最敏捷的感受者和体验者，更是最终端的参与者和消费者。那么，使智慧社区"再地方化"的效应不仅仅是一种从技术逻辑层面的推动，也是现实中的一种社会生活实践，使得本地居民能够切实感受到其带来的便捷性。当然，这所关涉的一个更为现实的问题是，伴随着智慧技术的飞速发展，一部分人群将在这个过程中被技术抛弃，但这并不是一个公正公平的未来图景。为此，如何让技术以共享、普惠的方式为社区居民之需求与生活赋能，是当前技术领域既需面对的话题，也是更需破解的难题。二要注重社区数据作为生产要素的流通问题。2021年3月，中共中央、国务院印发的《关于构建更加完善的要素市场化配置体制机制的意见》中，明确将数据作为一种新型生产要素。伴随着2022年我国数字经济的飞速发展，数据已经成为一种关键性的生产要素，尤其是在以5G、人工智能、工业互联网、物联网、区块链等为代表的新型基础设施中的核心地位已充分显现。为此，如何进一步扩大优质社区数字资源的供给与流通是当前亟须解决的现实问题。2021年4月，中共中央、国务院印发的《关于加强基层治理体系和治理能力现代化建设的意见》中提出要"健全基层智慧治理标准体系""推进村（社区）数据资源建设"。这就需要科学界定数据资产的权属，赋予其有序流通的载体，当然这也是培育数据要素市场的前提条件。广大城乡社区作为数据资源池，盘活数据资源，充分释放数据要素价值，必将为新时期的社区数字经济发展打造新发展格局战略支点提供重要支撑。未来，数字社区应是社区数据价值依照"资源化—资产化—资本化"的发展逻辑，成为助力社区经济发展创新的重要内驱力。此外，未来数字社区乃至智慧社区建设除技术支撑外，还需要市场支撑，故其建设运维必须考虑市场化运作的问题。

总之，对于数字社区乃至智慧社区的论述已有很多，本报告不再赘述，仅强调社区数字化发展及未来数字社区建设应重点关注的几点：一是如何能构建起广大城市社区基层服务数据池，二是如何能更精细精准地提升社区管理服务，三是如何能进一步筑牢基层社区的安全稳定根基，四是如何能持续创新社区经济发展与繁荣的新方式。但在此也需注意的是，数字技术只是改善城市和社区建设发展的手段，而并非目的本身。倘若只在数字或智能技术层面创新社区建设发展，难免会落入技术拜物教之嫌。正如本·格林（Ben Green）在《足够智慧的城市》（*The Smart Enough City*）一书中所描述的智慧城市歧途之处："当我们把每一个问题都视为技术问题之时，那么我们就只接受技术解决方案，而拒斥其他补救办法，最终导致对于城市能够和应该如何产生狭隘的认知与构想。"在这种意义上，未来足够智慧的社区不应把社区乃至城市视为优化的对象，而是把居民需求放在首位，认识到人和制度的复杂性，并从整体上考虑如何更好地满足他们的需求。

（五）法治护航：高品质社区建设发展的根本保障

一个现代化的高品质和谐宜居社区，既应充满活力且又应拥有良好秩序，呈现出活力和秩序的有机统一。这就需要有健全的法制来保驾护航。所谓法治护航，简言之，是指以法律为依据和指南，厘清社区多元主体之间的权责利关系，形成遇事找法、办事依法、解决矛盾靠法的社区法治氛围，促使社区建设与发展治理制度化、规范化，实现运用法治手段为健全基层群众自治制度与完善共建共治共享社会治理制度保驾护航的价值目标。从根本上来说，这也是未来高品质和谐宜居社区建设与发展治理的制度保障。

首先，社区法治化建设要注重建立健全相关立法体系及法规规章。一方面，应加强社区建设发展重点领域的立法工作。着眼于解决社区建设发展中的深层次矛盾与问题，围绕推动社区规划建设、保障社区居民权利、发展社区民生事业等重点方面加强地方立法，使社区建设与发展治理各方面工作有法可依、有章可循。另一方面，应完善地方性法规和政府规章。鼓励各地将试点经验上升为法规规章，加快形成与国家法律法规相配套、比较完备的地方性法规和政府规章，全面贯彻中央关于社区建设发展与治理创新的决策部署。另外，还应在地方立法中重点引入"实验免责"条款，规定在社区建设发展与治理创新政策试验区所进行的探索创新活动，创新方案的制订和实施程序未违反法律法规，个人和所在单位没有牟取私利，未与其他单位和个人恶意串通，损害公共利益的，免于追究相关人员"试错"责任。实践中，好的方法通常来自成熟的制度，未来高品质宜居社区的建设发展要实现高效治理，必然要依靠一套科学完备的法律规章制度体系作为根本保障，而在现代化语境下则是要坚持依法治理，依法推进社区建设发展及治理体系和治理能力现代化。

其次，社区法治化建设要求进一步规范政府社区治理行为。一是要强化政府社会治理与社区建设职能，切实将"政府不该管也管不好的"职能或事务放权社会、赋权社区。二是要依法规范政府社区治理的行政行为，坚持法定职责必须为、法无授权不可为，勇于负责、敢于担当，坚决纠正不作为、乱作为，坚决惩处失职、渎职等行为。三是要加强基层行政执法队伍建设，严格执法人员持证上岗和资格管理制度，增强基层执法主体依法行政的意识。党的十八大以来，党和国家始终坚持弘扬社会主义法治精神，着力提高基层领导干部运用法治思维和法治方式深化城市基层改革、推动社区发展、化解社会矛盾、维护基层稳定的能力，同时也通过群众喜闻乐见的形式宣传普及宪法法律知识，如充分发挥市民公约、乡规民约等基层规范在社区治理中的作用。

再次，"社区法治"离不开多元治理主体的广泛参与。良法是善治的前提，不能将社区法治化片面理解为用法"治"众。现实生活中，"社区法治"不仅要求思考问题需要法治思维，解决问题需要法治方式，更重要的是社区多元治理主体应当具有权利意识和公共利益观念，尤其是作为社区主人翁的居民或业主要积极主动地协调好与基层政府、居民委员会、物业服务企业、业主委员会等主体间的关系，以在社区建设发展与治理创新过程中充分表达对合法权益的诉求。党的十九大报告要求在"共建共治共享"的社会治理格局中突出以人民为中心的发展思想及其主体地位，但只有当法律深植于民心时，居民群众才会更好地懂法、学法、守法、用法，法治之精神才能够更好地彰显出其重要性来。这就要求实践中应大力普及法制观念，提升居民法治意识，如可依托微信、QQ、微博等新媒体工具进行普法教育宣传。

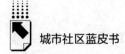

与此同时，还应积极开展民主法治社区建设或发展治理示范社区评选活动，定期评选依法办事驻区机关、诚实守信驻区企业、学法用法示范社会组织，弘扬法治精神。

最后，"法"是工作方法和解决难题的办法。本质上，社区建设发展本身的规范化、制度化和常态化，既是社区法治化建设的核心，也是"社区法治"的基础，更是当下必须要完成的目标。在这种意义上，社区法治化建设作为现代社区"四化"（社会化、法治化、智能化、专业化）建设的重要方面，既应是工作方法，也应是解决难题的办法，必将为中国特色社区建设发展与治理能力提升提供法治保障。总之，新时代新征程中要深化推进高品质社区建设，就要善于用法治精神引领社区建设，用法治思维谋划社区发展，用法治方式破解社区治理难题，用法治化为高品质宜居社区发展与治理创新"保驾护航"。

分 报 告
Sub-reports

·绿色社区篇·

B.2
中国城市绿色社区建设与发展报告

黄 晴 梁文慈*

摘 要： 随着我国城市化进程的深入推进，环境保护与经济发展之间的矛盾愈发凸显，城市生态环境治理与绿色生活日渐成为城市治理的重要议题。作为城市治理的细胞与城市生活的载体，社区也成为绿色环保治理的重要实践场域。2021年7月，住房和城乡建设部印发《绿色社区创建行动方案》，明晰了社区发展绿色理念及其建设规范，开启了我国绿色社区发展的新阶段。探索绿色社区的概念缘起与理论内涵，梳理我国绿色社区发展的政策演进过程，总结我国绿色社区建设取得的成效，反思其面临的困境与挑战，将为探索一条具有中国特色的绿色社区发展路径提供宝贵的经验借鉴。

* 黄晴，博士，山东大学政治学与公共管理学院副教授，山东大学城市发展与公共政策研究中心研究员，主要研究方向为城市治理和内城更新；梁文慈，山东大学城市发展与公共政策研究中心研究员，主要研究方向为城市公共政策。

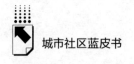

关键词： 绿色社区　环境治理　社区可持续发展

一　绿色社区的概念源起及理论内涵

（一）概念缘起

自 19 世纪末开始，工业革命带来的社会环境负效应引发了人们对于环境保护与城市文明的反思。许多学者开始反思人类发展与环境保护的关系。1898 年，英国社会学家、建筑学家艾比尼泽·霍华德（Ebenezel Howard）于其著作《明天的花园城市》中提出了"花园城市"理论，指出理想的城市应具备经济活力旺盛、社会安定有序、自然环境舒适三个特点。此后，关于自然与人类关系的研究逐渐增多，社会各界对于人居环境的重视度也逐渐提高。第二次世界大战后，希腊学者道萨严迪斯（Constantinos Apostolos Doxiadis）提出了"人居环境科学"的概念，旨在探索居民和居住环境的关系。这一系列有关城市人居环境的研究为绿色社区理念的萌芽奠定了基础。

绿色社区理念诞生于 20 世纪 60 年代初。在这一时期，大规模城市化引发了民众对于城市生活质量的反思，并促使新城市主义的诞生，民众对于城市的环境保护、社会归属本质提出了新的要求。在新城市主义思潮中，绿色社区理念应运而生，回应了民众对于社区尺度生活品质的期待。

（二）理论内涵

作为经济高效、社会和谐、生态可持续三者统一的美好愿景和具体表现，绿色社区的创建需要理论研究的铺垫加以建设实践的积累方可实现。绿色社区理念逐渐于全世界流行，国内外学者积极对其开展研究并取得了一些初步成果，包括对其主旨、定义、创建意义、评价标准、创建要求等的研究（见表 1）。

表1 绿色社区理论内涵

理论视角	理论主题		核心观点
以人为本的发展理念	需求导向		应注重人们对美好环境的需求,将居民身心的健康发展作为首要目的
	均衡导向		人与自然的平衡和谐,人的需求与环境保护并重
生活导向的理论内核	理论内涵		绿色社区必须符合可持续发展理念
			绿色社区以人与自然和谐发展为前提
			绿色社区应满足人们的绿色生活需求
	实现路径	技术支撑	绿色社区的建设应基于绿色建筑材料、绿色能源等方面的技术创新与社区准入
		治理推动	发挥社会组织在绿色社区发展中的核心作用
			提升居民参与绿色社区发展相关议题的能力与积极性
			培育社区绿色文化,提升居民环保意识

1. 以人为本的发展理念

人本主义思想诞生于20世纪50年代,提倡人、社会与环境的和谐统一,这一理念也成为城市发展与绿色社区建设的核心要义。郭永龙、武强指出,绿色社区应遵循人们对于美好环境的内在需求,将城市居民的身心健康发展作为首要目的,并通过社区层面的环境保护与绿色可持续发展促进这一目标的实现。其他学者则指出,绿色社区的以人为本应注重人与自然的平衡和谐,既不能将人的需求凌驾于环境保护之上,也要重视居民权利在绿色社区发展议程设定中的核心作用。以人为本成为绿色社区发展公认的价值准则,正确处理人与自然的关系以及提升居民的幸福感,成为绿色社区发展的宏观性的引导理念。

2. 生活导向的理论内核

生活导向是绿色社区的理论内核。一些学者关注社区的绿色生活塑造,提出绿色社区应秉持可持续发展理念、实现人与自然和谐发展并满足人们绿色生活需求。李九生和刘建雄、张丽等学者提出绿色社区必须符合可持续发展理念。在此基础上,刘清洁细化了绿色社区可持续发展理念的要求,即要求绿色社区维持原有的生态平衡,同时实现资源和能源的高效利用和循环再

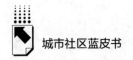

生。杨爱群、韩艳丽则认为绿色社区必须以人与自然的和谐发展为前提。此外，针对人们绿色生活需求的满足，加拿大的克福德·梅纳斯（Clifford Maynes）强调绿色社区创建的出发点是当地民众的需求和共同利益，且应以绿色生活和绿色消费的培育指导绿色社区的创建。

在如何实现生活导向的绿色社区方面，早期研究更为关注技术层面，例如引入新的能源技术、建筑技术等。董杰提出要以可持续原则指导绿色社区硬件的筹备，不仅应选择绿色低碳、健康环保的建筑和装修材料，还应尽量引入低碳和可持续循环等技术处理社区的生活污水和废弃物。近年来，越来越多的研究开始关注治理视角下的宜居绿色社区。社会组织在绿色社区建设中的作用得到重视。通过激活社会组织的治理角色，从而培育居民的参与能力，并解决政府在基层治理中的缺位与监管失灵问题。同时，居民在绿色社区发展中的主体地位备受关注。不仅应充分保障居民参与社区绿色发展议题的权利，也应强化其他场域（如工作单位、学校）在居民绿色观念培养与绿色行为塑性中的作用，从而提升居民参与绿色社区治理的意识和能力。另外，绿色文化培育是生活导向的绿色社区发展中的核心议题。为了唤醒居民的环保意识和培育居民合理的生活模式，可以社区为落脚点对人们进行环境教育，促使人们关注居住与环境的关系。同时，可通过进一步建设完善科教文化基础设施和丰富拓展绿色宣传教育内容、形式的两条路径来推进社区绿色文化的建设。

（三）绿色社区的全球实践

绿色社区的理论发展推动了绿色社区建设全球实践的开展。各国对绿色社区建设进行了诸多摸索，积累了宝贵经验。美国的绿色社区建设始于20世纪60年代。伴随着快速的城市化进程，人们开始反思人与自然的关系，并引发了一场城市规划的绿色转型浪潮。在美国国家环保局的牵头下，绿色社区建设工作在全国迅速开展。美国国家环保局不仅设计了绿色社区创建规划，规定了绿色社区创建的总体要求，同时制定了绿色社区发展的具体指标，并为绿色社区发展提供金融咨询、政策、信息与人才培训等方面的支持，从而为绿色社区的发展赋能。

加拿大的绿色社区建设始于 20 世纪 90 年代初。1991 年，安大略省的能源有效利用计划于三个社区开展试点工作；次年，新的绿色社区计划取代了能源有效利用计划，活动内容拓展至水、废物等与绿色环保有关的内容。此后，绿色社区试点由开始的三个社区扩大到安大略省的十几个地区。随后，安大略省各个城市开始设立绿色社区创建资金，并采用财政支持与商业贷款并行的混合模式。自 1995 年开始，安大略省各个城市的绿色社区联合起来，成立了绿色社区网络，并进一步形成了绿色社区协会（Green Communities Association）。1997 年，绿色社区协会在加拿大环境部的支持下发起了全国性的绿色社区创建活动，并于 1999 年成功将绿色社区创建活动推广至其他省份。

1994 年，瑞典启动了其地方 21 世纪议程，将绿色社区创建的工作重心界定为"保护环境和促进可持续发展"。随后，瑞典的绿色社区创建获得了政府管理和财政的双重支持。在管理方面，每个绿色社区均有主管机构和人员，包括市政委员和其下设的工作小组或健康、环境委员会等其他部门。在财政支持方面，除为地方政府和企业设立的生态开发项目专项资金外，瑞典环境部还对实施地方 21 世纪议程的地方政府和组织提供特别支持，自 1994 年起每年对其资助 700 万瑞典克朗。

不管是美国政府对绿色社区创建提供的技术和信息支持，加拿大绿色社区中非营利组织发挥的关键作用，还是瑞典政府对绿色社区提供的机构、资金支持，都对全球绿色社区的建设积累了宝贵经验。全球绿色社区发展的实践为我国绿色社区发展提供了一定的经验与借鉴意义。

二 我国绿色社区发展的政策演进

随着我国经济发展与环境保护之间的矛盾凸显，绿色社区理念逐渐成为我国城市发展与社区治理的重要政策目标。我国绿色社区发展实践经历了政策试点、政策规范与政策推广三个阶段（见表 2）。

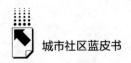

表 2　我国绿色社区发展阶段

阶段	层面	时间	相关政策、措施或成效
政策试点	地方	1999 年	北京市宣武区政府与"地球村"合作开启绿色社区创建试点工作
		2000 年	北京市政府推广绿色社区试点
政策规范	中央	2001 年	颁布《2001~2005 年全国环境宣传教育工作纲要》,要求 47 个环保重点城市创建绿色社区
		2001 年	在"十五"期间国家环保模范城市考核指标体系中增加关于绿色社区创建活动的内容
		2004 年	举办"全国绿色社区创建活动启动仪式暨绿色家庭现场演示会",颁布我国统一的绿色社区标志
		2004 年 7 月	颁布《关于进一步开展"绿色社区"创建活动的通知》,要求各级环保部门将绿色社区创建活动纳入部门的工作计划
		2005 年 2007 年	颁布关于表彰全国绿色社区创建活动先进社区、优秀组织单位及先进个人的决定
		2005 年 2016 年	"十一五"规划和"十三五"生态环境保护规划提到要积极推进绿色社区的创建工作
	地方	2002 年	山东省《关于开展创建"绿色社区"活动的通知》、广东省《关于开展创建"绿色社区"活动的通知》等
		2004 年	云南省《关于转发〈关于进一步开展"绿色社区"创建活动的通知〉的通知》等
政策推广	中央	2017 年 10 月	党的十九大提出"开展创建节约型机关、绿色家庭、绿色学校、绿色社区和绿色出行等行动"
		2019 年 11 月	国家发展和改革委员会发布《绿色生活创建行动总体方案》,强调要开展节约型机关、绿色家庭、绿色学校、绿色社区等创建行动
		2020 年 7 月	住房和城乡建设部等六部门联合发布《绿色社区创建行动方案》,要求广大城市开展绿色社区创建行动
	地方	2020 年 9 月	《浙江省绿色社区建设行动实施方案》等
		2022 年初	2021 年新增绿色社区:山东省 1592 个,重庆市 805 个,广州市 795 个,等等

（一）政策试点阶段（20世纪90年代）

20世纪90年代，非政府组织"地球村"的社区环境绿化工作开始得到北京市政府的认可与重视，"地球村"成为北京市政府开展新一轮社区环境综合整治工作的合作伙伴。1999年，"地球村"与北京市宣武区政府合作，在功南里居民区开启绿色社区创建试点工作，通过政府购买服务的方式，为社区居民提供节水、节能和垃圾分类的社区教育服务。由于在功南里社区取得了显著成效，2000年9月，北京市政府决定在京推广绿色社区建设试点工作。基于其多年的工作经验，"地球村"于2002年出版了《绿色社区指导手册》，同时邀请上海、西安、南京、广州等城市的官员与非营利组织从业者来京进行绿色社区建设培训，为全国诸多城市的绿色社区创建实践提供指导。在北京市试点工作的基础上，绿色社区建设逐渐成为全国性的政策热点，吸引了公众、媒体和政府的关注，我国绿色社区建设工作也从政策试点进入了政策规范阶段。

（二）政策规范阶段（2000~2016年）

2001年，中共中央宣传部、国家环保总局、教育部联合颁布的《2001~2005年全国环境宣传教育工作纲要》（以下简称《纲要》），是中央层面首个关于创建绿色社区的政策文件。文件中提出要在全国47个环保重点城市逐步创建绿色社区，并强调各级宣传部门要将绿色社区创建活动与文明社区建设实践挂钩。这一文件的颁布为我国绿色社区的发展提供了重要的政策规范指导。

在《纲要》的指导和推动下，我国环保重点城市的绿色社区创建活动逐渐起步。2002年，广东、福建、江苏、山东等省份的环保部门确定了本省的绿色社区标准，开启绿色社区创建活动。为进一步规范并激励地方实践，国家环保总局在"十五"期间国家环保模范城市考核指标体系中增加了关于绿色社区创建活动的内容。为响应国家的环保政策目标，山东省文明办、省环保局于2002年5月联合下发了《关于开展创建"绿色社区"活动

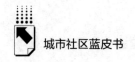
的通知》，制定了绿色社区创建和评估标准的指导意见。2002 年 8 月，广东省生态环境厅发布《关于开展创建"绿色社区"活动的通知》，确定了广东省绿色社区的考评标准，要求省内各市、县（区）的环境保护局、文明办从 2002 年开始积极开展创建绿色社区活动。

随后，我国绿色社区建设进入了多部门协同发展与政策细化阶段。2004 年的世界环境日，国家环保总局和全国妇女联合会共同举办了"全国绿色社区创建活动启动仪式暨绿色家庭现场演示会"，首次颁布了全国统一的绿色社区标志。同年 7 月国家环保局颁布了《关于进一步开展"绿色社区"创建活动的通知》，以政策方式将绿色社区确定为一项广泛性的国家工程，要求各级环保部门将绿色社区创建活动纳入部门的工作计划。《全国"绿色社区"创建指南（试行）》也同时发布，对于绿色社区创建的组织领导、执行机构和创建计划等均有具体规定，明确了我国创建绿色社区的基本内容和步骤。

在中央政策的规范指导下，新一轮的地方实践开始涌现，实践地点也从沿海发达城市扩散到内陆欠发达城市。其中，云南省环保局于 2004 年 8 月印发了《关于转发〈关于进一步开展"绿色社区"创建活动的通知〉的通知》，要求省内各地区将绿色社区创建活动纳入部门工作计划，正式开始了云南省绿色社区的创建工作。

2005 年和 2007 年，国家环保总局两次颁发关于表彰全国绿色社区创建活动先进社区、优秀组织单位及先进个人的决定，分别对全国 112 个、124 个绿色社区创建活动先进社区进行表彰，极大地鼓舞了全国各地开展绿色社区创建活动的主动性和积极性。

（三）政策推广阶段（2016年至今）

"十三五"规划中明确将绿色社区建设工作提升到生态环境保护重点工作的高度。2017 年 10 月召开的党的十九大提出"倡导简约适度、绿色低碳的生活方式，反对奢侈浪费和不合理消费，开展创建节约型机关、绿色家庭、绿色学校、绿色社区和绿色出行等行动"，为进一步在全国范围内推广绿色社区创建活动指明了方向。为深入贯彻习近平生态文明思想，有关部门出台了一系列政策文件，从而推动了我国绿色社区的发展进程。

2019 年 11 月 5 日，国家发展改革委员会发布《绿色生活创建行动总体方案》，强调要开展节约型机关、绿色家庭、绿色学校、绿色社区等创建行动。2020 年 7 月 22 日，住房和城乡建设部、国家发展和改革委员会、民政部、公安部、生态环境部、国家市场监督管理总局六部门联合印发了《绿色社区创建行动方案》（以下简称《方案》），要求城市按照《方案》的部署要求，以辖区内的城市社区为对象，开展绿色社区创建行动。《方案》细化了绿色社区的建设要求，提出社区应建立健全社区人居环境建设和整治机制；同时，社区不仅应推进基础设施绿色化，而且应营造社区宜居环境，同时要注重培育社区的绿色文化；在信息管理方面，社区应搭建社区公共服务综合信息平台，提高自身信息化、智能化水平。

在一系列中央政策文件的指导下，我国城市开展了新一轮的地方实践。北京、浙江、内蒙古等多地发布本辖区绿色社区建设行动实施方案，明确绿色社区建设的行动目标、具体指标，全面启动绿色社区建设行动。其中，2020 年 9 月 2 日，浙江省住房和城乡建设厅、省发展改革委、省民政厅、省公安厅、省生态环境厅、省市场监管局联合印发了《浙江省绿色社区建设行动实施方案》，要求各城市社区将绿色发展理念贯穿社区的设计、建设、管理和服务等活动的全过程，切实推进其辖区内绿色社区的创建。到 2022 年，我国绿色社区创建活动全面开花并取得了阶段性成绩，其中，1592 个社区被确定为 2021 年山东省绿色社区，805 个社区被确定为 2021 年重庆市绿色社区，795 个社区被确定为 2021 年广州市绿色社区。

三　我国绿色社区的建设路径

在中央政策的指导下，我国绿色社区建设的地方实践取得了较为显著的成效。经过 20 年的建设发展，我国绿色社区发展走出了具有中国特色的建设路径。

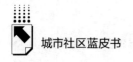

（一）推动绿色导向的社区微更新

1. 基于环保理念的建筑更新

将绿色环保理念融入城市居住区的建筑设计与使用的过程中，是绿色社区技术层面的应有之义。在我国实践过程中，对于绿色环保建筑的实现方式出现了因地制宜、多样化的特征。在新建封闭小区中，基于环保理念的建筑更新通常表现为对绿色建筑材料和设备的使用，从而降低在房屋建设过程中的耗能。例如，沈阳万科新城小区的房屋建造实现了对传统建材方式的突破，选择了更为环保的新型建筑材料，同时采用新技术，使得房屋的保温效果和实用率大大提高。此外，在老旧社区更新中，绿色建筑更新往往表现为对社区陈旧基础设施的更新，例如，上海颁布的绿色社区建设标准中明确提出增加老旧小区更新、拆除违规建筑、加装电梯、太阳能利用等举措；武汉市江岸区四唯街袁家社区以创建绿色社区为契机，动员老旧住宅中的居民使用油烟净化器，从而减少空气污染。

2. 推行社区绿化运动

社区绿化是绿色社区建设最直观、最有效的手段。良好的社区绿化有利于为居民创造出舒适、宁静和优美的生活环境。我国各个城市的绿色社区建设往往以社区绿化为起点。武汉市江岸区四唯街袁家社区在绿色社区创建行动中实施了刷黑主干道路、新增园林景观等项目，贵阳市则采用社区住宅壁面绿化、柱廊绿化、立交绿化等绿化方式推动绿色社区发展。近年来，社区碳汇林建设也备受关注。在实践中，贵阳市要求各社区绿化树种的选择要以增加碳汇、减少碳排放为原则，在有限的区域内提高乔木的比例，为居民创造绿色宜人的社区居住环境。

（二）基于能力培育的绿色社区治理

1. 多元参与的绿色社区建设模式

绿色社区建设需要改变政府主导模式，从而探索自下而上、多元参与共治的治理格局。目前，我国各个城市在探索绿色社区建设中的政府、企业、社区、社会组织和居民的合作治理方面取得了一定的经验。天津滨海新区的中新生态城构建了"生态细胞中心—生态社区中心—城市（次）中心"三级社区服务结构。该结构在基层党组织和政府有关部门的主导下，依托社区居委会，通过社会组织和志愿者的纽带作用和社区居民的主人翁作用，尝试构建其绿色社区的协同治理体制。在这种模式下，社区内的居民和企业成为项目开展的重要参与者，社会组织也将承担更多的咨询、建议提供、执行和监督的责任。此外，厦门创新绿色社区共同创建模式，在政府统筹规划的前提和主管部门指导的保障下，引导街道办事处开展绿色社区创建工作，同时动员群众居民积极参与，形成了政府相关部门、基层组织和社区居民共同谋划、建设、管理、评价的社区治理方式。沈阳万科新城小区则探索实践了绿色社区创建共管模式，管理主体为物业公司和业主，实现了专业管理与居民自治的结合，不仅保证了社区管理的专业性，而且发挥了居民的主动性、积极性和监督作用。

2. 智慧赋能的绿色社区建设

随着治理智慧化的发展，绿色社区建设被赋予了有效的技术支撑与治理手段。智慧赋能的绿色社区建设主要体现在以下两个方面。首先，在社区治理过程中，智慧化手段实现了效率与环保的双重效应。重庆领秀城充分利用物联网技术构建物联综合管理中心，实现小区物联设施统一管理。通过引入物联网、大数据、人工智能等智慧技术，北京优山美地项目实现了对设备运行数据和状态的实时监测，包括自主收集和汇总分析运行数据等，不仅提升了设备运维效率，而且节约了人工成本。其次，智慧治理手段使得绿色社区教育得以更好地开展。上海康桥半岛绿色社区通过智能手机对社区居民定制化推送绿色知识的科普文章，并开展绿色生活理念的教育与绿色社区宣传活动，同时减少了纸质宣传资料的使用，符合绿色生活理念。

（三）培育居民绿色生活方式

1. 推行社区绿色教育

居民是绿色社区创建的主体，其环保意识的培育和提升是绿色社区治理的关键。自绿色社区创建活动于全国普及以来，我国各个城市纷纷开展基于科普宣传与社区绿色共同体塑造的绿色教育活动。首先，近年来，我国各个城市开展了一系列有关绿色消费习惯的宣传与绿色环保知识的科普工作，并充分利用广播、电视、微信公众号、居民群聊、讲座、宣讲会等多种方式对居民开展系统性宣传和教育。其次，通过创新社区绿色节庆活动，塑造社区共同体意识。贵阳市在传统的社区节庆表演活动中融入绿色环保理念，较好地实现了社区绿色教育目标。哈尔滨市政府引导居民开展音乐追思会、"追思墙"和"追思树"等祭奠活动，从而代替传统的祭奠方式，提倡社区开展绿色环保清明节祭祀活动，实现居民绿色生活方式的转变。每逢植树节、世界环境日等节日，江苏省如皋市孔庙社区均组织开展"爱家园、爱环境、爱地球"主题系列活动，宣传绿色环境知识，培养居民绿色生活方式。

2. 探索基于家庭的绿色动员模式

家庭是社区的细胞，实现以家庭为单位的社区动员模式，是社区治理与绿色社区建设的前提与保障。首先，以家庭为对象进行宣传教育，从而实现社区绿色教育的家庭化延伸，使得社区教育与家庭教育在绿色理念的宣传科普中实现有益的补充。其次，实现家庭化的社区志愿模式，探索开展家庭亲子活动，挖掘探索代际传递动员模式。例如，武汉市常青花园第三社区开展的"绿色换书客"和"袋袋相传"活动通过亲子活动实现了家庭参与，促使孩子和家长共同学习环保知识，从而起到以点带面、以家庭环保带动绿色社区建设的作用。

四　我国绿色社区建设面临的问题与挑战

目前，我国绿色社区建设取得了一定成果，并探索出了颇具中国特色的实践路径，但在制度规范与运转机制方面依旧存在诸多问题。这些问题集中体现为绿色社区建设资源落地困境、绿色治理体系运转不畅与社区绿色文化营造滞后等方面。

（一）绿色社区建设资源落地困境

资源投入和技术应用是绿色社区建设的基础。资源支持是社区绿色基础设施与专业的管理队伍的保障，技术支撑是推动社区走向生态化、低碳化的主要动力。我国绿色社区建设依旧面临着资源下沉不足和绿色技术准入、应用等方面的困境。

1. 社区治理资源下沉不足

目前，我国绿色社区建设中普遍面临着资源下沉不足的问题。首先，我国绿色社区发展面临着区域不均衡问题。欠发达地区的绿色社区建设受到经济发展水平与公共财政的制约，绿色环保基础设施匮乏。在经济较为发达的沿海地区，充沛的公共财政支持与市场开放程度使得其绿色社区发展取得了较好的成绩。其次，绿色社区建设也面临着技术性与治理人才下沉不力的问题。提升社区绿色理念的吸引力、基层治理工作的动员力与绿色技术的社区包容力成为我国绿色社区建设工作中的重要任务。

2. 社区绿色技术准入与应用困境

绿色社区的建设旨在通过引入绿化与节能技术，来实现社区生态化、低碳化和有机化发展。首先，由于我国绿色社区建设中的废旧塑料分选技术、厨余垃圾处理技术等核心技术主要依靠进口，其引入落地社区面临着一定的困境。其次，基层治理资源的局限性，造成了绿色核心技术购买引入困境。同时，我国的许多社区，尤其是老旧社区缺乏灵活的再规划空间，造成了绿色设施布局困境。最后，许多绿色社区设施具有临避特性，造成了其社会层面的准入困境。

（二）绿色治理体系运转不畅

运转有效的治理体系是绿色社区发展的系统动力。目前，我国绿色社区治理体系依旧存在着行政管理职能不明晰、多元参与机制不健全等问题。

1. 绿色社区管理体系尚未健全

我国绿色社区建设由国家环保总局（现改为生态环境部）牵头，妇联、

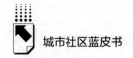

共青团等部门共同负责。这一管理体系造成了一系列问题。首先，在部门协同上，国家环保总局与其他职能部门尚未建立有效的协调机制，绿色社区建设的多部门协同机制不畅。其次，由于国家环保总局的主要职能是环境保护和治理，其牵头推动的绿色社区建设在一定程度上边缘化了公民参与等方面的建立议程。最后，纵向上的行政职能部门与社区对接不畅，致使许多政策停留在文件层面，使得绿色社区建设成为"空中楼阁"，难以落地生根。

2.绿色治理的多元参与模式有待完善

目前，我国绿色社区建设依旧体现出行政力量主导的特征。首先，绿色社区建设资源的配置由政府主导，市场作用并不突出，市场在资源配置方面的进入渠道不畅、力量发挥有限，使得绿色社区建设的资源准入机制受限。其次，社区治理中社会组织作用尚未有效发挥，其引导、动员与组织居民参与社区建设与绿色生活的角色定位有待提升。最后，在绿色社区建设中，居民参与机制不健全。在很多城市，地方政府为快速完成绿色社区与生态社区的建设指标而推行"一揽子"工程，偏好见效快、政绩显著的建设项目。这导致居民参与能力培育工作被忽视，社区协商民主发展缓慢，居民绿色自治能力缺乏。

（三）社区绿色文化营造滞后

社区绿色文化营造是绿色社区发展的长效机制，起到潜移默化、柔性引导的作用。目前，我国基层开展了一系列有关绿色生活方式的宣传教育活动，并取得了一定的成效，但在绿色社区文化营造、认同、宣传和传播方面，各地方的探索还较为滞后。

1.运动式社区绿色教育模式

我国以社区为单位开展的绿色宣传教育活动呈现出运动式治理的特点。社区的绿色环保宣传活动呈现行政响应的特征，缺乏自下而上的机制与持续性开展的能力。在绿色社区建设中，街道办事处、社区居委会采取运动式工作模式，并偏好卫生清理与社区环境宣传等可视化较强的工作。同时，社区仅在"世界环境日""植树节"等特殊节日开展节水、节电等环保宣传活动，其他时间则属于绿色教育宣传的"空窗期"，缺乏常态化社区绿色教育体系，远远满足不了居民对于绿色教育的需求。

2. 社会组织的文化营造作用有限

专业性的社会组织具有更专业的技术型人才与社区工作经验，在绿色环保文化营造方面，可以提供更充实的教育内容与更丰富的宣传形式。目前，我国环保性社会组织依旧处于初创阶段，社会组织在绿色社区工作中的作用有限。同时，由于社区治理中行政主导的惯性，社会组织的角色并没有得到充分的认可与培育。此外，由于社区治理议程的限定性，绿色社区的教育宣传内容也受到了局限，在一定程度上框定了社会组织在社区绿色文化营造方面的积极性。

五 从"行政绿色"走向"文化绿色"：
我国绿色社区建设路径

目前，我国绿色社区建设体现出自上而下的行政主导模式，这一模式在建设初期发挥了显著成效。然而，在绿色社区逐步发展、日益成熟阶段，需要探索更多的资源准入方式与多元治理模式，尤其要重视社区绿色文化的培育，使得文化成为绿色社区建设的长效机制，发挥引导与主体性重塑的作用。

（一）健全绿色社区发展顶层设计

健全绿色社区发展的顶层设计是确保机制健全、工作流程畅通的前提与保障。尽早明晰顶层设计，将对我国绿色社区的建设起到指导性作用，为各地区绿色社区建设奠定坚实的体制基础并赋予可持续发展的动力。首先，应在中央层面健全多部门协同机制，使得绿色社区决策与综合管理工作职能清晰、分工明确、沟通顺畅、资源统合。其次，完善中央层面的绿色社区发展政策体系，形成指导性纲要与操作性细则相互补充的政策体系框架，逐步推动地方配套性政策出台。最后，要建立科学合理的考核评价制度，使得绿色社区建设工作有的放矢、激励有方，从而激发地方实践的积极性。

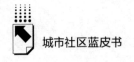

（二）创新绿色社区建设中的资源准入方式

1. 拓宽绿色社区建设资金来源

首先，在中央层面探索设立绿色社区建设专项资金，并通过财政转移支付的方式向经济落后、建设基础较差的地区予以财政支持。其次，地方政府应对绿色社区的建设给予充分的经费保障，除采用财政拨款方式外，还可采用"以奖代补"的模式对有突出表现的社区给予激励性支持，凸显竞争性资金的作用。最后，地方政府可通过招商引资获得绿色社区建设资金，从而扩大辖区内绿色社区建设的资金来源。通过采用 PPP 模式，鼓励私营企业、民营资本与地方政府进行合作，吸引市场资本的流入，缓解地方政府沉重的财务负担，保证绿色社区建设工作的有序开展。

2. 推动绿色资源整合与链接

充分利用已有资源，推动各类资源进行挖掘、整合和链接，将有利于降低各地区绿色社区的创建成本，从而实现资源的互动与流转。为实现各社区绿色资源的整合与链接，地方政府须为各区、各街道和各社区搭建畅通的沟通平台，创新社区内资源运用和流转的模式、方法，引导各社区之间的交流与合作。例如，在垃圾分类过程中，临近社区可联合起来共同建设垃圾分类中转站，从而降低各社区开展垃圾分类工作的成本。

（三）培育社区绿色治理联盟

1. 重塑政府在绿色社区建设中的主导性作用

在绿色社区建设中，政府要重塑其角色，做到职能上的转型而非功能上的退出。首先，地方政府应探索绿色社区建设工作机制，尤其是部门协同机制。其次，探索建立绿色社区工作小组或工作专班，结合地方实际制定绿色社区发展规划，并制定考核指标体系，明确绿色社区创建的具体内容。再次，应定期召开绿色社区发展工作会议，了解辖区内绿色社区创建的进展，及时总结经验，发现问题。最后，应探索多主体共治模式，加强与居委会、社会组织等主体的交流合作，确保社区物业、社区业主委员会科学管理作用的发挥，同时引导社区居民主动、积极开展绿色社区建设活动，确保居民在绿色社区创建中的主体地位。

2. 有效激发绿色社区建设中的市场资源

在绿色社区建设过程中，要注重资金与技术双重资源的激活与利用。首先，应积极探索不同的资金准入方式，逐步放开市场资金的进入，做到有效利用与有效监管。其次，应加强与绿色能源与绿色技术企业的合作，通过政策倾斜、税收补贴等方式鼓励其进入绿色社区建设领域。最后，也应重视专业技术人员的城市吸引力与社区入驻积极性，从而缓解我国绿色社区建设中的技术人才困境。

3. 培育绿色社区建设过程中的居民自治能力

首先，应培育居民的志愿精神，从而更好地发挥其在绿色社区建设中的主体作用。应逐步建立包括志愿服务队、环境监督队、绿色教育宣传队等在内的绿色社区志愿服务工作体系，从而提升社区居民参与绿色社区建设的热情和力度。其次，探索绿色社区建设中的家庭参与模式，可以通过亲子活动动员家庭整体参与，激活其社区参与的热情与活力。最后，应以绿色社区建设为契机，推动居民参与能力的培养工作，不仅应完善居民的议事权利，也应通过开展培训会增强居民民主协商与社区参与的能力。

（四）加强社区绿色文化营造

1. 塑造多场域的绿色文化营造模式

采用学校、社区、家庭三位一体的绿色教育推动联动模式，有利于多方位地培育社区居民的绿色文化。在地方政府的领导下，社区居委会将学校教育、社区教育和家庭教育联动起来，开展多维度的绿色教育实践活动，包括健康教育、环境保护教育、绿色生活教育等内容，建立健全绿色教育于学校、社会、家庭三方位的宣传和普及机制，从而营造社区内绿色文化氛围，加深社区居民对绿色理念的理解和认同。在此过程中，学校教育为孩子起到环保知识启蒙的作用，社区活动的开展为孩子提供环保实践的平台，家庭则作为学校和社区两者的链接，在其中起到环保动员、以点带面的作用。

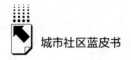
2. 丰富绿色文化营造的内容与形式

在社区绿色文化营造的过程中，应注重内容与形式的多样化与实用性，增强居民参与过程的体验性和趣味性。通过开展有针对性的绿色教育活动，使居民领悟绿色理念的内涵，增进居民对绿色生活方式的认同，从而推动社区绿色文化的营造。例如，在社区绿色规划过程中，可开展社区规划师培训、社区美化经验讲解等活动，开拓居民对于宜人绿色社区的建设思路，更好地为社区发展建言献策。在推广社区垃圾分类时，可以探索开展体验式教学（如身体力行体验垃圾分类的具体过程）和采用激励方法（如评选模范家庭），从而提升社区居民参与垃圾分类的热情。

六 结语

绿色社区已经成为全球城市治理的重要议题。自 20 世纪 90 年代开始，我国也开始了绿色社区的理论探索。在政策实践层面，我国绿色社区发展经历了政策试点、政策规范和政策推广三个阶段，并探索出一条具有中国特色的绿色社区建设路径。我国各个城市逐步开展了绿色导向的社区微更新，探索多元主体参与的绿色发展模式，回应智慧赋能的绿色社区发展路径，创新社区绿色教育方式，推动居民绿色生活方式培育工作。目前，我国绿色社区发展在资源支撑、制度规范和机制运转等方面仍面临诸多困境，并集中体现在建设资源落地困难、绿色治理体系运转不畅与社区绿色文化营造滞后等方面。在未来的发展中，应健全绿色社区建设的顶层设计，创新绿色社区建设资源的准入和应用方式，探索社区绿色治理联盟的形成和作用发挥途径，同时也应加强社区绿色文化的营造。

参考文献

阿兰纳·伯兰德、朱健刚：《公众参与与社区公共空间的生产——对绿色社区建设的个案研究》，《社会学研究》2007 年第 4 期。

陈果、解东、宋小华：《新时代绿色社区创建的行动与探索——以湖北省绿色社区创建为例》，《环境教育》2019 年第 7 期。

陈建国：《我国绿色社区建设研究》，硕士学位论文，清华大学，2004。

陈金霞：《基于"绿色社区"创建的广州旧住区更新改造研究》，硕士学位论文，华南理工大学，2012。

宫玮：《推动绿色社区建设的思考与建议》，《绿色建筑》2020 年第 1 期。

郭甲嘉、靳敏：《绿色社区实践对城市环境治理的启示》，《城市管理与科技》2021 年第 6 期。

郭立珍、程启星：《新时代绿色教育融入社区教育的进展、困境与路向》，《中国成人教育》2021 年第 10 期。

哈斯也提·吾守尔：《内地城市绿色社区建设成功经验对乌鲁木齐市绿色社区的启示》，《行政事业资产与财务》2011 年第 24 期。

金笠铭、金薇：《绿文化与绿色社区的策划——关于"理想家园"的思考》，《城市规划》2000 年第 11 期。

李玲玲：《城市绿色社区建设的对策研究——以哈尔滨市为例》，《上海城市管理》2019 年第 6 期。

卢自勇、谭晋、朱玲、李冰：《贵阳市生态文明绿色社区建设与探索》，《中国环境管理干部学院学报》2014 年第 5 期。

宋汶龙：《上海绿色社区创建的实践与探索》，《上海房地》2021 年第 7 期。

郭怀成、尚金城、张天柱：《环境规划学》，高等教育出版社，2001。

王汝华：《绿色社区建设指南》，同心出版社，2001。

原珂：《城市社区治理理论与实践》，中国建设工业出版社、中国城市出版社，2020。

朱群芳、王雅平、马月华：《环境素养实证研究》，中国环境科学出版社，2009。

B.3
北京绿色社区建设发展报告

孔德荣[*]

摘　要： 我国城市经历几十年的高速增量发展，在承担经济发展重任、满足社会需求的同时，城市环境也出现了巨大的压力，诸如环境污染、能源压力、可持续性发展的问题。北京也同时出现了新建地区、城市更新和老旧小区改造等工作重点并存的发展现状。在环境压力多个工作重点并存的发展建设中，绿色可持续发展的理念、方法、技术必不可少。北京绿色社区作为衔接上下、实践绿色可持续发展理念、实践城市规划和城市治理的重要物质和社会空间经过多年的建设和发展，取得了众多成果与经验。在未来，北京绿色社区将持续以建筑绿色化、基础设施绿色化，在规划先行、技术创新、政策法规完善、长效机制强化等方法与措施的引导和推动下，继续完善与推动绿色社区建设与研究的发展，形成更加全面复合的绿色社区。

关键词： 城市绿色社区　绿色建筑　绿色标准　生态景观

城市作为社会生产、生活的主要空间载体，也是能源消耗与碳排放的主体。我国城市承载着全国60%的常住人口，城市碳排放量占总量的70%以上，推动绿色低碳发展是我国城市和建筑发展建设的重要工作内容。2020年9月，习近平主席在第七十五届联合国大会上提出，中国争取在2030年

---

[*] 孔德荣，博士，北京建筑大学建筑与城市规划学院讲师，主要研究方向为地域绿色建筑和城市设计。

前碳排放达到峰值，在 2060 年前实现碳中和。在节能减排发展的大背景下，社区作为我国城市社会空间的基本单元，同时社区的规划设计与建设也是城市规划、城市设计、建筑设计中一个重要的环节，在其中绿色可持续的理念也应得到贯彻与实施。

一　北京绿色社区发展概述

绿色社区在我国从提出至今，大致经历了理念宣传与完善，试点绿色建筑、技术、社区的推广，绿色城市空间和社区规划及规范政策的完善、政府发展和社会积累使得绿色社区逐步提升的过程。本报告将重点分析北京绿色社区的发展过程，在此基础上提出北京绿色社区的未来发展方向。

（一）早期发展（2000~2013年）

2000 年，按照北京市奥申委提出的绿色奥运行动计划总体要求，北京市开展了绿色社区创建工作，计划在各区县做试点，再扩展创建范围在全市推广。同年，由首都文明办和社会组织帮助建功南里创建了北京市第一家绿色社区。同时以"北京地球村"为代表的非政府组织与北京的街道居委会共建了"东四绿色社区"，并筹建"乐和家园"等绿色社区项目。当时绿色社区的定义是指建立了一定的环保设施和环境管理体系的社区，如建立垃圾回收分类体系，替换节能灯、节水、绿化面积占小区面积 30%。在管理方面，建立社区的公众环保管理体系，由政府有关部门、民间环保组织、居民委员会和有关企业组成联席会，作为绿色社区的环保管理核心。但实践中，此类社区的数量仍非常少，因缺少政府持续的参与和支持，同时作为绿色社区所需的如绿色建筑、绿色设施等物质条件也在起步发展中，并没有在社区建设中全面落地，故绿色社区也很难持续地推广与开展下去。

2001 年，为了加强生态环境建设，建设部出台了《绿色生态住宅小区建设要点与技术导则》，该导则主要对象是新建的绿色生态住宅小区。通过导则引导先进集成技术在建设中的使用，进而提高能源的使用效率，从而达

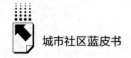

到节能、节水、节地与治理污染的目的，以期有效地保护和形成良好的生态环境评估系统，主要包括能源系统、水环境系统、气环境系统、声光热环境系统、绿化系统、废弃物管理与处置系统、绿色建材系统等九个评价板块。至此，第一个官方发布的绿色社区相关的规划设计导则诞生，为绿色生态社区的建设提供了指导，绿色社区有了可供研究和评估的导则框架。

在此阶段，绿色社区的概念被提出，以建筑、设施、环境等为切入点，具体实施以偏向于宣传、试点和技术的推广与引导。

（二）推广阶段（2013~2019年）

此阶段以绿色建筑、技术和社区推广，相关政策法规与规划完善等多方面措施为具体发展推动方式，客观上为北京绿色社区的发展提供了物质条件的和政策法规的支持。

北京市为进一步推动绿色社区的发展和建设，开始逐步推广相关的示范项目。2013年，在北京市朝阳区双井街道开启了北京市首个绿色社区服务示范项目。项目通过培训和宣讲环保理念，倡导环保的生活方式与理念。这一时期，绿色社区建设的主要内容为宣传活动，此类宣传活动有对绿色社区理念积极的推广作用，但因缺少配套的政策、持续的支持，难以实际落地或长期持续。

2013年，《北京市发展绿色建筑推动生态城市建设实施方案》由北京市住房和城乡建设委员会编制发布。该方案的主要目的是转变城乡建设模式和建筑业发展方式，全面发展绿色建筑；在建筑的全周期内，节约和提高资源利用效率；保护环境并与自然和谐共生，创造宜人健康高效的使用空间。同时，根据该方案要求，新建项目从2013年6月1日起都须按照绿色建筑标准执行，一星级以上绿色建筑为基本标准；新审批的功能区均须编制绿色生态专项规划；建设绿色居住区，绿色居住区内二星级及以上的绿色建筑面积占总建筑面积的比例应达到40%；推进绿色基础设施建设，提升精细化管理水平和防灾减灾能力；推动城市智能化管理体系建设，建设系统集成。在此阶段的绿色社区发展，更多的是以绿色建筑和设施为主要实施要点，之后北京市开始从具体的建造活动逐步推动绿色社区的建设。绿色建筑和设施作为绿色社区的主体和基础，其发展也直接影响了绿色社区的建设进展。在此后北京市的节能减排目标责任体系也将绿色建筑纳入其中，工程项目基本建设流程中也要求进行绿色建筑指标评价。这些体系和流程的确立也为绿色社区纳入评价体系打下了基础。至此，北京绿色社区有了相应成熟、稳定的物质条件基础，绿色社区的切实发展也成为可能。

社区作为城市人口的集聚场所是城市碳排放的主要来源，我国城市总建筑消耗的 50% 以上均来源于社区内的居住建筑。为了进一步节能减排，2014 年国家发改委发布《关于开展低碳社区试点工作的通知》，开展 1000 个低碳社区实践。基于此，北京市发布了低碳社区评价技术导则并明确低碳社区的基本概念。低碳社区与绿色社区在节能环保方面都有共同点，只是评价出发点有所区别，但总体方向一致，都推动了彼此的发展。在节能减排的发展背景下，相关的绿色建筑和设施建设、技术、系统越来越完善，这些都直接为绿色社区的落地实施提供了具体的物质与技术支持。

同年，由住房和城乡建设部及中国城市科学研究会负责管理和编制了《绿色生态城区评价标准》（GB/T51255-2017），该标准的目的是促进城市绿色发展，提升人居环境，保护生态，实现低碳，规范绿色生态城区的评价。标准以城区为评价对象，对城区的生态环境、绿色建筑、资源与碳排放、绿色交通、人文、技术创新等板块进行综合评价。至此，北京绿色社区的相关发展进入明显的上升阶段，持续出台多项相关规划设计规范，并开展示范项目。

为了推动绿色建筑与城区的发展，北京从 2015 年开展绿色生态示范区评选，希望以这些示范项目，推广绿色建筑和城区的规划与设计。到 2019 年，共有 14 个"绿色生态示范区"建成。如未来科学城、雁栖湖生态发展示范区、新首钢高端产业综合服务区、中关村科技园区丰台园东区、北京丽泽金融商务区、北京城市副中心城市绿心等。这些都间接地为绿色社区的发展积累了经验技术、评价标准以及社会层面的绿色推广理念。

2018 年，为深化落实北京城市总体规划，推进低碳节能和绿色生态城市建设，规范北京市绿色生态示范区的规划设计评价，北京市规划和国土资源管理委员会会同北京市质量技术监督局发布实施北京市地方标准《绿色生态示范区规划设计评价标准》（DB11/T1552-2018），该评价标准以城市功能区为评价对象，以建设绿色生态示范区为规划设计目标。指标体系由用地布局、生态环境、绿色交通、绿色建筑、水资源、低碳能源、固体废弃物、信息化、人文关怀与绿色产业9类指标组成。为适应不同特征的绿色生态示范区，标准将城市功能区分为新建类、提升类、更新类和限建类四种类型。该评价标准一方面反映了绿色规划设计的升级、绿色社区相关内容的增加、社区整体设计和城市整体规划的理念、建筑和社区增效提质的要求，同时也展现出北京市新建社区与社区更新并存的局面。

同年，在绿色建筑与住区发展方面，海淀区以"绿色居住区、绿色村庄、绿色生态示范区"三位一体绿色建筑推广模式，完成43个727万平方米新建建筑项目评审，以青棠湾公租房项目为样板，推广绿色居住区标准和绿色建筑标准。在这一阶段，相关绿色规划设计标准示范项目持续推动绿色社区的发展。

（三）提升阶段（2019年至今）

2019年，北京市规划自然资源委朝阳分局编制完成朝阳区《区域市政基础设施规划》《区域海绵城市专项规划》《朝阳区综合管廊布局规划》《区域河湖蓝线专项规划》，以推动组建高标准、高效能的绿色市政基础设施体系。同年，北京市规划自然资源委会同市住房城乡建设、教育、园林绿化、民政等部门组织编制了"四个中心"、城市设计、住房、交通、公共服务设施、市政基础设施、地下空间、绿色空间等36项市级专项规划。这些绿色基础设施、公共服务设施、自然绿色生态空间规划，进一步引导和推动了绿色社区的自然生态系统、配套与基础设施的绿色化建设，也从一个侧面传达出后续绿色社区规划设计要点与方向。

这是一个重要的绿色转型发展阶段，在之前的北京绿色社区发展的基础上，绿色市政基础设施的规划建设被更进一步地强调和推进，主要体现在存量空间资源提质增效的城市更新方面。因为设施绿色化是绿色社区的物质基础之一，同时配套和基础设施一直是老旧小区的短板和缺项。

在基础设施绿色化提升的同时，与自然生态系统和谐共生的城市绿色生态空间系统也被逐步提出，如北京副中心规划设计提出的水城共融、蓝绿交织、文化传承的城市副中心绿色空间体系，以及建设功能复合的绿色生态空间体系，优化小街区、密路网的空间格局，建设更加智慧便捷的区域交通体系、更加强韧有力的市政设施体系和公共安全体系，正成为新的绿色城市空间规划设计与建设的方向。

绿色与可持续性概念在我国的多年发展中，正在逐步完善，早已形成共识。在规划体系、城市设计、建筑设计中，绿色可持续性发展也是重要理念，并逐步成为核心，并形成各个规划设计中的研究、绿色规范和技术系统。作为阶段性的总结和新起点，为了引导绿色建筑远期发展，2019 年北京市启动"十四五"建筑绿色发展规划研究。同年，北京市首个绿色居住技术指标体系落地海淀区，依据《海淀区绿色居住区指标体系评价导则》进行规划、设计并实施建设的青棠湾社区和西北旺新村 C2 地块棚户区改造安置房两个项目通过了绿色居住区评审。其他绿色社区发展相关设计标准也在编制和计划中，有国家标准《既有建筑绿色改造评价标准》（GB/T51141-2015）在编，地方标准《既有建筑绿色改造技术规程》（DB）、《既有社区绿色化改造评价标准》（DB）待编。在这样的背景下，绿色社区的相关规划设计研究和标准得到进一步完善。

为了进一步推进绿色建筑和绿色生态示范区，2020 年 4 月，北京市拓宽了绿色生态示范区评选范畴，鼓励渐进式绿色化更新改造并参与绿色生态示范区评选。同时《北京市装配式建筑、绿色建筑、绿色生态示范区项目市级奖励资金管理暂行办法》印发实施，规范了绿色生态示范区项目市级奖励资金管理。同年 7 月，北京市启动了 2020 年绿色生态示范区评选，有北京城市副中心运河商务区启动区、北京大兴国际机场安置房项目（榆垡组团）、清河街道"共建共享—美好社区"（美和园）3 个项目获"北京市绿色生态示范区"称号和奖励资金。在这一阶段，绿色社区的相关宣传、

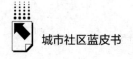
推广和建设都在逐步加强。

同时，北京的社区建设也从早期出于满足居住需求、居住面积，到以改善住房条件、城市发展为建设目标，再到如今的新建社区与社区更新并存。在这一背景下，北京的城市建设正由"开发方式"向"经营方式"转变，存量提质改造和增量结构调整并重，推进城市更新和社区治理，使城市功能更加完善。2021年6月，自然资源部发布《社区生活圈规划技术指南》，为5分钟、10分钟、15分钟生活圈的规划设计提供具体指导，而这也间接为绿色社区的交通、空间范围、配套设施、功能组织、绿色生态、景观环境等提供参考依据。

2021年，根据《国家发展改革委关于印发〈绿色生活创建行动总体方案〉的通知》《住房和城乡建设部等部门关于印发绿色社区创建行动方案的通知》等文件要求，北京市住房城乡建设委等15部门共同研究制定了《北京市绿色社区创建行动实施方案》，并由各区政府和相关部门组织实施。这是北京市主管单位在绿色建筑方案实施后明确和完整地提出绿色社区的实施方案，并由北京市主管单位发布，至此绿色社区的建设进入更加明确和重要的阶段。

北京绿色社区创建行动以北京市社区为对象，在社区规划、设计、建设、管理和服务的全过程中以绿色低碳的方式落实绿色发展理念，提升社区人居环境。通过绿色社区创建行动，在社区建立生态文明理念，推动社区最大限度地节约资源、保护环境。绿色社区创建内容主要有五个方面：社区人居环境建设和整治机制的完善、基础设施绿色化的提升、宜居环境的营造、信息化智能化水平的提高、绿色文化的培养。

实施方案计划到2021年底，25%以上的城市社区达到创建要求，各区分别制定本区的创建方案，基本形成全市绿色社区建设格局。到2022年底，60%以上的城市社区达到创建要求。

为使北京市绿色社区建设的评估有据可依，方案制定了绿色社区创建标准（试行），该标准包含建设整治机制完善、技术设施绿色化、宜居环境营造、信息智能化提升、绿色文化培养5个大项。但此标准相对其他颁布的国家或地方标准，深度与广度有所欠缺，可在之后的发展阶段中完善调整。在此完善阶段，北京绿色社区被更加明确地提出，并以实施方案的形式得到具体落实，也展现出社区在规划设计中的位置与作用，以及新的发展可能。

二　绿色社区及相关绿色化发展阶段成果

在《北京住房和城乡建设发展白皮书（2021）》的总结中提出，未来推动北京绿色建筑高标准、规模化发展是城市和建筑绿色化建设的重要目标，目前北京有以下与绿色社区发展相关的成果。

（一）绿色建筑与住区

北京市"十三五"时期累计建成绿色建筑近 1.06 亿平方米，占新建民用建筑的 66.7%。根据《北京住房和城乡建设发展白皮书（2021）》的记录，截至 2020 年，北京市新增城镇节能民用建筑 3077.35 万平方米，其中居住建筑 1576.17 万平方米、公共建筑 1501.18 万平方米，全部按照现行建筑节能设计标准设计施工；完成既有居住建筑节能改造 290 万平方米。北京市累计建成城镇节能住宅 52938.36 万平方米，占全部既有住宅的 94.2%；累计建成城镇节能民用建筑 76435.19 万平方米，占全部既有民用建筑总量的 79.47%，居全国首位。绿色建筑的占比是绿色社区的必要条件，北京大量的绿色建筑的建设，为绿色社区的建筑板块提供了充分的支撑。

在城市更新中的社区方面，北京市"十三五"时期共实施老旧小区综合整治约 2000 万平方米，优化空间资源，完善和补足配套设施与短板，改善基础设施。老旧小区改造作为"民生改善综合体"加快推进。累计完成棚户区改造约 14.9 万户，群众住房条件大幅改善，城市面貌和环境质量显著提升。老旧小区改造作为绿色社区建设的重要环节之一，通过建筑节能改造、基础设施绿色化提升，使得社区绿色化成为可能。

从建筑全周期的角度出发，研究将建筑废弃物再生产品应用纳入土地出让和工程招标等环节，拓展使用领域。北京市建筑工程使用建筑废弃物再生产品 1122 万吨，建筑废弃物资源化综合利用的设计处置能力达 9000 余万吨，使得当前全域建筑废弃物的处理需求都能够得到满足。实现建筑废弃物资源化全链条管理模式，通过"数据多跑路"对建筑废弃物产生、运输、处置、再生应用的全过程进行监管。推动建筑废弃物再生产品广泛应用，研究将建筑废弃物再生产品应用纳入土地出让和工程招标等环节，拓展使用领域。至此在具体的建造环节和建筑全周期过程中，绿色社区真正形成一个循环、可持续的建造过程。

（二）技术与规划设计

绿色社区的发展需要科技创新驱动和引导，使创新科技成为社区高质量发展的动力之一。如 2020 年，以"现代信息技术在建筑行业中的应用"为主题，北京住房城乡建设委倡导通过试点工程推进在工程全生命周期中的 BIM 与 GIS、大数据、人工智能等技术及相关设备的集成应用。这些技术和分析方法将在长远的发展中，不断提供给绿色社区新的发展点。

为完善长效管理机制，2020 年，北京市推进《北京市民用建筑绿色发展条例》立法以支持绿色建筑的发展，同时发布《北京市"十四五"时期建筑绿色发展规划》。以科学全面的规划研究进行提前论证，为未来绿色建筑、绿色社区的发展总结阶段经验，进而为长远可持续的发展提供指导。

（三）社区管理

在组成绿色社区的管理方面，北京推动物业管理由行业管理向社区治理转变，出台《北京市物业管理条例》和 28 个配套政策。北京全市业委会（物管会）组建率、党的组织覆盖率、物业服务覆盖率分别达到 85.1%、96.6%、90.9%。推出"北京业主"App 投票平台，物业备案系统覆盖全市 16 区和亦庄经济技术开发区共 281 个街乡镇，方便业主进行共同决议，激发了公众的积极性。绿色社区的维持和运营都离不开相关的社区管理、民众参与。在这一阶段，绿色社区的管理和参与在方式、技术上都得到具体推进，使得以往的绿色社区理念可以进一步在实际中落地和践行。

相较于绿色建筑，我国的绿色社区建设经历多年的发展处于完善阶段，正在形成更加完善的系统。基于前面的叙述中所展现的北京绿色社区发展过程、经验和成果，结合绿色社区相关规划与评价规范，北京绿色社区未来可能有以下主要的发展方向。

三　北京绿色社区发展方向

（一）绿色社区的建筑、设施、环境的发展与提升

作为绿色社区主体的建筑、设施、环境的绿色化，以及能源与资源的绿色化需持续推动和发展，进而在物质条件方面为绿色社区的发展和升级打下物质基础。

面对环境压力，在节能减排的大发展方向与目标，作为绿色社区的建筑板块，在建筑方面需继续推进新建建筑节能和既有居住建筑的节能改造与升级。同时持续推进绿色建筑高标准、规模化发展。绿色建筑作为绿色社区的节能基础，将会得到持续加强。如为推广超低能耗建筑，北京市已将建设超低能耗建筑纳入土地出让前置条件，并在高品质住宅项目中推广超低能耗建筑应用。

基础设施的完善、绿色化与升级，需持续对基础设施进行绿色化改造提升，完善绿色社区的基础与配套，以提供良好的公共服务与绿色基础设施。特别是对于老旧小区基础设施，因其建设年代早，对比现行标准和需求，原设施建设标准低，有短板和缺失，数量与质量都需要提升，总的改造难度与提升空间更大。

从绿色社区全周期的角度考虑，作为绿色社区的运行阶段，可推广可再生能源建筑应用，如太阳能光伏、光热等。持续推动建筑垃圾再利用工作，形成绿色社区的全周期建设过程，实现能源与资源的绿色化和可持续性。

（二）绿色技术的创新与引导

为了绿色社区的长远发展和升级，需要以绿色建筑科技创新为支撑和引

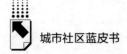
导，加强绿色科技成果在建筑节能领域的应用和推广，提升建筑能效水平。在节能减排的绿色技术应用之外，还需推进信息化、数字化、智能化技术与建设行业深度融合，推进新技术应用示范工程和新工法研发，进而推动社区绿色转型升级。其中大数据、人工智能、移动网络等新技术的发展对社区建设提出了新的要求，也带来了新的可能。这些新技术在城市规划、城市设计、建筑设计等领域已有广泛研究与应用，大量的数据为城市社区的运行状况监测、复杂问题的诊断和决策提供了可能。如人工智能等技术在数据收集数据处理方面将更加高效，为社区空间形态的生成与设计提供依据，提升社区绿色设计与建造的效率、科学性与合理性。在运营和管理中可进一步优化社区的管理模式和空间结构。绿色社区结合人工智能、数据网络等技术与设施将会创造更多更有价值的社区数据，为社区建设的发展提供更好的技术支撑条件与更优化的应用场景。

（三）绿色城市中的绿色社区，建立整体规划理念

从整体规划的角度，北京市未来的绿色城市规划将注重区域协同，构建市域绿色空间结构。绿色社区作为完成绿色城市"最后一公里"的基本空间单元，在完成绿色社区建筑、基础设施、环境等社区本身的绿色化提升后，也需要考虑社区与城市的绿色基础设施和空间的连接。树立整体观念，纳入城市绿色系统、绿色空间结构、生态廊道等，共同发展。构建绿色城市中的绿色社区，形成城市绿色网络中的单元，落实整体绿色规划。形成复合功能，通过系统联通性、可达性的资源与设施的联系与整合，推动绿色经济。同时因为社区所处自然、人文历史环境等地区性特征。在城市风貌与环境的建造中应避免千城一面与场所精神缺失，与人文精神、地域特色相结合。

城市是一个大的复合系统，生态系统是其中的一部分，应当以系统化、整体化绿色生态为基础的原则，重视可持续的发展理念结合自然生态的特点。英国园林设计师、规划师伊恩·伦诺克斯·麦克哈格在其著《设计结合自然》中主张设计应该结合自然，体现对自然生态环境的尊重和利用，

关注人与环境的联系和协调。实现人造环境与自然环境和谐共存，营造绿色生态社区生活，将可持续发展的景观生态社区环境作为城市环境建设中的重要单元。

（四）创新机制与多方参与

从政策和规划长远考虑，在政策法规方面，需继续推动社区绿色发展政策与法规研究，以确保绿色社区的实践和管理能有所依据。目前的绿色社区评价标准仍有很大的完善空间，需根据绿色社区的研究和实践发展，不断完善与深化绿色社区的政策标准体系，可参照绿色建筑评价体系，使得绿色社区的设计和建设有更加全面、具体的指导和目标。

从全生命周期视角考虑绿色社区的发展，需进一步研究激励政策的完善和落实，建立绿色社区发展管理体系，同时以财政支持和市场机制的方式促进绿色社区的发展。落实构建长效管理机制，以避免和克服过往政策中出现的困难和问题，使绿色社区长期可持续发展。

多方参与社区共建。在专业人员的加入方面，2019 年 5 月，《北京市责任规划师制度实施办法（试行）》发布，北京成为首个责任规划师制度在市域范围内得以全面实施的城市。责任规划师和建筑师团队与属地形成一对一的服务关系，起到上下衔接的枢纽传导作用，在社区的规划建设与治理体系中发挥着越来越重要的作用，为社区管理者和居民提供更加专业的指导和支持。责任规划师与建筑师使得绿色社区的规划与设计意图能够根据实际情况更加直接地与相关群体进行交流，进而更加紧密地将社区与城市规划设计系统联系在一起。

绿色社区的营建需发挥社区居民的主观能动性，实现公众参与、多方平台共建。以社区为基础建立参与平台，便于政府、企业、居民通过平台进行交流合作。在社区建设中，多方和居民的需求与想法能够得到更加直接和准确的表达和实践可能。

以往的宣传教育活动以政府单位社区、社会组织、学校教育为主，由于缺乏长期有效的政策支持、持续的政府介入、法规确定、资金支持、有效组

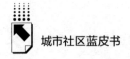
组，实际成果相对有限。

公众参与绿色社区的建设是技术和资源引入、组织的形成、文化的培养，同时也是一个新绿色社区形成的重要过程与节点。在具体的环境空间中创造更好的环境体验，同时以空间和活动强化公众对于绿色社区的认同。公众参与是实现以人为本的生态建设的基本保障，只有当公众自觉自愿地参与到生态环境建设中，才能培养生态文明观念和环保意识。这其中需要明确权利和责任，以及拓展和延伸公众参与和生态城市建设的平台和方式，才能更好地激发公众的参与性与绿色社区的建设动力。

（五）更加完整与复合的绿色社区

多样化的社区建设并行，更加完整与复合的绿色社区将逐步发展。"十四五"期间，提出了诸多与绿色城市相关的规划建议，如绿色城市更新规划先行、建设绿色基础设施网络、探索绿色零碳社区更新、创新绿色城市更新机制，以及城市更新、城市活力空间、社会发展与资源的公平性和共享原则、配套设施建设均衡分布和可达性的研究与讨论。

目前社区的建设与管理受到多方关注和研究，是城市空间的重要建设和管理单元，因为不同领域的研究和实践人员提出了关于社区的多种理念，如完整社区、智慧社区、宜居社区、健康社区等。这些理论和观点的发展也是社区未来发展的综合体现，是社区的一体多面，未来也将有可能提出对绿色社区新的复合要求。

参考文献

廖晓义：《环境教育和环境管理的新模式——绿色社区》，《规划师》2003年第S1期。

鞠鹏艳：《创新规划设计手段 引导北京低碳生态城市建设——以北京长辛店低碳社区规划为例》，《北京规划建设》2011年第2期。

叶青、赵强、宋昆：《中外绿色社区评价体系比较研究》，《城市问题》2014年第

4 期。

李方正、郭轩佑、陆叶、李雄：《环境公平视角下的社区绿道规划方法——基于 POI 大数据的实证研究》，《中国园林》2017 年第 9 期。

林坚、叶子君：《绿色城市更新：新时代城市发展的重要方向》，《城市规划》2019 年第 11 期。

李颖、闫思彤、康文儒、廖婧言、韩雅宁、李倞：《北京大栅栏历史街区：基于社区自组织途径的胡同绿色微更新模式探索》，《北京规划建设》2021 年第 4 期。

江曼琦、田伟腾：《中国大都市 15 分钟社区生活圈功能配置特征、趋势与发展策略研究——以京津沪为例》，《河北学刊》2022 年第 2 期。

宁雅萱、尹豪：《美国社区绿地建设思想的变化及启示》，《住区》2022 年第 1 期。

北京市住房和城乡建设委员会：《北京住房和城乡建设发展白皮书（2021）》，2021。

北京市规划和自然资源委员会：《北京规划和自然资源年鉴（2021）》，北京联合出版公司，2021。

北京市规划和自然资源委员会：《北京市规划和自然资源标准体系》，2021。

北京市住房和城乡建设委员会：《北京市发展绿色建筑推动生态城市建设实施方案》，2013。

北京市住房和城乡建设委员会：《北京市绿色社区创建行动实施方案》，2021。

住房和城乡建设部：《完整居住社区建设指南》，2021。

全国智能建筑及居住区数字化标准化技术委员会：《中国绿色智慧社区建设指南》，2020。

B.4
中国城市健康社区建设与发展报告

宁晶　张心怡　刘源林*

摘　要： 健康是社会良好发展的基础，是国家繁荣复兴的保障。2016年
国家印发了《"健康中国2030"规划纲要》，强调要广泛开展健
康社区建设。因此，评估现阶段中国各地区健康社区发展情况对
未来健康社区建设具有重要意义。本报告根据相关政策文件和以
往文献研究，建立了健康社区评估指标体系，进而对31个省区
市健康社区建设情况进行评估。研究发现，江苏、浙江、广东三
省健康社区发展水平居于全国前三位，全国健康社区的发展呈现
出东部领先、中部平稳、西部相对落后的态势。基于评估结果，
本报告提出了未来健康社区的发展之道，以期促进中国健康社区
的发展，推动健康中国战略目标的实现。

关键词： 健康社区　健康社区人群　健康社区环境　健康社区治理

一　引言

健康是个人全面发展的前提，国家的繁荣富强更离不开个人的健康。中
共中央、国务院于2016年10月印发了《"健康中国2030"规划纲要》（以

---

* 宁晶，博士，对外经济贸易大学政府管理学院讲师，主要研究方向为健康政策、基层治理；
张心怡，对外经济贸易大学政府管理学院硕士研究生，主要研究方向为健康社区；刘源林，
对外经济贸易大学政府管理学院硕士研究生，主要研究方向为健康社区。

下简称《纲要》）。《纲要》将健康提升到了国家战略的位置，提出要以基层为重点，推动健康领域基本公共服务均等化，将健康城市和健康村镇作为推进健康中国建设的总抓手，广泛开展健康社区建设，提高社会参与度。健康社区是一个综合性概念，涉及众多学科而非仅指卫生层面。建设一个健康社区要各学科包容并济，协同发展才能实现。创建健康社区的努力与基于社区的参与式行动研究之间存在很大的相似之处，都强调民主式参与进程和社会学习，强调个人和社区的力量。

世界卫生组织认为健康包括生理和心理方面的健康以及对社会良好的适应能力，而不仅仅是指身体上没有疾病。随着我国经济的高速发展，城镇化步伐的逐渐加快，2021 年全国常住人口城镇化率达到 64.72%。伴随着经济发展与快速城镇化，人们的生活水平得到了提高，但同时也暴露出很多问题，例如环境污染、疾病传播、自然灾害频发等，不断危害着人民的健康和安全。世界卫生组织 2016 年发布的报告显示，中国亚健康人数达到 9.5 亿人，约占人口总数的 70%。此外，国家统计局 2021 年发布的第七次全国人口普查公报显示，我国 60 岁及以上人口占全国总人口的 18%，65 岁及以上人口占全国总人口的 13.5%，人口老龄化程度进一步加深。因此，在人口老龄化背景下，人民群众的健康至关重要。2022 年 4 月，国务院办公厅印发的《"十四五"国民健康规划》也指出，要推动资源下沉，不断增强基层健康管理能力。在"健康中国"背景下，建立城市健康社区具有重要意义。

已有研究主要关注健康社区的营造、规划和管理，以及健康社区评价指标建立和效果评估。在健康社区的规划营造方面，蒋源结合国内外优秀案例，从社区规划和治理角度探讨了在疫情防控常态化时代健康社区的建设，认为健康社区规划应从应急防疫和日常健康两方面进行，并给出了健康社区在疫情防控常态化时代的社区治理建议。[①] 此外，学者们也基于不同人群分类对健康社区规划和营造给予了建议，包括基于老年人和儿童的健康社区营造策略，以及促进女性健康发展的健康社区规划。另一些研究关注评价指标

---

① 蒋源：《后疫情时代健康社区的规划和治理》，《建筑与文化》2022 年第 3 期。

体系构建和健康社区建设效果评估。杨立华、鲁春晓、陈文升通过对健康社区有关理论进行研究，提出了建设健康社区的 15 个基本原则。此外，还对健康社区、弹性及可持续发展三者的关系进行讨论，最终建立起健康社区指标体系的基本框架。[①] 朱媛媛、曹承建、李金涛则使用德尔菲法，建立起了健康社区建设评价指标体系。[②] 对于评估健康社区建设和干预效果，学者们主要使用案例分析法，对某一具体区域健康社区建设对当地居民的健康意识行为的影响进行评估。已有研究虽然建立了评价健康社区的指标体系，但并未使用数据对全国城市健康社区的现状进行研究。

健康社区是健康城市的"细胞工程"和各项工作的缩影，并且健康社区能够助力健康城市相关指标在基层得到落实。结合健康社区相关政策文件以及前人的研究，本报告认为健康社区建设应从多个维度综合评估，包括健康社区参与、健康社区服务、健康社区环境、健康社区人群四个方面。因此，本报告建立了健康社区评估指标体系，评估 31 个省区市健康社区建设进展情况，并提出我国城市健康社区的发展之道，为未来城市健康社区的建设发展提供借鉴。

二 城市健康社区评估指标体系建构

2017 年国家颁布的《关于加强和完善城乡社区治理的意见》指出，要加强和完善社区治理，必须不断提升社区各方面能力，尤其是社区居民参与能力、社区服务供给能力、社区文化引领能力、社区依法办事能力、社区矛盾预防化解能力和社区信息化应用能力等。健康社区的建设也需要社区各方面能力的强化。同时，健康社区理念落实、措施抉择、性能维护等均离不开健康社区标准的指导、规范和监督。2020 年，为响应"健康中国"战略，

---

① 杨立华、鲁春晓、陈文升：《健康社区及其测量指标体系的框架构建》，《北京航空航天大学学报》（社会科学版）2011 年第 3 期。
② 朱媛媛、曹承建、李金涛：《应用德尔菲法构建健康社区评价指标体系》，《中国预防医学杂志》2015 年第 8 期。

支持"健康城市"建设，中国建筑科学研究院有限公司、中国城市科学研究会等单位联合发布《健康社区评价标准》（T/CECS 650-2020）。该标准将健康社区定义为，在满足社区基本功能的基础上，为人们提供更加健康的环境、设施与服务，促进人们身心健康、实现健康性能提升的社区。

健康社区理论融合了生态学、环境学、建筑学、流行病学以及社会学等跨学科理论。Hancock 等首先提出了健康社区生态系统模型，认为健康社区主要包括可行的物质环境、繁荣的经济环境和快乐的社会环境。这三个方面会产生相互交叠的领域，其中物质环境与社会环境的交叉部分为宜居性，经济环境与物质环境的交叉部分为可持续性，社会环境与经济环境的交叉部分为公平性。在健康社区建设过程中，"教育"和"治理"是推动健康社会治理的两大驱动力。"教育"包括了贯穿整个生命周期的学习过程，"治理"涵盖了沟通、协商、参与、民主、赋权等一系列要素。该框架认为，当物质环境与社会环境同时具备宜居性、经济环境与物质环境同时具备可持续性、社会环境与经济环境同时具备公平性，且"教育"和"治理"作为整个变更过程的关键动力，便实现了健康社区，也即社区繁荣的经济环境、可行的物质环境、快乐的社会环境、教育和治理共同构建了健康社区。该框架从整体视角建构了一个良性、健康、有机的社区系统。该框架也表明，健康社区建设无法由任何一个单一决定因素完全实现，需要多维、动态发展。[1]

因此，健康社区建设发展程度的测量要从多个维度进行，通过不同的领域、层次综合评估其发展状况。凯格勒、特维斯和卢克构建了一个测量健康社区的 5 层框架模型。该框架将健康社区的测量评估从微观到宏观依次分为五个层次——个体、公民参与、组织、组织间和社区，并针对每个层次都设计了不同的评估要求。对"个体"层次而言，可参考的评估指标为评估、促进、计划、问题解决、政策支持、授权和社区意识等；对"公民参与"层次而言，可参考的评估指标为居民参与、新领导力、出现机会、非正式领

---

① Hancock T., Labonte R., Edwards R. "Indicators That Count! Measuring Population Health at the Community Level," *Canadian Journal of Public Health*, 1999, 90（1）: S22-S26.

导、参与、社会资本（信任）的形成等；对"组织"层次而言，可参考的评估指标为新政策的采用、政策实施、新项目和服务的发展、增加的资源等；对"组织间"层次而言，可参考的评估指标为新的伙伴关系、更成熟协作、社区部门的衔接、社区外联系等；对"社区"层次而言，可参考的评估指标为公共政策、社区规则、物理环境等。同时，该框架也体现了多中心治理理论，只有多元主体共同努力、协同治理，才能够更好地实现健康社区建设。[①]

目前，国际上并未建立标准化的健康社区评估指标体系，但一些国家已构建了适合本国国情的健康社区评估体系。例如，西班牙巴塞罗那的健康社区评估指标体系主要包括七类：稳定且可持续的生态系统、洁净和高质量无风险的自然环境、积极的公众参与、满足居民需求、优质的公共卫生和疾病护理条件、良好的健康状况、相互理解且无歧视的社区。加拿大则提出了32项健康社区评估指标体系，主要参照的维度包括社会环境、物质环境和居民行为等。我国台湾地区的健康社区建设指标体系包括清晰的目标规划、洁净的自然环境、和谐的社区氛围、稳定的社会环境、完善的社区设施、丰富的社区活动、积极的居民参与和对地域文化的认同。也有学者强调在构建健康社区评价体系时，要格外重视社区的生活环境和经济、资源的可持续发展。在国内，上海市是我国开展健康社区建设较早的城市之一。2003 年，上海市政府公布了一系列建设健康社区的指标，这些指标主要围绕构建健康宜居的生活环境、完善社区基础设施建设、引导和规范健康社区网络、鼓励社区居民间的交流和改善居民的健康质量等维度进行测量。

基于已有研究，本文参考中共中央和国务院的重要文件《关于加强和完善城乡社区治理的意见》，综合上述理论、框架以及学者们提出的健康社区评价指标，并结合中国本土情况，将从健康社区参与、健康社区服务、健康社区环境和健康社区人群四个维度构建城市健康社区的评估指标体系。

---

① Kegler M. C., Twiss J. M., Look V. "Assessing Community Change at Multiple Levels: the Genesis of an Evaluation Framework for the California Healthy Cities Project," *Health Education & Behavior*, 2000, 27 (6): 760-779.

（一）健康社区参与

实现《关于加强和完善城乡社区治理的意见》中提到的要增强社区居民参与能力，就必须提高社区居民的协商意识和能力，推动构建完善的社区协商机制，解决实际纠纷。社区参与泛指居民共同参与社区公共事务和活动、共同分享成果的行为。社区是连接社会与社区居民的纽带，社区公众参与度反映了社区治理的有效性。与此同时，社区参与是开展健康事业的一项原则，也是一种手段。面对由不良的生活方式而导致的多种疾病，通过居民参与，共同改变日常不良习惯，做健康生活方式的执行者和受益者。因此，健康社区参与是健康社区评价指标体系的重要维度之一。

我们采用三个评估指标对健康社区参与进行测量：社会组织、伙伴关系与协商机制，具体分别采用依法登记的社区社会组织数、基金会单位数、当年完成选举的居委会选民登记数进行测量。首先，社会组织化程度越高，其稳定性越强，社会活力越大，管理难度越小。居民的自组织可以促使社区自身持续互动，增强居民的社区归属感和主人翁意识，有效提升居民参与社区活动的积极性，因此将社会组织作为健康社区参与的第一个二级指标。其次，上述凯格勒、特维斯和卢克的健康社区五层次框架指出，良好的伙伴关系可以有效促进社区内外联系，增强组织间协作，因此将伙伴关系作为健康社区参与的第二个二级指标。最后，社区参与是一个各利益相关主体互动、协商、博弈的过程，因此将协商机制作为三级指标。

（二）健康社区服务

健康社区服务是城市卫生健康事业的重要组成部分，反映了社区健康水平。提升社区的健康服务能力和水平，合理规划健康服务设施，可以更好地满足居民对于社区健康服务的需求，并为社区特殊群体的生活提供便利。

我们采用以下二级指标对健康社区服务进行测量：基本服务、医疗服务、养老服务、政策支持与助残服务，具体而言分别采用社区服务站数、社区卫生服务中心（站）数、社区养老服务机构和设施数、地方财政城乡社

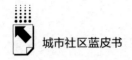

区事务支出、社区已建残疾人活动室数进行测量。二级指标的选择原因如下。首先，社区的综合服务是基本工作，提供社会保障、治安维护、医疗保健等各方面基础服务，协助开展社区的健康管理与服务工作。其次，社区医疗服务在健康社区的建设中起到至关重要的作用，当前对于健康社区的关注依然是以卫生医疗方面为主，此外，在很多情况下，社区治理是政府部门主动建构的结果，大部分社区服务离不开政策支持和财政拨款。最后，对于社区内的特殊群体应当予以特殊关照和帮扶，老年人群体和残疾人群体对于健康的需求更加迫切，因此将养老服务、助残服务也纳入二级指标。

（三）健康社区环境

健康社区环境是指有益于身心健康的居住环境。研究表明，接近开放空间、自然区域，可以有效提升体育锻炼的频率。良好的邻里环境可令社区居民的心情舒适，促进居民心理健康。因此，营造健康社区环境是构建健康社区的重点之一。

健康社区环境二级指标包括自然环境、建筑环境、交通环境，具体采用建成区绿化覆盖率、供水综合生产能力、公共汽电车运营数量进行测量。第一，社区的绿色自然环境及开放空间等会对居民的身体健康产生直接影响。第二，社区的供水供气能力会影响居民生活质量，社区内的建筑布局、社区步道等建成环境，也会影响人们的体育锻炼等健康行为。第三，公共交通站点的可达性等交通情况会影响居民的出行方式，是否健康出行则影响居民的健康状况。

（四）健康社区人群

健康社区人群是关于居民健康水平的指标。健康社区建设以"人"为本，因此，社区人群健康是健康社区健康的最终结果。当前，中国亚健康人群较为庞大，因此探索各地区健康情况以及对疾病的预防、控制和管理，对建设健康社区具有重要意义。健康社区人群的二级指标，主要使用各地区死亡率、患传染病人群情况及预期寿命进行测量。考虑到数据来源，我们分别用2019年各地区死亡率、甲乙类法定报告传染病死亡率、2010年各地区预期寿命对健康社区人群进行测量。

综上所述，四个一级指标下设置14个二级指标和14个三级指标（见表1）。

表1 城市健康社区评估指标体系

一级指标	二级指标	三级指标	数据来源
1. 健康社区参与	1.1 社会组织	依法登记的社区社会组织数	《中国民政统计年鉴2021》
	1.2 伙伴关系	基金会单位数	《中国民政统计年鉴2021》
	1.3 协商机制	当年完成选举的居委会选民登记数	《中国民政统计年鉴2021》
2. 健康社区服务	2.1 基本服务	社区服务站数	《中国民政统计年鉴2021》
	2.2 医疗服务	社区卫生服务中心(站)数	《中国卫生健康统计年鉴2021》
	2.3 养老服务	社区养老服务机构和设施数	《中国民政统计年鉴2021》
	2.4 政策支持	地方财政城乡社区事务支出	国家统计局
	2.5 助残服务	社区已建残疾人活动室数	《中国残疾人事业统计年鉴2021》
3. 健康社区环境	3.1 自然环境	建成区绿化覆盖率	国家统计局
	3.2 建筑环境	供水综合生产能力	国家统计局
	3.3 交通环境	公共汽电车运营数量	国家统计局
4. 健康社区人群	4.1 死亡人群	2019年各地区死亡率	中国卫生与经济社会发展统计数据库
	4.2 患传染病人群	甲乙类法定报告传染病死亡率	中国卫生与经济社会发展统计数据库
	4.3 预期寿命	2010年各地区预期寿命	中国卫生与经济社会发展统计数据库

三 城市健康社区建设现状评估

（一）指标计算

首先，根据上节构建的评估指标体系，将收集到的三级指标数据进行汇总，建立STATA数据库。其次，运用STATA分析，将每一项三级指标分为

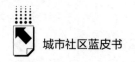
5 组，得出各地区在 1~5 分的得分。再将每个一级指标下的所有三级指标得分进行加总并按照如下公式进行极差标准化，求得每个一级指标 0~100 标准化得分。

$$y_i = \frac{x_i - x_{min}}{x_{max} - x_{min}} \times 100$$

最后，将四个一级指标得分进行均值计算，同时对所求出的均值再次进行极差标准化，以得到各地区健康社区建设情况最终得分。

（二）总体概况

图 1 是健康社区建设总体得分排名前 10 的省区市。其中江苏位列全国第 1，浙江以 98.7 分位列全国第 2，广东则排在第 3 位，得分为 95.2 分。其余省份依次是山东、河北、北京、河南、四川、上海、安徽。

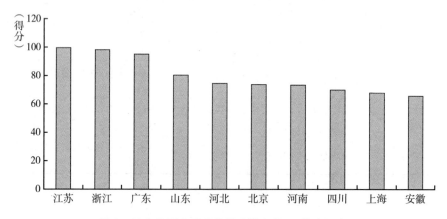

图 1　健康社区建设总体得分排名前 10 的省区市

根据各地区的得分情况，我们将全国 31 个省区市划分为 4 个梯度等级。图 2 是健康社区建设总体得分的梯度图。第一梯度的省区市得分大于等于 80 分，其健康社区建设情况较为优异，处于全国健康社区建设的领先水平。第二梯度的省区市得分在 60（含）~80 分，健康社区建设情况良好。第三梯度的省区市得分在 40（含）~60 分，健康社区建设水平相对适中。第四梯度的省区市得分小于 40 分，健康社区建设相对较慢，还有较大的发展空间。

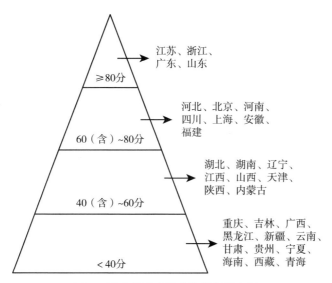

图 2　健康社区建设总体得分梯度图

根据上述的梯度划分可以看出，东部沿海地区健康社区建设情况整体领先于中部和西部地区，东部地区经济较发达，健康社区建设情况较好。中部地区健康社区建设情况适中，各省份之间差异不大。西部地区健康社区建设相对缓慢，但四川建设情况较好，各项指标得分都较高。总体而言，中国健康社区建设在空间分布上呈现出东部地区优于西部地区的状态，经济较为发达的省区市领先于经济较为落后的省区市。同时，健康社区建设相对薄弱的省区市数量较多，还存在较人的发展空间。

（三）分指标分析

我们进而对健康社区建设一级指标的相关现状进行分析。根据上节所列的指标体系，一级指标包括健康社区参与、健康社区服务、健康社区环境和健康社区人群四大类。根据上文指标计算中的方法，对每一个二级指标和三级指标并未进行极差标准化操作，而是得到其在 1～5 分的得分。因此，本

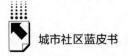

小节中所有与二级指标和三级指标有关的数据均按照所设置的 1~5 分进行
分析。

1. 健康社区参与

健康社区参与得分在 80 分及以上的省份有 4 个，分别是江苏、浙江、
四川及河南，说明这 4 个省份的健康社区参与水平均较高，其中江苏和浙江
并列第 1。此外，广东的健康社区参与程度居于第 5 位，河北、福建、山
东、湖北、湖南、陕西并列居于第 6 位。总体而言，中东部地区的健康社区
参与程度高于西部地区。

健康社区参与指标由社会组织、伙伴关系和协商机制三个二级指标构
成。江苏、浙江两省，无论是社会组织、伙伴关系还是协商机制都处于全国
领先地位。分别居于全国第 3 和第 4 位的四川和河南则在伙伴关系方面较前
两者而言较为薄弱。对于健康社区参与指标得分垫后的新疆、西藏、青海、
宁夏等地区，在社会组织和伙伴关系上发展缓慢，但协商机制建设则较为突
出（见图 3）。

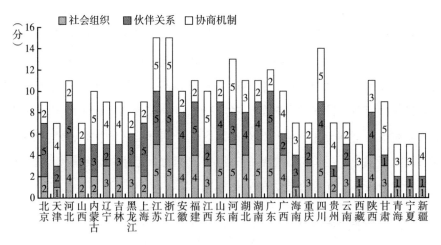

图 3　31 个省区市健康社区参与构成及得分

2. 健康社区服务

在 80 分及以上的省份共 8 个，分别为广东、江苏、浙江、山东、河南、

河北、湖北、湖南。从健康社区服务得分排名上看，其中广东、江苏分别居于全国第1、第2位，浙江、山东、河南并列第3位，河北居于第4位，湖北、湖南则并列第5位。由于在健康社区服务指标上获得高分的省份较多，从全国来看，健康社区服务较其他三个一级指标发展更好。从整体空间分布上来看，健康社区服务在中东部地区发展较好，在西部、西北部和东北部发展较落后，这也和西部地区与东北部经济欠发达、基层治理能力不足等密切相关。

健康社区服务指标由基本服务、医疗服务、养老服务、政策支持、助残服务五个二级指标构成。排名第1的广东在各项二级指标上得分均最高，排在第2位的江苏则在基本服务指标上略低于广东，排在第3位的浙江也在基本服务指标上得分较低，山东在养老服务和助残服务方面略有欠缺，河南主要在养老服务方面发展较为薄弱。另外，整体排名靠后的海南、青海、西藏和宁夏等地区在健康社区五种指标上的得分均较低，各项服务能力发展空间较大。其中，海南地区基本服务情况较好，青海地区则在养老服务方面得分略高（见图4）。

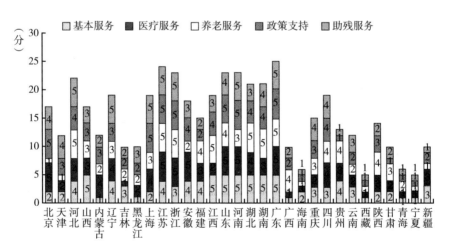

图4　31个省区市健康社区服务构成及得分

3. 健康社区环境

得分在80分及以上的地区为江苏、广东、北京、浙江、四川、山东、河南。其中，江苏和广东并列第1，北京、浙江、四川则并列第2，山东、河南并列第3。此外，在60~80分阶段，安徽、福建、湖北、湖南以75分并列第4，河北、辽宁、重庆以67分并列第5。从全国范围来看，在健康社区环境的发展上，南方地区要比北方更好。有别于前两个一级指标，新疆在建筑环境方面得分较高，发展相对较好。

健康社区环境指标由自然环境、建筑环境、交通环境三个二级指标构成，各地区二级指标得分如图5所示。广东和江苏在各指标上均得分最高，排名第2的浙江和四川在自然环境方面的指标得分略低于前两个地区，北京则在交通环境方面表现较弱一些。对于健康社区环境建设方面较靠后的地区，比如海南、西藏、甘肃、青海等地，在自然、建筑、交通环境上都较为薄弱。海南在自然环境方面略高于其他地区。在该指标上得分较低的省份大多为经济欠发达地区，基础设施建设也不太完善。

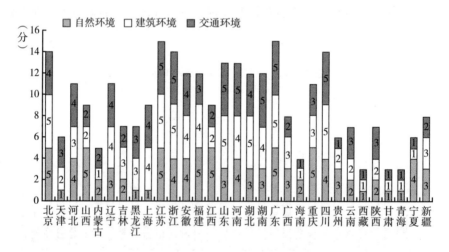

图5　31个省区市健康社区环境构成及得分

4. 健康社区人群

得分在80分及以上的地区有三个，分别是天津、上海和北京，其中天津排名第1，上海和北京分居第2和第3位。由于得分较高的省份数量非常少，可以看出全国大多数省份在该指标上的表现力均不强。同样，得分较好的地区主要集中在东部地区。并列第4位的是山西、浙江和广东，河北、内蒙古、江苏和山东则并列第5位。和前三个一级指标有所不同的是，该指标在东北地区和西藏地区表现都较好，内蒙古地区在该指标上以64分位列第5，在其他指标上也有较好的表现。而江苏虽然在前三个一级指标上排名靠前，但在该指标上排名相对较低。

健康社区人群指标由死亡人群、患传染病人群和预期寿命三个二级指标构成。天津在这三个指标上的表现都最好，排名第2和第3的上海和北京则在患传染病人群上得分略低。这三个地区在健康社区人群上得分最高，离不开较高的经济水平、良好的医疗卫生条件和居民较高的文化程度。江苏在该指标上表现力较弱主要是因为三级指标死亡率较高，导致二级指标死亡人群得分较低，但其在患传染病人群和预期寿命方面得分都在全国前列。相比之下，西藏在该指标上得分有了很大提升，主要是由于其死亡率及甲乙类法定报告传染病死亡率都较低，因此在死亡人群和患传染病人群两个指标的得分上都较高，但预期寿命指标得分较低。在该指标上排名靠后的省份主要是湖北、湖南、四川、云南、贵州等地，多为南方地区。湖北、湖南、四川在预期寿命指标上得分较高，贵州和云南则在死亡人群这一指标上因其死亡率低而得分较高（见图6）。

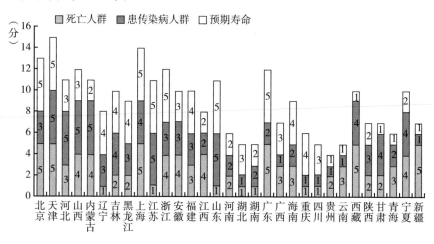

图6　31个省区市健康社区人群构成及得分

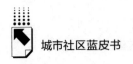

四　城市健康社区的发展之道

2016 年出台的《"健康中国 2030"规划纲要》将"共建共享，全民健康"作为战略主题。要在"共建共享"中实现全民健康，健康社区建设是其中的一个重要环节。根据上述健康社区建设现状评估结果，健康社区建设发展程度在总体上东部地区优于中部、西部地区。更重要的是，健康社区建设程度相对薄弱、发展进度相对缓慢的省份不在少数，中国城市健康社区建设和发展目前存在较大的改进和发展空间。面对目前的健康社区建设现状，应当多措并举，以促进健康社区的进一步发展。

（一）鼓励多方互动，促进积极参与

经济发达地区的社区社会资本存量较多，社区参与度较高。而欠发达地区的社区参与度较低。鼓励居民的社区参与，培养友好的邻里关系，有助于使社区形成一个良好且持续的互动循环，提升社区的凝聚力和集体效能。

第一，树立居民的社区参与理念。如果社区居民可以形成公共意识，就会在无形中提高居民的社区归属感，这种归属感越高，居民的社区参与意愿就越强。但是目前社区参与主体尚未形成健康社区理念共识，健康社区建设缺乏充分的理论依据和完善的行动框架。许多社区居民将健康社区仅仅理解为文明社区，健康社区参与度不高。因此，可以增强居民的社区意识教育，营造良好的健康社区参与氛围，有效引导居民增强健康意识，达到"未病先防"的效果。

第二，促进各种居民健康自组织积极开展活动。应当强化各种社会组织在健康社区建设中的作用，以社会组织的形式促进社区居民参与社区事务、自发组织健康活动，引导居民逐步实现自治。通过社会组织举办社区活动，如体育健身活动、志愿服务活动、健康讲座、公益帮扶等，不仅能促进健康社区参与，还有利于维护邻里关系，促进社区居民的心理健康。

第三，利用各种非营利组织或私营机构来整合社区健康资源。稳固社区

与基金会、民营非企业单位等之间的伙伴关系，同时强化社区与学校的联系，激发学生参与社区活动的积极性。良好的伙伴关系可以帮助社区更好地满足居民的公共需求和个性化需求，通过实际利益激励居民主动参与到健康社区活动中。

第四，加强健康社区参与的制度化建设，优化协商机制。目前社区参与的相关制度和法律法规还不健全，应当予以细化。同时要优化社区居民协商机制，实现居民主动解决社区问题和矛盾纠纷。

第五，依托智慧社区建设，合理利用互联网促进健康社区参与。利用社区的官方微信、微博等现代媒介，定期更新社区实时健康动态、推送社区参与相关知识、积极与居民进行线上互动；同时可以建立健康社区贴吧、论坛，鼓励社区居民自由畅谈，拓宽反馈渠道，以此激发居民的健康社区参与积极性。

（二）优化各项设施，提供有效服务

在健康社区的建设中，优化社区服务是极其重要的板块。健康社区服务在中东部地区发展较好，在西部、西北部和东北部发展较落后，这也与不同地区的经济发展水平相关。此外，参考健康社区服务的具体评估指标结果，在整体优化各方面服务的同时，应当重点关注养老和助残服务。

第一，实现基本设施与服务的可达性、便捷性。基础设施是社区的物质基础，应当保证社区内的基础设施配备齐全，并做到便捷可达。社区服务中心、社区服务站是社区内综合服务的工作平台，承担了社区工作的基本职能，包含社区事务管理、社区治安维护和社区健康管理等。应当重视社区服务中心（站）职工的选拔与培训，建立高素质的职工队伍，提供优质便捷的综合服务。

第二，提升社区医疗服务水平。首先，应当以我国当前的医疗卫生体制改革为契机，保障社区卫生设施的供给和服务（如定期进行社区的全员体检），并健全和强化社区公共卫生的应急机制。其次，应当利用信息平台等促进社区医疗资源透明化，保证居民可以享有相对公平的医疗资源。另外，

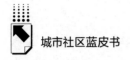

可以提供家庭医生签约服务，为社区内的老年人、婴幼儿、残疾人等特殊群体提供便捷的就医条件。

第三，优化升级养老服务。随着人口老龄化趋势的发展，老年友好的健康社区率先在西方国家兴起，后蔓延至中国。老年人是各种慢性病、传染病的易患群体，其养老和医疗问题不可忽视。社区的养老服务机构应当提升服务品质，同时可以推进建立"医养结合"的养老服务模式，并注重临终关怀服务。此外，社区内应设计适量的适老化设施，满足老年群体的生活需求。

第四，健全和规范相关政策文件，加大财政投入力度，推进常态化的健康社区治理。通过财政拨款的方式及时更新和修缮社区设施，在社区内建设疫苗接种室、传染病专用诊室等。对于资本存量较少的社区适当进行政策倾斜，减少资源不均。

第五，开展更多助残活动，进一步实现残疾人群体帮扶。应当保证社区内的无障碍设施供给，并增加社区残疾人活动室数量，优化残疾人群体共享交流平台，同时，组建志愿服务小组，定期对残疾人群体进行帮扶慰问。此外，还可以举办残疾人运动会，为社区残疾人提供运动机会。

（三）树立和谐理念，营造绿色环境

宜居的社区环境促进居民健康，世界卫生组织提倡将有利于人们身心健康的邻里环境设计作为关键战略。因此，应当对社区的环境进行全方面考虑。根据评估结果，在健康社区环境维度尤其要关注北方地区。

第一，秉持人与自然的和谐共生理念，保证绿色空间的可达性，提高社区绿化率水平。增加社区内的植被覆盖和绿化隔离带，在净化空气的同时可以使居民心情愉悦。此外，可以划定蔬菜种植领养地，为居民提供种植服务，这种方式可同时实现经济效益和娱乐效益。

第二，改善建筑环境，设计生态住宅。生态住宅可以节约能源，并促进水资源的循环利用。还可以优化健身步道设计，鼓励居民绿色步行。此外，对于未建成的社区，在设计时可以适当降低建筑密度，进行合理的建筑布局。

第三，创造绿色的交通环境，鼓励健康出行。可以增加社区周围的公交站点、步行道和骑行道，引导居民选择低碳、健康的出行方式，方便居民通勤，在日常生活通勤中达到运动锻炼的目的。同时，可以缩减多模式公共交通的换乘距离，尽量达到"零距离换乘"，以公共交通的简易快捷性吸引居民健康出行。

（四）坚持以人为本，提高健康水平

建设具有健康人群的社区，应当秉持以人为本的核心理念，通过健康促进的方式，使个人、家庭养成健康的生活方式和生活行为。

第一，降低社区人群慢性病及并发症的发病率。社区对于慢性病的管理，要以社区人群为基础，秉持健康管理的核心思想，对社区内的慢性病患者进行全方位、不间断、主动监测的管理，并提供个性化的健康服务，以促进社区人群健康、延缓病程、预防和减少并发症、降低病残率和病死率等。同时，还可以引进全科医生走进社区、引入中医预防治疗方式、增设康复性器械等。

第二，提高社区面对传染病疫情的预防、应急和恢复能力。设立早期预警机制，优化社区资源投入结构，加强社区的防控能力建设，实现防治结合、群防群治，有效地预防、处理和消弭传染病等危机。

第三，普及健康知识，营造社区健康氛围。可以设置健康知识普及专栏，使社区人群掌握更多的健康知识，在生活中更加注意健康行为。另外，健康的人文氛围可以增进邻里关系，丰富居民生活，有助于保证社区人群的心理健康。

除了从健康社区参与、健康社区服务、健康社区环境和健康社区人群几个角度开发健康社区发展路径之外，还应当注重城市健康社区建设的均衡发展，各地区之间横向交流借鉴、取长补短。资源适度倾斜，缩小不同地区间、同一地区不同社区间的健康差距。整体上保持东部地区的发展优势，使中部地区的健康社区发展稳步前进，并大力扶持西部的健康社区发展。

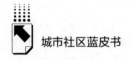
综上，打造健康社区需要社会中的多元主体协同努力，研究制定多维度的健康社区发展策略，并结合实际情况不断总结经验，动态调整发展路径，以促进健康社区向好发展，实现"健康中国"的战略目标。

五 结论

健康社区是实现"健康中国"战略的必经之路。社区是一个社会共同体，由一定范围内的人所组成。社会就是由大大小小的各种社区组成的，每个人都生活在一个特定的区域中，社区的建设和发展与个人的发展密切相关，因而要提高人民健康水平必然从社区入手。在"健康中国"战略大背景下，基层是战略开展的重点，因而开展健康社区建设成为题中应有之义。健康社区运动在国外已如火如荼地开展了 30 余年，而我国开展健康社区建设时间较晚，国外相对丰富的经验和方法对我国健康社区建设具有一定的借鉴意义。但国内对于健康社区建设的评价指标体系构建方面的研究较少，局限了现实中我国健康社区的建设。因此，本报告构建了健康社区评估指标体系。根据建立的指标体系评估全国 31 个省区市健康社区发展情况，并为健康社区未来建设和发展提出建议。

首先，参考了国内外众多学者的研究，并且结合《健康社区评价标准》和《关于加强和完善城乡社区治理的意见》等政策要求，构建了城市健康社区指标体系。其中，一级指标包括健康社区参与、健康社区服务、健康社区环境和健康社区人群。数据来源主要为《中国民政统计年鉴2021》、国家统计局、《中国残疾人事业统计年鉴2021》以及中国卫生与经济社会发展统计数据库。

其次，对城市健康社区建设现状进行评估。城市健康社区建设排名前十的省区市分别为江苏、浙江、广东、山东、河北、北京、河南、四川、上海、安徽。在分指标上，健康社区参与方面，江苏和浙江并列第1；在健康社区服务方面，广东表现最好；健康社区环境方面，江苏和广东也并列第1；健康社区人群方面，则是天津排名第1。总体而言，中国健康社区建设和发展情况呈现出东部优于中部和西部的态势，并且发达地区建设情况好于欠发达地区。此外，东北、西北和西南地区健康社区建设还比较薄弱，仍有较大发展潜力。

最后，对各地区健康社区建设现状进行评估后，提出了城市健康社区的发展之道。第一，要加强多方互动，促进积极参与。第二，要优化设施，提供优质有效的服务。第三，要树立和谐理念，打造绿色环境。第四，要坚持以人为本的理念，提高人群的健康水平。对于中国各地区健康社区发展不平衡、欠发达地区建设缓慢等问题，则应加强东中西地区之间的交流借鉴，为健康社区建设薄弱地区提供资金、技术及资源方面的支持，以缩小各地区之间健康社区建设的差距。

本报告对中国城市健康社区建设现状予以评估，分析中国健康社区建设的分布情况和发展态势，并针对所呈现的问题和未来方向提出发展建议，以期为中国各地区健康社区建设提供借鉴。

B.5
武汉健康社区发展报告：
以急救医疗服务为例

罗维聪*

摘　要： 目前有关急救医疗服务（EMS）可达性的研究主要考虑救护车的一段行程，且大多数研究并未考虑实时交通对 EMS 可达性的影响。基于以百度地图为基础的最短路径法和 E-2SFCA 模型，本报告的研究目标是测量以武汉社区为基础的 EMS 可达性，并考虑急救车的两段行程与实时交通状况。结果表明，首先，大多数社区的 EMS 可达性在交通高峰时段明显下降，在主城区尤为明显。其次，武汉市 EMS 可达性存在着明显的空间不平等的问题，在城乡社区之间尤为显著。最后，良好的救护车可达性不能保证同样良好的医院可达性或整体可达性，反之亦然。

关键词： 急救医疗服务　社区应急　地理信息系统（GIS）　实时交通状况

一　背景介绍

提升医疗卫生服务质量，促进公共卫生与医疗服务的平衡发展，尤其是广大农村地区的医疗卫生服务建设，是《"十四五"国民健康规划》的重要

---

* 罗维聪，博士，英国格拉斯哥大学社会与政治科学学院城市研究中心助理研究员，主要研究方向为城市研究和健康社区。

目标，是构建和谐社会，巩固拓展健康扶贫成果的保障。120 急救医疗服务（Emergency Medical Services，EMS）作为基本医疗卫生服务体系的重要一环，其为患者提供院前医疗与医疗运输服务。除此之外，EMS 还在各种事故与灾害救援中发挥着至关重要的作用。良好的可达性，对于 EMS 的服务质量与患者的健康状况有重要影响。研究 EMS 可达性，可以帮助医疗保健规划者了解当地 EMS 服务现状，改善医疗资源部署和服务质量，优化院前医疗急救网络，构建快速、公平、全覆盖的急危重症医疗救治体系。

公共卫生服务的可达性（Public Healthcare Access）是评价医疗资源状况与居民健康水平的重要指标之一，已被公共政策、地理和社会学等多个学科的学者所广泛研究。从使用的角度而言，可达性可分为潜在可达性（Potential Access）与实际可达性（Revealed Access）。前者通常是指得到服务的潜在机会，例如，到达服务设施的难易程度，但并不代表患者能最终获得其服务；后者往往代表了患者对卫生服务的实际使用情况，即潜在可达性的实现。从空间的角度来看，可达性分为空间（Spatial Access）与非空间（Non-spatial Access）。前者通常是指医疗机构（例如医院或诊所）与患者之间的地理阻抗（例如旅行距离或旅行时间），后者主要关注人口特征、社会经济状况等可能影响就医的因素。本报告感兴趣的是 EMS 的潜在地理可达性（Potential Spatial Access）与其在空间上的变化。

过去的几十年中，为了测量公共卫生服务的可达性，有多种多样的方法被提出，可分为供需比率法（PPRs）、最短路径法（Proximity）与引力模型（Gravity Model）。供需比率法通常运用于空间尺度上聚合的数据，例如行政区划或卫生设施的服务区。最短路径法包括测量行驶距离和时间。前者通常表现为患者地点与最近的医疗设施之间的直线或路网距离；后者通常表现为就医旅程所需的时间，例如公共交通、驾车等。引力模型结合了上述两种方法，考虑了卫生服务和潜在需求之间的相互作用，这通常遵循距离衰减效应。自从 Joseph 和 Bantock 的开创性工作以来，两个最著名的引力模型是两步移动搜寻法（2SFCA）以及增强型两步移动搜寻法（E-2SFCA）。所有上述的种类都已被广泛运用于各种健康服务可达性的研究。

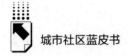

　　救护车的通勤时间对于急救服务质量是至关重要的，且会极大地影响患者的死亡率。救护车通常涉及两次相关的行程：第一段路程是从 EMS 急救站到患者的地点（以下简称"行程 1"），第二段路程是从现场到达护理机构、医院或创伤中心（以下简称"行程 2"）。很多研究表明，行程 1 在提升急救患者生还率方面起着至关重要的作用，而行程 2 也同样重要。这是由于救护车只能在现场提供基本的医疗救助，而患者往往需要进一步治疗。行程 1 与行程 2 的通勤时间，显然与地理邻近性（救护车—病人、病人—医院）有关，但也取决于道路质量、实际交通时间和天气条件等因素（见图 1）。

图 1　救护车行程流程

　　目前，有关 EMS 可达性研究的一个局限性是，大部分研究仅考虑了静态的通勤时间，其通常取决于特定土地利用类型、道路类别、交通方式或交通仿真模型。然而，这些方法都无法获取实时交通状况，很可能导致救护车通勤时间的变化。虽然通勤距离一般是不变的，但通勤时间往往会明显地受到时间、交通状况的影响。尽管一些国家私家车司机往往会给救护车让路，但并非所有国家都是如此。尤其在中国，救护车被堵的事件时有发生。现如今，我们可以通过百度地图等在线地图服务，将实时交通状况与行驶路径相结合，预测动态的实时通勤时间。目前，此类服务和应用程序已经越来越多地被用于测量医疗可达性研究。受这些特征的吸引，本报告将采用在线地图服务，测量基于社区的实时 EMS 通勤时间。

　　另一个局限性是，大多数的研究通常只考虑单程旅行——患者所处的位置到医疗机构的旅程。虽然这符合通常的就医行为，但却不适用于 EMS。因为 EMS 往往涉及两个相关的行程。由于医院或其他救护机构可能与急救站的分布不同，一些患者可能会快速地得到救护车服务，但需要长途跋涉才能到医院进行进一步的治疗，反之亦然。现有的研究通常考虑行程 1 或行程 2。尽管少量研究在测量创伤急救设施的可达性时考虑了两段行程，但其研究却是基于静态速度。鉴于两次行程对患者健康状况的重要性，本报告的一个目标是基于在线地图服务，测量和比较两段 EMS 行程的可达性（即行程 1 与行程 2）。与评价其他公共卫生服务一样，能否便捷地使用 EMS 也取决于医疗资源以及潜在的需求人口。此外，从规划的角度来看，医疗资源的供给关系也至关重要，这可能会影响 EMS 的使用状况，特别是在发生重大事故、灾害（例如地震）或 COVID-19 等流行病时。因此，本报告的另一个目标是，结合在线地图服务和 E-2SFCA，从时间与空间的维度评估 EMS 可达性。

综上所述，本报告的研究目标是测量以社区为基础的武汉 EMS 可达性。具体而言，本报告可分为三部分：一是基于在线地图服务，预测救护车的实时通勤时间；二是基于 E-2SFCA，评估 EMS 供给需求之间的空间关系；三是比较行程 1、行程 2 的可达性。武汉是华中地区最大的城市，也是经济、物流、文化、教育、交通和商贸的枢纽。在新冠疫情突发之际，EMS 对于抗击新冠疫情起到了至关重要的作用。分析基于社区的 EMS 的可达性，可以帮助医疗保健规划人员了解社区卫生服务的现状，提高医疗资源部署和服务效率。

二 研究方法

（一）研究区域

武汉市作为湖北省省会，是华中地区最大城市，也是中部六省唯一的副省级城市。武汉市位于长江和汉江交汇处，面积为 8569.15 平方千米，下辖 13 个区，包括 7 个主城区与 6 个郊区或远城区。改革开放以来，武汉已成为长江中游城市群的核心和中部崛起的引擎。作为中国九个国家中心城市之一，武汉是国家重要的工业基地、科教中心和综合交通枢纽。

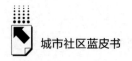

2019 年，武汉经济总量位居中国城市前 10，全市实现地区生产总值 2350 亿美元，比上年同期增长 7.4%；全市人均 GDP 为 2.11 万美元，其中居民人均可支配收入为 46010 元，高于全国平均水平的 30733 元，同比增长 9.2%。具体而言，城乡居民人均可支配收入分别为 51706 元和 24776 元。2020 年，武汉一般公共卫生支出预算为 195 亿元，在中国城市中排名第 8。充足的公共卫生支出预算将促进武汉市公共卫生服务的规划与发展，未来几年武汉计划建立大量的医院与急救站点，为市民提供更加便利的公共卫生服务。

目前，武汉正处于人口增长阶段，且面临人口老龄化的问题。一方面，武汉市总人口逐年增长。到 2020 年底，武汉总人口达到 1120 万人，自然增长率为 0.25%。其中，城镇人口占到总人口的 73.7%，年均增长 0.2%，而农村人口增长率接近 0.5%。由于快速的城市化和较好的经济发展趋势，武汉近年来吸引了大量的流动人口。2017~2019 年，武汉净迁移率分别增长 19.78%、26.55% 和 18.95%。另一方面，武汉市面临着人口老龄化的问题。截至 2018 年底，武汉市老年人口（60 岁以上）达到 188 万人，占总人口的 21.27%。2014~2018 年，武汉市老年人口年增长率在 0.4%~0.7%，未来 10 年老龄化增速将进一步增加。由于人口（尤其是老年人口）的急剧增加，现有的医疗资源可能无法满足快速增长的需求，导致公共卫生与医疗服务质量倒退，从而影响居民身体健康。

目前，武汉市交通拥堵问题较为严重，在市区尤为明显。总体而言，武汉市主城区路网比远城区与郊区的路网更为发达。据统计，2021 年武汉市的路网密度为 6.7 千米／千米^2，年增长率为 3.3%。然而，武汉的道路密度在中国城市中仅排名第 18，其远城区与郊区的路网密度远低于全国平均水平。相比于较为落后的路网水平，武汉市私家车保有量快速增加，加剧了道路交通的压力。例如，2019 年武汉市私家车保有量达到 350.9 万辆，年均增长 12.3%，远高于全国平均水平。由于交通流量大、路网不发达、地形（即河流交汇处）等因素，武汉的交通拥堵问题更加严重，尤其是在早晚交通高峰时段。根据百度地图发布的《中国城市交通报告（2021）》，武汉是中国六大拥堵城市之一。交通高峰期平均车速仅为 28.89 千米/小时，市区交通拥堵较为频繁。严重的交通拥堵可能会降低救护车的行驶速度，增加救护车迟到的风险，从而影响患者的健康状况。

武汉 EMS 系统成立于 1958 年，是原卫生部下属的非营利性医疗单位，为患者提供院前护理、转运服务和专业的院内医疗服务。它在保护公众健康和安全以及宣传与急救相关的知识方面发挥着至关重要的作用。武汉 EMS 站采用了全过程计算机调度、同步实时记录、救护车 GPS、无线集群系统、视频监控等先进技术。此外，EMS 指挥中心实施了救护车信息共享的全程动态管理系统。武汉市急救规划目前正在打造"主城区 10 分钟急救圈"与"郊区 12 分钟急救圈"，旨在 10 或 12 分钟的时间内救护车就可到达现场，服务主城区或郊区的患者。与某些城市（如重庆、成都）的 EMS 系统不同，武汉的 EMS 系统提供纯粹的院前护理和运输服务，没有专门的或确定性的医疗护理的住院床位。因此，救护车通常会将患者送往附近有能力为患者提供服务的医院，为患者提供更加专业的治疗。

（二）数据来源

本报告使用的数据包括 3493 个武汉市社区（包括 1172 个主城区社区与 2321 个郊区社区）、79 所 EMS 站和 72 所二级以上医院。目前，有 47 所 EMS 站和医院的位置相同。在地理学中，社区是中国最低的行政地理单元，覆盖一定的空间区域，居民社会交往密切。同时，社区也是提供人口普查数据的最佳地理尺度。在我们的数据集中，武汉每个社区的平均人口为 2880 人/千米^2，其中主城区为 5253 人/千米^2。由于缺少武汉市救护车数量数据，我们假设在所有的急救站点（通常是 2~3 辆）安置的救护车数量相同。在中国，医院可分为三个级别：一级、二级和三级，其中三级医院的医疗能力最高，而一级医院的医疗能力最弱。通常二级和三级的医疗机构具有较强的处理各种突发性疾病的能力，因此本报告仅包括二级及以上的医院。每个社区的中心点作为此社区患者的地理位置，而社区的总人口代表此社区的潜在急救需求，EMS 站和医院代表了两类急救服务提供者。

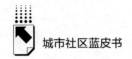

本报告使用的所有数据均是开源的，可从数据提供者处免费获得。具体而言，EMS站点与医院的位置信息来自百度地图。百度地图是中国最大、最受欢迎的在线地图服务供应商。社区人口和武汉市相关空间与属性数据来自地理监测云平台，该平台整合了地理、社会经济、环境、自然资源和气候等数据。

由数据可知，武汉市郊区人口密度远低于主城区人口密度。7个主城区的人口占总人口的51.9%，但其面积仅占总面积的20.5%。13个区中，江汉区人口密度最高（19380人/千米^2），江夏区人口密度最低（485人/千米^2）。在主城区中，只有洪山区东北部人口比较稀少。在远城区与郊区，大多数人口都集中在能提供EMS服务的城镇中心附近。因此，大多数EMS站和医院都位于市区也就不足为奇。例如，虽然江岸区仅占武汉总面积的9%，但有11所EMS站和9家医院。相比之下，郊区地区的EMS站和医院数量较少，尽管其总面积占武汉的3/4以上。例如，新洲区只有两所EMS站和三家医院。EMS站和医院的空间布局分布不均。

（三）方法选取

由于缺少真实的急救车行驶轨迹数据，本报告侧重于估算行程1和行程2的通勤时间与其对应的空间供给关系，这也是目前测量可达性的常用方法。本报告采用两种测量可达性的方法：一种是以在线地图服务为基础的最短路径法，另一种是基于重力的模型E-2SFCA方法，分析框架如图2所示。首先，通过在线地图服务，预测EMS在不同行程下的实时通勤时间：行程1是从最近的EMS站到患者位置，行程2是从患者位置到达最近的能提供相应医疗服务的医院。然后，将行程1与行程2的实时通勤时间纳入E-2SFCA模型之中，以计算医疗服务提供者的可用性及其空间供给关系。为了计算实时交通对EMS可达性的影响，交通时段可分为高峰期和非高峰期。具体而言，我们考虑了两个交通高峰时段（7：30～8：30和17：30～18：30）和一个非高峰时段（21：00～22：00）。

为了预测实时通勤时间，本报告使用百度在线地图服务测量武汉EMS

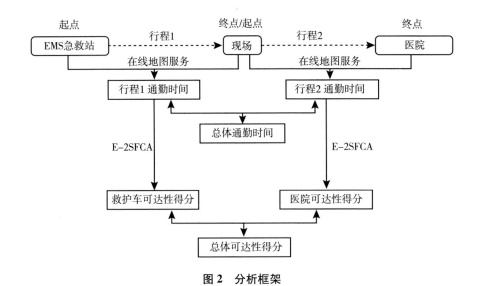

图 2 分析框架

可达性，包含中国最新的道路网络并考虑了实际交通流量。通过 JavaScript 连接到百度地图开放平台，本报告调用百度地图应用程序接口（API）进行路线规划。考虑到交通拥堵的影响主要发生在工作日，本报告中 EMS 时空可达性测量于 2021 年 9 月 6 日至 10 日（周一至周五）。在此期间，武汉市天气状况良好，并无大型的集会与活动，可以清晰地反映平时工作日的交通状况。

2SFCA 方法包括了两个步骤。第一步是基于服务提供者，计算每个公共服务设施（即 EMS 站或医院）在一定服务范围（例如 10 分钟车程）内其供需比之间的关系。第二步是基于需求者/患者的位置，计算其在一定范围内所有供需比之总和。E-2SFCA 方法在原模型基础上，将通勤时间分为几个时段，每个时段都有一个相对应的权重，遵循距离衰减效应。此处使用 E-2SFCA 是因为急救车通常具有所需的最短服务响应时间，例如 10 或 12 分钟，可用于定义不同的行驶时段。

i, j, k：分别代表 EMS 站点、医院和需求者入口位置的指数。

E_i, H_j：分别代表第 i 个急救站和第 j 个医院的供应能力。

P_k：在社区 k 的 EMS 需求量。

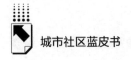
t_{ik}，t_{jk}：分别代表从第 i 个急救站到第 k 个社区与从第 k 个社区到第 j 个医院的行驶时间。

r，T_r，w_r：分别代表行驶区间的指数，第 r 个行驶区间与第 r 个行驶区间的权重比。

本报告中 E-2SFCA 的定义可表述为（1）～（3）：

$$R_i = \frac{E_I}{\sum_r \sum_{k \in (t_{ik} \le ET_r)} P_k W_r} \qquad R_j = \frac{H_J}{\sum_r \sum_{k \in (t_{jk} \le ET_r)} P_k W_r} \qquad (1)$$

$$A_k^E = \sum_r \sum_{i \in (t_{jk} \in T_r)} R_i W_r \qquad A_k^H = \sum_r \sum_{j \in (t_{jk} \in T_r)} R_j W_r \qquad (2)$$

$$A_k = A_k^E + A_k^H \qquad (3)$$

式中，计算第 i 所 EMS 站和第 j 所医院的 PPR，分别用 R_i 和 R_j 表示。然后将第 k 个社区人口位置对应的权重 R_i 和 R_j 相加，得到第 k 个社区人口位置对 EMS 站和医院的可达性测度，分别用 A_k^E 和 A_k^H 表示。最后，将总可达性 A_k 定义为 A_i^E 和 A_i^H 的和，值越大表示其可达性越好。

关于方程（1）～（3）中的参数值，由于缺乏数据，假设所有 EMS 站具有相同数量的救护车辆。也就是说，对于所有急救站点 i，$E_i = 2$。H_j 是指每家医院的住院床位总数，范围从 50 张到 3300 张不等，其是评价医院医疗能力的重要指标。由于武汉采用了两种 EMS 响应时间标准：中心城区 10 分钟和郊区 12 分钟，本报告采用了三个行程区间，即 $r \in \{1, 2, 3\}$。w_r 的值则根据所处区间而定。具体而言，当 t_{ik} 或者 t_{jk} 小于等于 10 分钟时，$w_r = 1$；t_{ik} 或者 t_{jk} 的值大于 10 分钟但小于等于 12 分钟时，权重 w_r 的值则随着 t_{ik} 或 t_{jk} 的增加而减小，其衰减规律则依据高斯模型的变化。当 t_{ik} 或者 t_{jk} 的值大于 12 分钟时，其权重 w_r 的值则恒定为 0。最后，由于本报告所采用的 E_i 和 H_i 值表示的尺度不同，需要将 A_i^E 和 A_i^H 的值用式（4）进行标准化，再用式（3）得到 A_k 的值。在公式（4）中，v 代表 A_k^E 或 A_k^H 的值，而 v' 代表其标准化后的值。标准化之后，A_k^E 或 A_k^H 的值都在范围 0～1。当 A_k^E 或 A_k^H 等于 1 时，社区 k 拥有最优的可达性。然而，如果某社区并没有 A_k^E 或 A_k^H 的值，则表示该社区无法在规定的时间内接触到最近的 EMS 站或医院，表示此社区的 EMS 可达性极差。

$$v' = \frac{v - v_{min}}{v_{max} - v_{min}} \tag{4}$$

三　研究结果

（一）基于最短路径法 EMS 时空可达性

本报告计算了五个工作日内不同时间窗口（例如，早高峰、晚高峰、非高峰期）急救车通勤时间的平均值。图 3 显示了急救车通勤时间在不同行程状态下的统计学分布。总体而言，两个高峰时段的通勤时间非常相似，但与非高峰时段的通勤时间有较大差别。相比于非高峰期，高峰期通勤时间的中值和平均值较高，且其四分位数范围较大。对于行程 1 而言，非高峰时段的中位值为 18 分钟。但在高峰期，其中位值超过 20 分钟。对于行程 2 而言，50% 的社区的患者在非高峰时段可以在 19 分钟内到达最近的医院，而高峰期则上升至 21 分钟。在一天中的所有时间段内，行程 1 的平均通勤时间都略低于行程 2 的平均通勤时间。此外，在非高峰时段，救护车的总通勤时间的中位值为 38.1 分钟，但在早晚交通高峰时段，其值上升至 40 分钟。

在非高峰时段，分别有 58.9% 和 66.2% 的社区居民可以在 10 和 12 分钟内被最近的救护车所服务。在此期间，分别有 59.6% 和 66.4% 的社区居民可在 10 和 12 分钟内到达最近的医院。在高峰时段，所有值都显著下降。例如，在早高峰期间，分别只有 41.8% 和 53.0% 的社区居民可以在 10 和 12 分钟内被最近的救护车服务，分别只有 41.4% 和 52.1% 的社区居民能在 10 和 12 分钟的行程范围内到达最近的医院。根据图 4，早高峰时段，行程 1 的平均时间高于晚高峰时段的平均时间，而行程 2 的情况则相反。救护车同一趟行程中，其高峰时段的平均通勤时间通常比其非高峰期的通勤时间要长。例

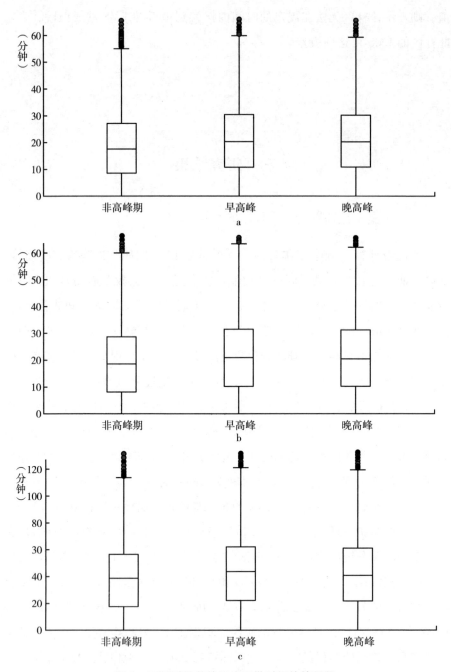

图3 不同时间段的平均通勤时间的箱形图

注：（a）为行程1，（b）为行程2，（c）为总体行程。

如，行程 1 在早高峰和晚高峰时段的平均通勤时间分别为 21.7 分钟和 21.5 分钟。但是，在非高峰期，平均通勤时间仅需 19.1 分钟。

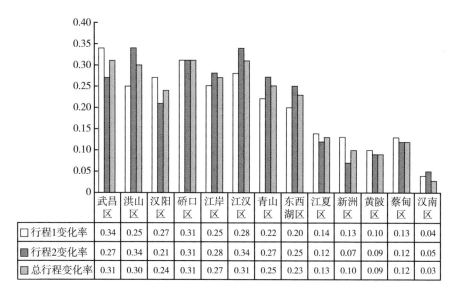

	武昌区	洪山区	汉阳区	硚口区	江岸区	江汉区	青山区	东西湖区	江夏区	新洲区	黄陂区	蔡甸区	汉南区
□ 行程1变化率	0.34	0.25	0.27	0.31	0.25	0.28	0.22	0.20	0.14	0.13	0.10	0.13	0.04
■ 行程2变化率	0.27	0.34	0.21	0.31	0.28	0.34	0.27	0.25	0.12	0.07	0.09	0.12	0.05
▨ 总行程变化率	0.31	0.30	0.24	0.31	0.27	0.31	0.25	0.23	0.13	0.10	0.09	0.12	0.03

图 4   武汉市各区的通勤时间变化率

$$\frac{高峰期通勤时间 - 非高峰期通勤时间}{非高峰期通勤时间} \tag{5}$$

公式（5）计算了通勤时间变化率。通勤时间变化率越高，意味着高峰和非高峰期的通勤时间差异越大，进一步说明高峰期对该社区 EMS 可达性的影响更为显著。反之，通勤时间变化率越低，则意味着高峰期与非高峰期的 EMS 可达性较为接近，从而说明时间变化对此地的可达性影响较小。

七个主城区的变化率均超过 0.2，而六个郊区和远城区中，只有东西湖区的值超过了 0.2。对于行程 1 而言，武昌区和硚口区变化率分别排名第 1 与第 2，其值分别为 0.34 和 0.31。就行程 2 而言，洪山区与江汉区的变化率最高，均为 0.34，其次是硚口区，其值为 0.31。武昌区、江汉区和硚口区的整体行程变化率最高（均为 0.31），其次是洪山区，变化率为 0.30。六个郊区中，变化率最高的是东西湖，而汉南区的变化率最低。总体而言，交通高峰期时，主城区的急救车通勤时间波动比郊区和远城区的波动更大。

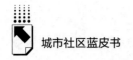

　　不同时段，EMS 通勤时间的空间变化。总体而言，大多数具有良好救护车可达性与医院可达性（即行程 1 或行程 2 的通勤时间≤10 分钟）以及良好总体可达性（即总行程的通勤时间≤20 分钟）的社区都集中于武汉市主城区。其中，主城区东部的部分社区的可达性相对较差（即行程 1 或行程 2 的通勤时间>12 分钟，总行程的通勤时间>24 分钟）。对于郊区和远城区而言，除了 EMS 站或医院附近的部分社区外，大多数社区的单段行程通勤时间都超过 12 分钟，而总通勤时间超过 24 分钟。相比于非高峰期，高峰期 EMS 可达性相对较好的社区数量急剧减少，尤其是在主城区的中心地段尤为明显。例如，位于武昌的佳韵社区，在非高峰时段救护车可以在 7 分钟内到达该社区，而在交通高峰期时，其通勤时间则超过 16 分钟。一些地区在非高峰时段的医院可达性相对较好，但在高峰时段这些社区的可达性却大幅下降。例如，位于硚口的古画社区，在非高峰时段仅需 6 分钟即可到达最近的医院，而在早晚高峰期其通勤时间超过了 17 分钟。一些社区在非高峰时段的总体可达性相对较好，但在高峰时段其可达性却大幅下降。例如，位于洪山区中部的湖甸社区，在非高峰期可以在 10 分钟内完成整个行程，而在高峰时段则超过 20 分钟。值得注意的是，一些社区在一天内任何时间的可达性都极差。例如，位于黄陂区北部的刘家山社区，救护车需要 79 分钟才能到达，而从此地到达最近的二级及以上的医院需要 88 分钟以上。此外，城乡之间可达性差异较大，在非高峰期尤为明显。例如，在非高峰期时，80% 和 81% 的主城区居民可在规定时间（10 分钟）内被最近的急救站车或医院所服务，然而只有 31% 和 34% 的郊区或远城区居民可在规定的时间（12 分钟）内被最近的急救车或医院所服务。

　　救护车可达性与医院可达性反差较大的社区。具体而言，这些社区具有相对较好的救护车可达性（行程 1 通勤时间≤10 分钟）和较差的医院可达性（行程 2 通勤时间>12 分钟），反之亦然。具有相对较好的医院可达性（行程 2 通勤时间≤10 分钟）和较差的救护车可达性（行程 1 通勤时间>12 分钟）的社区，在非高峰期，有 180 个社区（大约 60 万人）拥有较好的救护车可达性与较差的医院可达性。这些地区主要分布在洪山区西南部、江夏区南部、汉南和蔡甸区的西部、新洲区以南。在早高峰，有 173 个社区（大约 50 万人）可以在 10 分钟内到达最近的 EMS 站点，但到达最近的医院需要 12 分钟以上。这些社区的空间分布与非高峰时段的分布相似。在晚高峰，有 164 个社区（大约 50 万人）可以在 10 分钟内到达最近的 EMS 站，但到达最近的医院需要至少 12 分钟以上。这些社区的空间分布与非高峰时段的分布相似。具有相对较好的医院可达性（行程 2 通勤时间 ≤10 分钟）和较差的救护车可达性（行程 1 通勤时间>12 分钟）的社区，具体而言，在非高峰期，有 187 个社区（大约 77 万人）拥有较好的医院可达性与较差的救护车可达性。这些社区主要分布于洪山区南部、汉南区东部、蔡甸区西南和东北部、东西湖区中部以及新洲区西部。在早高峰有 166 个社区（大约 57 万人）拥有较好的医院可达性与较差的救护车可达性，这些社区的空间分布与其在非高峰时段的布局相似。在晚高峰有 70 个社区（大约 60 万人）拥有较好的医院可达性与较差的救护车可达性，这些社区的空间分布与其在非高峰时段的布局相似。总体而言，上述结果表明，拥有良好的救护车可达性的社区不能保证良好的医院可达性，反之亦然。

（二）基于 E-2SFCA 的 EMS 时空可达性

图 5 反映了一天内不同时段 E-2SFCA 得分的变化情况。其单程的定值范围为 0~1。大多数社区的可达性得分相对较低，只有不到 25% 的社区单段行程得分超过 0.15，而整体出行得分超过 0.3。换句话说，在任何时间间隔内，大多数社区的单程 E-2SFCA 得分小于 0.15，而总体得分小于 0.3。最高的平均得分和中位数得分都出现在非高峰时段。与上节变化类似，非高峰时段和高峰时段的得分之间存在明显差异，且早高峰时段 E-2SFCA 平均得分普遍高于晚高峰时段。此外，医院可达性得分的变化比救护车可达性得分的差异更大。

不同行程与不同时段的得分的空间变化。当社区的单程可达性得分超过 0.15、总体可达性得分超过 0.3 时，我们定义该社区具有较好的可达性。当社区单程行程的通勤时间超过 12 分钟时，其可达性得分为 0。大多数主城区的

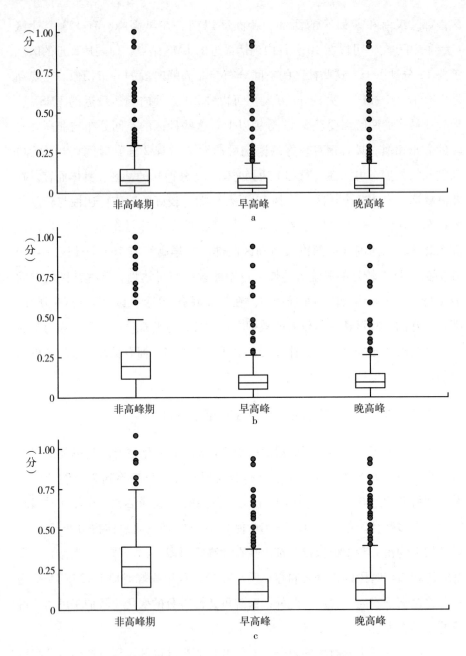

图 5 不同时间段的 E−2SFCA 可达性得分箱型图

注：（a）为行程 1，（b）为行程 2，（c）为总体行程。

社区和部分农村社区的救护车可达性、医院可达性和总体可达性相对较好，尤其是在非高峰时段。并且，主城区单程和总体可达性的得分均要高于郊区和远城区的得分，这反映出武汉市主城区的 EMS 可达性要明显优于郊区。在武汉各社区中，位于洪山区中部的桥梁社区拥有最高的救护车可达性得分。位于江岸区的塔子湖社区拥有最高的医院可达性和总体可达性得分。通过比较交通高峰和非高峰时段的 EMS 得分我们可以清楚地看出，在非高峰时段，可达性较好社区数量最多，其数量在早高峰或晚高峰期间明显减小。值得注意的是，大多数社区在早晚高峰时段的可达性得分均大幅下降，尤其是在主城区的中心区域。相比之下，青山区和洪山区的部分社区，少数沿江社区和部分靠近 EMS 设施的社区，其在各时段均保持着较高的得分（A_k^E，$A_k^H \geq 0.15$ 或 $A_k \geq 0.3$）。由于主城区地区受交通高峰期的影响较大，其可达性得分显著下降，尤其是在长江以北的江汉区与江岸区、长江以南的武昌区和洪山区。例如，武昌区的胜军社区在晚间非高峰时段的总体得分（0.412）非常出色，但在早晚高峰时段，其得分下降至 0.10。

根据 E-2SFCA 得分救护车可达性与医院可达性反差较大的社区，具体而言，这些社区具有相对较好的救护车可达性（$A_k^E \geq 0.15$）和较差的医院可达性（行程 2 通勤时间 > 12 分钟），反之亦然。具有相对较好的救护车可达性和较差的医院可达性的社区，具体而言，在非高峰期，有 112 个社区（大约 32 万人）拥有较好的救护车可达性得分与较差的医院可达性得分。这些地区主要分布在江夏区南部和西南部、汉南区西部、蔡甸区西南和东北部、东西湖区南部和北部、黄陂区西南部和洪山区东北部。在早高峰，有 99 个社区（大约 27 万人）拥有较好的救护车可达性得分与较差的医院可达性得分。这些社区的空间分布与非高峰时段的分布相似。在晚高峰，有 100 个社区（大约 29 万人）拥有较好的救护车可达性得分与较差的医院可达性得分。这些社区的空间分布与其在非高峰时段的分布相似。具有相对较好的医院可达性（行程 2 通勤时间 ≤ 10 分钟）和较差的救护车可达性（行程 1 通勤时间 > 12 分钟）的社区，具体而言，在非高峰期，有 93 个社区（大约 29 万人）拥有较好的医院可达性得分与较差的救护车可达性得分。这些地

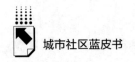

区主要分布在汉南区东部、蔡甸区北部、黄陂区东部、新洲区西部、江夏区北部。在早高峰，有72个社区（大约23万人）拥有较高的救护车可达性得分与较差的医院可达性得分。这些社区的空间分布与其非高峰时段的分布相似。在晚高峰，有81个社区（大约23万人）拥有较高的救护车可达性得分与较差的医院可达性得分。这些社区的空间分布与其在非高峰时段的分布相似。上述结果表明，拥有良好的救护车可达性的社区不能保证良好的医院可达性，反之亦然。

四　发现与讨论

本报告有三个主要发现：一是救护车可达性与医院可达性的空间格局存在显著差异；二是EMS可达性存在着明显的空间差异性，其在城乡之间尤为明显；三是相比于非高峰期，交通高峰期的EMS可达性显著下降。首先，本报告通过两种测度方法（即最短路径法和E-2SFCA）测量EMS在不同行程的可达性，发现救护车可达性、医院可达性之间有着显著的空间差异。良好的救护车可达性能够保证良好的医院可达性或总体可达性，反之亦然。其次，主城区社区的EMS可达性，要优于郊区和远城区社区的可达性。例如，在非高峰时段，80%以上的城市居民可在服务标准内（即10分钟）到达最近的EMS站或医院，但分别只有31%和34%的郊区和远城区居民可在规定时间内（即12分钟）被最近的急救车或医院所服务。此外，我们发现交通高峰期的交通状况对EMS可达性有明显影响，在主城区尤为明显。

同一社区的救护车可达性与医院可达性可能有显著差异。有些社区的患者可在短时间内获得救护车服务，但却要花费长时间才能到达医院，反之亦然。然而，保持良好的急救车可达性（行程1）与医院可达性（行程2）是非常重要的，其得到了现有研究实证结果的支持。一方面，许多研究强调了救护车可达性的重要性，良好的救护车可达性意味着患者可以得到快速且专业的急救措施，从而提高患者的生还率；另一方面，大量研究表明，医院可达性在影响患者健康状况方面起着至关重要的作用。良好的医院可及性意味着患者可以快速到达医院，接受专业、有效的治疗。本报告通过两种方法发现，武汉市有很多社区拥有较好的救护车可达性与较差的医院可达性，如江夏区南部、汉南区和蔡甸区的西部。而很多社区拥有较好的医院可达性与较差的救护车可达性，如东西湖区中部、江夏区北部、新洲区西部等。因此，地方政府需要协调 EMS 站和急诊医院之间的规划框架，确保患者能享受到方便快捷的救护车与医院服务。

武汉市社区的 EMS 可达性存在空间不平等的问题，在城乡之间尤为突出。本报告研究表明，相比于郊区和远城区，主城区拥有更好的 EMS 可达性。与本报告相似，许多研究已经表明，EMS 可达性的城乡不平等是 EMS 系统普遍存在的问题之一。服务设施分布不均是造成城乡不平等的主要原因之一。以江岸区和江夏区为例，前者是武汉市主城区的核心区域，而后者是位于武汉市南部的远城区。江夏区覆盖了武汉 23% 的面积，但只有 3 所 EMS 站和 4 家二级及以上的医院。贫瘠的医疗资源导致此地较低的 EMS 可达性水平。相比之下，江岸区仅覆盖武汉 9% 的区域，却有 12 所 EMS 站和 8 家二级及以上的医院，充足的医疗资源也保证了江岸区良好的可达性。对比两地，江夏区需要更多的急救资源以提高此地的可达性，促进当地社区居民的健康水平。因此，EMS 可达性城乡间的差距仍然是地方政府和决策者面临的挑战，而如何缩小城乡间的差距是未来急救规划面临的问题之一。

交通高峰期的实时交通状况对武汉市社区的 EMS 可达性有显著影响，其在主城区尤为明显。与本报告类似，很多研究指出急救服务的延误与交通时段的变化、天气状况（例如下雨、下雪）等因素有关。不同于一般就医行为，患者可以选择在非交通高峰期就医。一些时间敏感性强的疾病或意外事件（心脏病、脑梗、车祸、火灾）可能随时发生，而患者需要立即就医。因此，在测量 EMS 可达性时，需要考虑实时交通状况。本报告实证研究表明，大部分社区在交通高峰期的 EMS 通勤的时间比平时更长，E-2SFCA 得分比平时更低。由于城市路网中交通拥堵的发生频率更高，交通高峰期对主城区社区的 EMS 可达性影响更大。

在线地图服务可以有效测量以社区为基础的 EMS 等公共服务的可达性。

由于紧急救援及时性的特征，通勤时间是衡量其服务标准最重要的指标。使用在线地图服务预测动态通勤时间具有优势。首先，在线地图服务具有便捷性，无须准备道路网络等相关数据集。其次，在线地图服务通常会提供最新的道路网络信息，从而在估计行程时间时更加准确。最后，在线地图服务通常会考虑实时交通状况（例如交通拥堵），提供更准确的通勤时间预测。然而，在线地图服务的一个局限性是，其仅对有限数量的起点—目的地（O—D）集提供免费计算服务，超出该集的计算数量必须支付费用。以谷歌地图为例，它只为每个账户提供每月1万次免费O—D计算。当超过其计算次数时，每1000次则需要额外30元的费用。相比之下，百度地图提供了更多的免费O—D计算——每个账号每天有3万次免费计算，学术研究可以申请更多的免费计算服务。同时，百度地图还提供无限计算服务，每月需支付3000元。

最短路径法和E-2SFCA法在测量以社区为基准的EMS可达性中，呈现出了不同的空间分布趋势。通过最短路径法，我们发现大部分具有较好EMS可达性的社区集中于主城区的中心地带和长江两岸。然而，E-2SFCA结果表明，某些郊区社区的EMS可达性比主城区社区的可达性更好。这是由于主城区社区往往有更多的人口，这可能会抵消附近拥有更多EMS站和医院的优势。尽管一些郊区或远城区只有一所EMS站或一家医院，但由于郊区人口相对较少，该地并没有相对较大的供给压力，从而增加了其可达性。基于最短路径的方法可以通过在线地图服务或其他空间软件（例如ArcGIS）进行计算，并且易于解释。因此，它适用于短期或有关紧急状态下的实时决策。由于E-2SFCA方结合了供需两方面，其更适合长期的EMS规划，以应对重大事故、流行病或其他灾害（例如地震、疫情）。此外，值得注意的是，虽然本报告以武汉市的社区为案例区域，但由于在线地图服务和其开源的数据，这些方法也可以在其他城市与国家采用。

关于政策影响，EMS可达性在不同行程中的时空变化，可以服务于公共医疗保健政策和EMS规划和管理系统。本报告发现，良好的救护车可达性并不能保证良好的医院可达性和总体可达性，反之亦然。例如，江夏区南部救护车可达性较好，但医院可达性却极差。因此，医疗保健规划者和相关政府部门需要在 EMS 站和急诊医院之间建立一个协作系统，以确保救护车和医院服务能够快速为患者提供服务。此外，我们发现 EMS 接入存在显著的城乡不平等，这与武汉 EMS 规划文件旨在改善农村 EMS 系统，进一步发展农村医疗系统的目标是一致的。此外，空间优化模型可用于为 EMS 设施选择最佳空间布局。基于未来的规划文件，我们可以通过为新的急救设施选址或者调整现有急救设施的位置改善 EMS 可达性，提高其服务效率。此外，有关部门需要采取有效措施，来减轻交通高峰期对 EMS 服务的影响。

五 总结

EMS 是公共卫生服务的重要组成部分，其在涉及各种事故和灾难的救援活动中发挥着至关重要的作用。良好的 EMS 可达性有利于提高社区居民的健康水平和生活质量。本报告旨在测量武汉社区的 EMS 可达性，其涉及两段相关的行程（行程 1 和行程 2）和实时交通状况。本报告采用了两种不同的测量方法（即最短路径法和 E-2SFCA）测量武汉市社区的可达性。根据实证研究，良好的救护车可达性不能保证良好的医院可达性或整体可达性，反之亦然。因此，我们在评估 EMS 可达性时，需要考虑这两段相关的行程。对于未来公共卫生规划，我们需要建立完善的协作系统，确保 EMS 站和医院间有着良好的沟通。本报告发现武汉市 EMS 可达性存在着明显的空间不平等的问题，其在城乡社区之间尤为显著。缩小城乡间 EMS 可达性的差距，是未来公共卫生规划的重要目标之一。此外，在线地图服务可为公共服务等相关研究提供有效帮助。本报告通过对在线地图服务的运用，发现高峰时段的交通状况对 EMS 可达性有显著影响，其在主城区的影响尤为明显。

B.6
中国城市韧性社区建设与发展报告

李志强　杨彩萌*

摘　要： 为应对全球工业化、市场化所孕育的迅速蔓延的现代性，韧性治理被普遍认为是一种更具自主性、适应性和变革性的可持续治理思路，拓展了社区应急管理的理念视角和实践路径。近年来，随着韧性城市建设的不断深入，我国城市在防灾、减灾、减损方面普遍已经取得了长足进步，但从屡次发生的城市复合灾害事件来看，城市建设依然非常脆弱，韧性社区的建设暴露出诸多严重问题。我国城市韧性社区治理的路径，应以空间韧性为根本、组织韧性为基础、制度韧性为保障、技术韧性为手段的思路进行建构。

关键词： 韧性社区　空间韧性　组织韧性　共同体韧性　复合化治理

一　城市韧性社区问题的现实表现与特征描述

韧性是发端于工程学、生态学、心理学等学科体系基础上的基本概念。20 世纪 90 年代，该概念被引入社会系统领域。从基本认知来看，韧性概念也被视为系统对初始状态的一种恢复、适应和改变。近年来，韧性治理已经在城市建设领域得到普遍关注，有韧性的城市就是使城市或城市系统在面对

* 李志强，博士，南京信息工程大学应急管理学院副教授、共同富裕研究院副院长，主要研究方向为基层应急治理；杨彩萌，南京信息工程大学法政学院本科生，主要研究方向为基层应急治理。

应急事件时能够化解和抵御外界的冲击。当各种灾害发生的时候，能承受冲击，快速应对，及时恢复，使城市功能正常运转，韧性城市建设为应对城市危机、保障城市安全提供了新的思路和方向。由此，2016 年 10 月，联合国人居大会将"韧性城市"作为《新城市议程》的创新内容，足以可见韧性思维在城市规划建设中的重要价值所在。

近年来，韧性城市概念在我国得到广泛关注并付诸实践。四川德阳、湖北黄石、浙江义乌和海盐等城市入选"全球 100 个韧性城市"名单。在国内，将韧性城市建设纳入整体规划的城市首先是北京，随后上海也制定了韧性城市的发展规划。现代风险社会和城市规模扩张的双重作用，给当前的城市韧性治理带来很大挑战。从现代风险社会的发展特征来看，提升社区韧性是夯实国家应急管理体系的客观要求。《中华人民共和国国民经济和社会发展第十四个五年规划和 2035 年远景目标纲要》提出"社会治理特别是基层治理水平明显提高，防范化解重大风险体制机制不断健全，突发公共事件应急能力显著增强"的发展目标。借鉴"韧性城市"及"韧性社区"理论，在搭建强调发展主体能力、参与模式的网络化、巩固社会资本和注重数字化、智慧化治理的韧性治理框架的过程中可以发现，该模式主要依托全面关注脆弱性群体、积极吸纳社会力量、拓展数字技术应用场景等行动策略，构筑了基层应急管理运行机制，保障了城市应急治理效度。然而，要建立具有韧性的社区应急管理体系，需警惕社区应急能力内卷、社会资本分散、参与机制不够完善及技术治理悬浮等现实问题。

迈向韧性治理，实现社区在多元风险情景下的结构调整和功能优化，有利于改善城市或区域应对突发公共风险的准备方式。在公共场域和生活领域，传统危机与现代风险相互叠加，快速城镇化所催发的城乡治理体制的重构，社会流动性的增强及传统文化的解构，使当下的社会结构性安全风险愈加突出。在城市韧性研究之下，学者们开始思考基层社区韧性的议题。与城市韧性关注物理层面与社会层面的韧性能力一脉相承，抗逆力是社会城市韧性治理重要的衡量机制，主要表现在对其高效整合资源、维护社会秩序方面的功能和效果的评价，应关注合作包容、多元资源、社会参与等城市韧性评

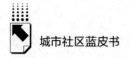

价维度的内在潜力。因而，弗雷费伯将"社区韧性"定义为社区成员在解决问题时有意识且有意义的集体行动，包括认知环境、处理问题和继续前进的能力。"社区韧性"是指社区在面对危机和压力情况下的自组织、自适应和自我恢复能力。具体而言，韧性社区即是在危机情境下能够快速组织联动响应、快速链接内外资源、最大程度减轻冲击，具备自组织、自适应和自我恢复能力，并能实现可持续稳定发展的社区。进入 21 世纪以来，关于韧性机理的研究，逐步转向空间应对策略的分析，进入更具弹性的社区建构和评价机制的新阶段。

通常来看，韧性社区评价指标体系包括了环境设施、组织制度、经济发展、自有资源及社会资本五大方面的韧性领域。第一，社区环境设施韧性是社区防灾减灾、应对风险与公共危机的基本保障，要求既要评价常态下的社区基本生活设施的韧性、公共安全的有效度，又要评估非常态下防灾防祸的应急设施的韧性，主要包含社区防洪涝灾害的能力、公共安全卫生设施、住房设施安全、社区开放性、基础公共空间等方面。第二，组织制度韧性注重组织间的行动、团队协同性与沟通效率，强调组织的有效性，实现组织制度自我完善的能力，主要包括居委会组织管理能力、应急管理能力、志愿者队伍能力、紧急动员能力、信息化组织部署能力。作为基层自治组织的居委会，繁重的基层行政性工作需要耗费大量精力处理，同时居委会的组织能力和管理能力水平也正成为决定社区韧性程度的重要机制。第三，经济发展韧性主要评价社区抵御外界干扰，保持社区经济持续、稳定协调发展，恢复正常经济秩序的能力，经济发展韧性指标体现了社区居民的生活水平、就业水平和富裕程度以及社区经济多元化程度，包含了自住房占有率、就业率、收入水平、社会保险覆盖率和经济规模等内容。第四，自有资源韧性主要评价社区内部所具有的资源优势，是社区整合坚固性、体系性与多样性的资源，快速投入风险预防、应急处置、危机管理，将资源优势转化为组织优势、动员优势与治理效能的能力指标，如生存资源储备、人力资源储备、知识资源储备等。主要包括有效劳动力、知识技能水平、医疗资源覆盖率、生存资源覆盖率四个方面。第五，社会资本韧性主要评价社区居民在风险和危机情境中，与社会的互动关系网络所构建的信任度、归属感、适应度和满意度等一系列主观感知能力与沟通联结能力，同时也是社会力量、公共资源、文化载体对于社区价值的体现，是社区价值体系的构建、拓展与社会化，主要包含居民认同感、社会支持力量、社会网络关系、社会公共资源链接、社会文化资本五个方面的内容。

二 城市韧性社区治理面临的现实问题及主要挑战

在 21 世纪全球化发展愈演愈烈的时代，风险社会的核心特质被进一步放大，并且不断地叠加，用传统的管理方式已无法有效、及时地加以应对。在新冠疫情防控期间，我国各级政府部门在党的领导下统筹协调，精准防控阻击疫情，取得了显著成绩。从 2021 年新冠疫情期间我国的防疫过程可以发现，与其他风险事件发生时自上而下政府主导的应对方式不同，社区作为疫情防控的最后一道防线，在疫情防控中起着关键作用。风险社会面对复杂多变的外部情境，不断提高组织的内部情境，亦即提升自组织能力和自主能力至关重要。韧性社区所具有的能力，使其能够不断制定适应社区内外部环境的行动策略并有条不紊地实施，同时能灵敏察觉外部环境的变化并进行及时调整，最终收获的成效也能最大限度满足社区应急治理的目标，以点带面，防范化解危机，实现社会的长治久安。

从应急治理到常态化运转时期，社区治理面临着两种不同的情境，前者将社区完全裹挟在风险之中，社区行动者被动地根据面临的情况制定行动策略以实现疫情防控目标；后者则让社区处于危险之中，无法预知是否会再次进入疫情发展的漩涡之中，因而要求社区行动者根据应急治理经验，主动结合自身情况，针对可能遇到的危机采取灵活的行动策略，最终实现既能维持有效运转，又能在面对随时可能反扑的疫情时，做到有充分的准备采取应对措施的能力。借助于外部环境的推进与社区内部自身的发展驱动，社区通过上下贯通，政府与社区协同，加上社会各界的联动，构建了疫情状态下社区

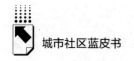
生活的新秩序，推动了社区应急制度体系的不断完善。但就应急事件处理的现实表现来看，仍然存在诸多有待改善之处。

（一）韧性空间建设偏弱，难以抵御突发事件冲击

社区集群的高密度性和生存空间延伸结构的局限性，使其本身便潜藏着主体性风险发生的可能性，现实中的灾害风险一旦发生，社区也往往受到比较严重的冲击，很大程度上是因为社区的空间规划和设计并未考虑社区应急状态下的避难场所需求，没有为应急响应预留适度的转换空间。在基础设施建设方面，也缺少有效应对灾害突发事件的处置手段和置换通道。面对公共安全事件尤其是大规模的如传染病公共卫生事件的冲击，社区缺乏隔离空间，安全疏散通道、道路、交通及消防方面难以适应突发性灾害应急事件反应处置的紧迫性诉求，不可避免带来生命健康安全和公共财产的损失后果。

（二）行动主体韧性欠缺，难以应对突发事件挑战

作为社区应急行动主体的居民，其所具备的突发事件应对能力是否达标，直接影响并决定了社区韧性的程度和水平。当前城市居民普遍缺乏应急方面的教育培训，仅停留在一般性的对于传统安全的认知水平，居民对于安全理念的认知基本停留在表层，面对突发事件的应变能力普遍不足，缺乏有组织的行动能力，经常会表现出非理性的行为，给应急组织和管理工作也带来很大困境。

社区现有的应急资源不足以应对和处置突发事件所需要的程度和质量，其具体表现在以下三个方面。一是人力资源匮乏，应对紧急突发事件的人员不足，岗位需求难以有效满足，关键时刻的应急工作处置人员配置规模过小，不能有效覆盖岗位点的需求，同时，社区工作人员的应急能力还需要进一步提升。二是物力资源紧缺，应急的设施、设备及工具比较缺失，应急后勤和保障的调动和补充水平仍需要提升，社区应急的财政能力需要进一步加强。三是组织资源短缺，应急事件作为系统性的集体行动的非常态化模式，需要充分发挥组织的统筹和协同功能，整合基层行政组织、市场组织和社区

组织的应急合力，集聚人力、物力和财力资源，才有可能做好应急事件的准备工作，取得积极成效。

（三）社会资本韧性不足，难以维系应急关系网络

社区共识的达成、社区成员的互相支持与合作不仅依赖于制度，更依赖于包容的社区信任、开放的社区网络和完善的社区规范，换句话说，社会资本的积累是社区韧性的基础。此外，社区的地理区域、人口规模及构成、居民间共同意识与利益、密切的社会交往等关键维度也在一定程度上决定了韧性的结构和质量。在现代社区内，高流动率、封闭式的商品房空间结构与快节奏的生活方式割裂了邻里之间亲密的地缘、亲缘关系，社区邻里互动的核心内容变得表面化、功利化和浅层化，表现在参与主体失衡，就社区应急方面来说，只有对韧性社区有较深认知的居民才是主力，韧性社区的整体性要求时空维度上各个社区成员的配合，而应急意识淡薄的居民参与度普遍很低。另外，不少居民仍受传统观念的束缚，将应急社区建设视为政府、街道与居委会的义务，导致依赖心理以及领受意识强，而自主性欠缺。

（四）智能化韧性水平低，技术嵌入有待加强

借助于网络信息技术开展传统社区的资源优化配置和管理效能的自动化和高效化建设，推动智能型服务社区建设，是当前韧性城市社区智能化建设的主要思路。然而目前智能化社区在信息技术加持下并没有达到理想效果，社区建设呈现"被智慧化"的被动局面，其原因在于智慧化社区建设缺乏社会功能的同步性和合作性及持续的跟进性。首先，相关的法律体系和制度建设不健全，利用法律和制度规范应急信息管理，比如通过设置应急工作职位的分级制度，做到信息分层管理的做法还有待完善，同时在加强信息准入的门槛、保障重要信息安全性方面仍有待加强，需要设立不同应急级别的信息安保加以应对。此外，在使用奖惩制度调动信息安全保障工作人员的积极性方面也存在不足。其次，缺乏对信息安全保障工作人员进行专业化的技能

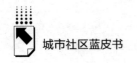

与素质的综合培训，难以保障应急信息安保工作的专业能力，对信息安全的敏锐度和预警预防能力有待进一步提升。

三　国内典型韧性社区治理的案例描述与功能分析

党的十九届四中全会提出"优化国家应急管理能力体系建设，提高防灾减灾救灾能力"。社区应急管理能力体系建设成为新时期国家应急管理能力体系建设的重要组成部分。特别是疫情期间，社区成为风险防控的牢固基石，由此推动了城市社区应对风险防控的创新案例。如成都市通过"三社联动"，构建了"无缝嵌入"、"专项联动"和"行业支持"的疫情防控社会共治网络模式，取得了积极的防疫成效。为整体说明韧性社区疫情防控的功能和表现的整体情况，在此我们选择国内几个典型案例，以便对国内韧性社区建设有总体的认识。

（一）案例1：社区应急复合功能韧性建设

疫情发生以来，在实施以社区为基础的应急管理过程中，面对高风险社会情境下的不确定性和模糊性的突发事件的特有属性，传统的科层制的应急架构在实际运行效能方面呈现出了难以避免的迟滞性和低效性，这是因为刚性的科层体制和非线性的应急过程在演化过程中产生了张力，导致基层社区治理的脆弱性日益凸显。同时加速推进的城镇化极大地改变了城市规模，挑战了现有的社会关系，使得城市社区在自然灾害、公共卫生事件、社会安全等方面的防治任务变得愈加艰巨。因此，复合风险日益凸显的形势下，有效应对复合灾害，提升复合治理能力是韧性社区具有的基本功能。

位于武汉市三环线附近的硚口社区，有着37.4万平方米的占地总面积，15000人的常住人口，是其所在街道中人口规模最大的社区。新冠疫情发生后，社区实施了"自上而下"与"自下而上"相结合的应急事件处置方式。首先，硚口社区构建了"市—区—街道—社区"严密的科层制防控网络。党政力量的介入，较好地为疫情防控展开后的制度供给和规范流程奠定了基础。"自下而上"的志愿机制有效动员了社区疫情防控的自组织力量，将潜在能量和自救意识充分激发出来。其次，全面关注脆弱性群体。社区采取"四色管理法"将脆弱性分析应用到疫情防控之中，即按照人口特征及其抗风险能力，甄选出高、中、一般和低四类差异化脆弱性群体，分别对应红、橙、黄和绿四色，对人群实施分类管理及针对性措施。再次，积极吸纳社会力量。防疫过程中，社区居委会通过对接不同类型的社会组织，引导它们有序参与社区防疫服务行动。如为社区老人和医护人员免费理发，开展"阳光驻心田"活动，进行线上疫情知识讲座等。最后，拓展数字技术应用场景。在"智能化"管理方面，社区搭建了"大数据+网格化"模式，进行精确筛查。由此可以看出，韧性社区的构建，重点要在防止社区应急能力内卷、社会资本疏散和技术悬浮方面下功夫。

（二）案例2：社区应急共同体能力韧性建设

为应对新冠疫情，各地城乡社区敢于尝试，大胆创新，构筑起了全民动员、群防群治的疫情防控安全网络，显著提升了公共事件的应急管理能力。广州市以B、G等社区为代表，通过疫情实践，逐步探索出"应急管理+"地方特色应急的工作模式，推进了响应灵敏、配合有序的社区应急管理共同体的加速构建。社区应急共同体能力韧性建设机制包括两方面。一是"党建引领"应急共同体。为实现对疫情防控的全面覆盖，B社区充分发挥党建组织网格化优势，构建"战时层级保障网"，将社区居民、物业和志愿者纳入其中，下设8个行动小组，切实发挥社区"大党委"作用，统筹下沉干部、物业等各方力量，构筑群防群控的坚强堡垒。二是防范主导的应急共同体。社区党委通过传达社区安全治理的各个环节的最新状况，及时反映社区环境和相关主体安全诉求的变动和意愿。根据反馈的信息灵活地调整对策和实施对策，保证社区安全系统平稳运行。社区层面密切关注应急场景演练规划的制度和实施，完善从制定和实施社群演练方案、评估行动能力，到培训工作人员、模拟工作任务和构建协同关系的流程建构。

2021年，广州市在疫情防控期间强化属地统筹，开展试点示范工程建

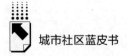

设。一是完善设施规划和应急基础设施，优化社区空间布局，加强薄弱点覆盖。提升社区应急管理空间韧性。推进多元共治，建立弹性应急队伍，建立健全应急协调联动机制。二是深化"三治"融合，提升社区应急管理社会韧性。通过自治、德治和法治，将党建引领、五社联动机制纳入社区的应急治理体系。发挥社区组织的应急合力，体现应急的社会效应最大化。三是加强应急知识宣传和实地演练，强化应急反应能力的培育和提升。强化风险灾害预防演练，增强社区居民对风险灾害的主动识别和应对能力。持续加强互联网舆论引导能力建设，通过社区官方网站、公众号等网络媒介，强化网络宣传阵地，凝聚社区风险共治的公共品质和精神力量。四是构建智慧社区，提升社区应急管理技术韧性。进一步完善信息共享机制，实时获取社区各方面的动态风险信息。推进社区治理数据整合归集，建立包含社会机构、社区居民和志愿者在内的主体数据库，对社区及时开展"健康诊断"和隐患排查。

比如，广州社区随着对外部情境的深入了解，各街道社区居委会创造性地发明了新的工作形式——洗楼。该行动策略建立在对社区自身情况充分了解的前提下，由居委（镇村）干部、卫生健康人员和民警组成"三人小组"，对所有外来人员实行地毯式排查，建立健康档案，尽到隔离人员服务管理等职责。遇到不配合的居民，第一时间上阵解决问题，作为社区防控的第一道防线，打通了联防联控工作网的"毛细血管"。社区整合自身资源，将关键的行动者分成小组开展行动，不仅充分发挥了组织优势，节省了时间，同时为后期点对点地开展有关工作提供了便利。"三人小组"形式灵活，在疫情发展最为严重的时期，社区更是创造性地发展出"3+X"小组，由社区居委、派出所民警、社区卫生中心人员及一位社区根据自身需要而确定的"X"人员组成，这些"X"人员中有志愿者、有党员，也有与社会组织合作，由社会组织选派的专业人员。在外部情境持续施压的情况下，"3+X"小组采取了较前一阶段更为细致的行动策略，除了对辖区人员进行健康排查外，还要对居家隔离人员进行日常探访、服务，起到了防控和服务方面双重的积极成效。

（三）案例3：社区智慧型韧性治理

面对社区治理中的诸多困难，浙江省借助科技手段，提升传统社区、老旧社区的智慧化程度，促进智慧社区建设。通过"智慧联通"治理平台，优化了智慧服务系统、智慧管理系统、自建体系、社区工作质量评价系统四个在智慧治理中的重要领域。自2016年至今，杭州城市大脑先后推出人才码、健康码、秦青在线、凉山银行、数字座舱、数字城管等48个应用场景，形成涵盖11个重点领域的390个数字座舱，逐步完成从数字治堵到数字城管、数字防疫的重大跨越。这些环节的优质运行梳理了将居民需求作为引导方向的服务供给系统，对多个治理主体的服务资源进行了整理，创建了多元主体双向互动的系统，从而更好地应对了疫情，提升了社区治理方面的绩效。

1. 智慧服务系统

社区智能平台能够以人们的日常生活需求为依据，将周边的学校、商业、物业等各类资源融合到平台之中，个性化服务的方式、多元化服务的内容尽可能满足居民差异化的需求。手机、电脑利用服务平台的创建，居民能够使用App、微信公众号或者电脑终端进行操作，可用于医疗、生活用品等的预订和发放。在居民完成预约之后，工作人员便将其预定的物品放置在其门口的箱子内，让居民在隔离期间或疫情严重不方便外出时，感受到社区的便利服务。同时，"智连线"平台的党建模块较为充足，涵盖了社区党委与纪检委等职能部门，方便链接和共享注册在职以及流动党员等人员信息，充分发挥党员在疫情阻击战中的先锋模范作用。

2. "智安小区"建设

为强化疫情治理，浙江嘉兴创新采用了"小门智控"的新型防控措施，依托治安小区的智能设备，联合红外测温仪，把小区的智能闸机系统与健康码的数据系统连接，使居民刷脸就能迅速识别健康码标识，实现小区进口自动测温、自助刷脸和智能显码三合一功能。小区进出由传统的人工测温转向智能测温系统，身份查验登记时间大大缩减。据当地管理部门反映，"智安

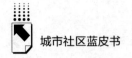

小区"的成功案例为探索建立"大数据网格化"精密智控机制起到了示范作用，有助于疫情防控智能防线的建设。"智安小区"的出现，不仅提高了阻击疫情的能力，还提升了小区安全保护能力，改善了基层治理的整体面貌。

3. "智连线"平台

以"智慧联通"平台为基础，结合智慧社区提供的治理经验，建立社区居民、社区业主委员会、物业公司等组织协同共建的治理体系。该治理架构更加全面地运用信息技术，将居民的需求作为前提条件，使社区治理系统涵盖了全部主体，尽最大可能调遣各类社区治理的资源，创建了基层治理组织机构彼此协作的网络关系。不仅如此，该框架可以被视为"治理体系"与"智慧手段"发生化学反应后的产物，代表了将来社区治理的发展方向。并且，智慧社区信息平台与政府管理信息平台对接后，优秀社区的治理经验可以促使其他社区、组织及政府部门之间构建庞大的信息沟通网络，进而更好地配置社区内外部资源，提升社区智能治理水平。

风险社会时代，韧性社区需要具备危机来临前的预判力、应对危机时的抵抗力和灾害过后的重构力。但在实际情况中，其仍面临诸多问题与挑战，具体表现为应急设施薄弱，工程韧性有待加强；人才队伍欠缺，主体韧性有待强化以及协商共治不足，组织韧性有待优化三个方面。另外，由于基层党组织、居委会、业主委员会、物业公司及志愿服务组织之间相互独立，有效的沟通交流比较缺乏，产生了责任划分模糊、资源分布不均等现实问题，导致业主委员会缺失与治理能力不足，物业公司垄断小区治权。由此，各地社区充分发挥党建引领优势，加强韧性社区的人才、组织和制度建设，以小区党支部为核心，统筹业委会、物业公司等组织共同参与小区治理，打造"一核多元"的治理模式，显著提升了社区应急的能力。积极利用各类资源，科学配置小区基础设施，完善应急基础设施应急功能，制定应急设施管理机制与实施细则。比如广东省作为沿海省份，受到洪涝灾害影响比较严重，为迎战灾害广东消防总队联合水利、气象部门建立信息渠道，在社区开展多轮救灾演练及水域救援实战演练，制定完善应急预案；组织开展装备器材和水域救援物资清点装车等，确保救援队伍随时投入救援工作；召开战前动员会、成立党员突击队、基层各队站第一时间组织成立"党员先锋队""青年突击队"，设立党员示范岗和党员责任区，全面投入洪灾防范和处置工作。夯实基层支部建设，筑牢小区战斗堡垒发挥党员带头作用，唤醒居民参与意识，发挥支部引领作用，实现了韧性社区的多元协同治理。

四　推进中国城市社区韧性治理的复合化路径

社区韧性是指社区在面对各种突发灾害时，有能力将损失控制在一定范围内，有能力高效恢复其基本运转功能。除去外部资源支持，社区韧性营造更依赖社区自身空间规划、组织架构、社会资本存量、社区内部动员能力以及应急制度和技术建设等因素。目前的韧性社区治理路径大多是从主体、制度、组织和技术层面提出相关建议，缺乏一种整体性的分析路径和逻辑体系。韧性社区的治理是系统的空间打造工程，需要在物质空间的韧性基础上，强化和完善韧性制度、组织和能力建设，整体性提升韧性社区的治理功能。换句话说，韧性社区治理的路径，应按照以空间韧性为根本、以组织韧性为基础、以制度韧性为保障和以技术韧性为手段的思路进行建构。

（一）强化空间应对能力打造，夯实韧性社区结构基础

韧性社区建设应本着推进以人为核心的城镇化，为构建更健康、更安全、更宜居的现代文明城市，成为人民群众高品质生活的空间而努力。探索将城市体检和社区体检评估指标体系纳入信息系统平台建设的国土空间规划体系的构建思路；城市空间布局要依据应急管理体系，探索多中心、组团式的空间结构，疏散中心人口的聚集，改变产业过度的区块分布格局。江苏省南京市白下社区坚持"平疫结合、平战结合"理念，设置应急设施时规划好平时民生服务功能，在灾害发生时能迅速反应，转化成疫时、战时救灾功能。在综合防灾、绿地系统、医疗卫生、市政设施等专项规划中，明确大型公共设施功能兼容性。优化现有疾病控制相关的专业公共卫生机构设施条

件，补足现有医疗卫生体系短板，同时明确各类公共服务设施应对疫情的防护要求，准备好体育场地、文化展览、闲置厂房和酒店宾馆的功能改造应急预备方案，及时应对非常态要求，保障城市的高弹性和可调适性。同时，充分利用公园绿地、体育场馆、学校等旷地及地下空间，合理规划，科学设置，推动并完善就地避难、就近避难、步行避难等分级分类疏散通道和避灾场所的建立。韧性城市应保障社区基础应急场所和设施的建设需求，提高下级生活圈配建设施数量及质量，降低上级设施负担，减少城市不必要的交通流。同时鼓励居民团体加入韧性社区建设，灾时能及时进行社区自治，确保社区生活圈具备相对独立的抗击灾难、自救互助的能力。在设计社区生活圈的过程中，应当预留风险疏散和避难空间，维系社区在应急空间中的系统化和机动性运行能力，始终凸显社区风险应对和处置过程的"韧性在线"。另外，充分重视社区网格化配置资源的优势及功能，完善基层街道主导的，链接社区、市场和社会组织的网络化的物资流动和保供渠道，切实提高基层公共应急处置能力。

（二）完善社区应急多元联动机制，提升组织韧性整体功能

社区应急需要借助全社会的组织力量，实现多系统的整体联动。一方面，加大对社会组织的资金支持力度，探索建立社会组织发展专项资金，用于资助社会组织发展、转型社会企业支持、公益生态营造和公益人才培育等方面。如在应急治理中，可以运用社会资本，将共享信息、协调行动和集体决策三种机制整合起来，推动应急治理集体行动功能的发挥。疫情期间，吉林省多次出现新冠疫情反扑现象，为加强城市社区专职工作者队伍建设，提升社区治理能力，该省自上而下整合现有社区人力资源和应急物资力量，按照每300~400户居民划分1个网格、配备1~2名网格员和志愿者的标准重新划分社区网格，人员由社区组织统筹管理使用，党委、政府职能部门不在社区另行划分。另一方面，充分发挥多元主体作用，进一步建立"纵向到底、横向到边"的社区应急协调联动机制，不断推动社会治理重心向基层下移，强化社区应急治理能力，实现政府治理与社会调节、居民自治良性互动。

（三）加强应急体系制度建设，发挥集体行动协同合力

韧性社区构建公共安全体系设计中，本身具有公共产品的性质，难以避免会涉及社会多数人的利益，这就决定了公共安全本质是属于社会协同的治理机制。社区公共卫生安全与应急服务，首先，需要在继续完善上层治理体系向下传导基础上，建立辐射社区到基层职能部门和组织的整体覆盖范围，重构人员、材料和卫生系统基础设施的组合，以优化不同资源可用性水平环境下的各类服务，包括系统建构职能管理、卫生保健、应急管理和社区服务部门的共治关系网络。其次，培育"上下沟通、左右互联"的社区组织联合机制，巩固信息交流、源点观测、社群互助和协同防范的社区自主性行动网络等，强化社区应急管理功能的协同能力。最后，健全促进社会工作者、志愿者参与应急管理的激励约束机制，有效激发其工作积极性，使其形成合力，帮助社区快速灵活地应对危机。如在发挥集体合力上，广西梧州市不断强化突发事件应对中基层群众自治组织的作用，不断提升基层单位突发事件应急管理水平和基层群众防灾应急能力。武汉市也不断完善社会力量参与应急联动的各项工作机制，包括政府购买服务、应急资金使用、应急志愿者管理等方面内容，为社会力量有效参与应急联动工作提供基本保障，推进形成多元主体参与突发事件应急处置的良性互动。以法治筑牢安全屏障，通过建立系统完备、科学规范、运行有效的社区应急规章制度，明确公共危机下的社区居民行动准则。

（四）注重预警和防范技术嵌入，完善技术支持保障体系

我国城市化创建的速度不断提升，城市的规模日益庞大，要提升治理效能，需要政府职能向下转移，使社区承担更多的责任。随着当前互联网、大数据和人工智能技术的迅速崛起，社区智慧化治理深度渗透社会治理各个领域，成为近年来社区治理发展的一个重要方向。2014 年发布的《智慧社区建设指南（试行）》为智慧社区的发展提供了参考标准，智慧社区主要是运用大数据信息技术，以互联网和云计算等为技术基础，构建现代智能社区

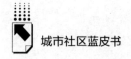

服务与管理的新形式。仍以上文的梧州市为例，该市创新理念，收集和整合当地现有社会力量和应急资源，建立起一套适合本地区、本行业应急力量的数据库和信息资源清单，以备应急状态下的资源紧急调配。

智慧社区革新了社区治理的新结构和新动能，提升了社区治理的整体能力，成为现代城市社区建设和治理创新的新趋势。通过凸显智慧社区应急治理的系统性、全域性、精准化三大特征，在充分发挥数据建构"整体智治"模式和信息平台推进"网络融合"路径的双重驱动功能基础上，去实现数据驱动、双向赋权、信息共享和制度规范的效果，强化智慧社区应急治理的整体效能。同时，要矫正和规范智慧治理经常出现的技术越界和技术内卷的困境，重新强调并凸显技术治理人文价值的回归，系统深入推进和整体优化智慧社区应急治理。

五　结语

当今时代，伴随着风险社会的来临，多种不同的风险危机层出不穷，不断涌现，由此导致经济下行风险加剧；政治、文化以及意识形态发展面临新的困难和挑战，不稳定因素显著增多。韧性理论作为一种新的理论创新点，被普遍认为是一种更具自主性、适应性和变革性的可持续治理思路。目前来看，我国城市灾害管理整体存在灾害管理意识淡薄、缺少统一应急指挥决策系统、灾害管理模式与急剧扩张的城市规模不相适应、减灾各环节与整体过程不协调等诸多问题。韧性社区的最高境界应是"无急可应"、"有急能应"和"遇急快应"。从韧性理论视角来看，引发危机的因素无处不在，社区在应急管理过程中要注重整体性和综合性。在复合型灾害风险日益严峻的现代风险社会，韧性治理理论让社区增强了自身及其所处环境应对复合风险的冲击适应能力，发展机遇与风险挑战并存，风险可能会以更为复杂的形式出现，这无疑对现代城市社区的韧性治理体系提出了更新的要求。通过对此次应对新冠疫情的思考，可以更好地吸取经验，为未来风险防控和危机治理做好准备。

　　总之，疫情不仅是对国家治理体系和治理能力的一次集中检验，也是对基层社区能力提升的一次集中历练。宏观层面我国要抓紧补短板、堵漏洞、强弱项，加快完善各方面体制机制，着力提高应对重大突发公共卫生事件的能力和水平。微观层面社区要集聚"积水成山、积土成塔"的勇气，充分发挥自主能力，提升自身抵御风险的水平。党的十九届四中全会提出"我国国家制度和国家治理体系具有多方面的显著优势"，因此，做好风险社会中的公共危机治理，推动中国城市韧性社区建设，要求我们要充分发挥制度优势，遵循韧性治理的多主体、协同性、整体性的逻辑，不断提升社区、街道等基层公共危机治理的能力和水平，推进我国城市韧性社区建设不断进步。

B.7
京津冀韧性社区建设发展报告

曾鹏 王雨 唐缝梁 任晓桐*

摘 要： 随着全球气候变化愈演愈烈，极端性灾害屡有发生，疫情反复冲击影响，韧性社区建设刻不容缓，也是我国未来非常必要的战略选择。本报告论述了韧性社区的概念缘起与演进，建立了认知框架，通过对京津冀地区的政策和实践分析总结未来韧性社区的建设路径与策略。韧性社区是一个跨学科的复杂综合系统，需要环境韧性、经济韧性、社会韧性、制度韧性方面的软硬兼施和多维并举。京津冀地区已然在积极的实践中，不管是在韧性能力方面还是在韧性过程方面，都已积累了一定的经验。本报告选取2021年度京津冀地区的相关韧性社区政策和部分代表性实践案例，对经验做法进行多维度分析总结，并结合对国外较为完善的韧性社区规划管理系统的梳理分析，以期能为更安全、更有弹性、更加可持续的韧性社区建设发展提出有效的应对策略。

关键词： 韧性城市 韧性社区 京津冀地区

一 韧性与韧性社区的概念辨析

据中国应急管理部公布的数据，2021年中国各种自然灾害共造成1.07

---

* 曾鹏，博士，天津大学建筑学院副院长、教授，主要研究方向为韧性城市及乡村规划；王雨，博士，天津大学建筑学院副教授，主要研究方向为韧性社区、城市更新；唐缝梁，天津大学建筑学院博士研究生，主要研究方向为可持续社区发展；任晓桐，天津大学建筑学院博士研究生，主要研究方向为乡村发展与规划、城乡可持续发展。

亿人次受灾，直接经济损失达到了 3340.2 亿元，其中含"7·20"郑州特大暴雨等特大极端灾害。2021 年，《中华人民共和国国民经济和社会发展第十四个五年规划和 2035 年远景目标纲要》强调建设韧性城市，已然在国家宏观层面树立了韧性的意识。为有效应对各类灾害如暴雨内涝、公共卫生事件，在社区最基层也迫切需要加强相关的韧性体系建设。

韧性（resilience）一词源于 19 世纪 50 年代的机械物理专业，用于描述某种物体在外力作用下变形后自行恢复到原始形态的一种物理性质。后在 20 世纪 70 年代又由生态学家霍林（Holling）引入生态学领域，用于阐述生态系统在面对外来冲击时主要结构和功能的自我适应和恢复能力。20 世纪 90 年代又进一步引入社会生态学，并随后被广泛应用于生态环境、城市规划等诸多领域。[①] 工程韧性（engineering resilience）、生态韧性（ecological resilience）、社会韧性（social resilience）用在分析人类系统怎样应对扰乱的研究颇丰，但始终未能达到最佳的平衡点。由此，韧性概念逐渐被学界和业界认知成一种复杂的系统，用于不断地适应各个系统的可持续发展路径，被称为自适应韧性（adaptive resilience）或演进韧性（evolving resilience）。联合国 2015 年发布的《联合国 2030 年可持续发展议程》中明确提出"加快韧性基础设施建设""建设更加包容、安全和韧性的城市和居住区"等有关韧性的可持续发展目标。我国城乡规划与建设进入可持续发展的新阶段，需要响应全球气候变化。大力推动社区高质量发展和高水平治理，其中的重点就是应对外来灾害冲击能力或适应过程的韧性建设。

韧性在社区层面的关注相对较少。查斯肯认为，社区是归属和身份的有效联合单元，是生产、交换、社会关系网络的功能单元，是反映一种集合行

[①] Robinson G. M., Carson D. A. "Resilient Communities: Transitions, Pathways and Resourcefulness," *Geographical Journal*, 182（2），（2016）：114-122；崔鹏、李德智、陈红霞等：《社区韧性研究述评与展望：概念、维度和评价》，《现代城市研究》2018 年第 11 期；彭翀、郭祖源、彭仲仁：《国外社区韧性的理论与实践进展》，《国际城市规划》2017 年第 4 期；申佳可、王云才：《基于韧性特征的城市社区规划与设计框架》，《风景园林》2017 年第 3 期。

动的单元，也是提供一系列危机和保护因素来影响社区居民福祉的在地环境。[1] 社区作为城市的基本组成单元，韧性社区则是城市韧性在更为精确的社区空间尺度上的演绎。韧性社区尚无统一的规定性概念，相关学者和政府机构对其认知概念的阐述，主要将其分为社区的韧性能力特点、韧性应对过程及韧性提升目标。因此，韧性社区可以被定义为社区全系统在面对外来冲击时候的稳定能力、恢复能力、适应能力、发展能力及不断加强的承受能力。韧性社区也可以被解释为一种遭遇灾害后通过以上各种能力应对并成功适应的过程。总之，韧性社区建设是社区可持续发展中必不可少的一环，也是社区规划与治理中提升对灾害和外来冲击力的应对能力和适应能力的目标。

二　韧性社区的认知框架

（一）多维度认知

从韧性社区的复杂非线性的概念演进中可以看出对其内涵的认知是多维度且跨学科的。不同学者或政府部门对韧性社区的评估维度有所不同，反映出当前对韧性社区认知的多样性特征。总体来看，韧性社区的基本内涵特点有着一致的认知，就是社区受灾前的积极准备、灾中的适应恢复及灾后的韧性应对能力提升的过程。社区韧性兼具软硬特征，可分为硬韧性（hard resilience）和软韧性（soft resilience）两大方面。硬韧性往往泛指环境韧性，但其中包含生态环境、建成环境和公共服务等多个子项目。软韧性包含经济韧性、社会韧性和制度韧性。在硬韧性中，生态环境韧性主要是指空气质量、水资源环境、绿地生态系统、生物多样性和地理地质条件等所带来的自然环境韧性。建成环境韧性条件如建筑质量与密度、开发强度、基础设施建

---

① Chaskin R. J. "Resilience, Community, and Resilient Communities: Conditioning Contexts and Collective action," *Child Care in Practice*, 14 (1), (2008): 65-74.

设、能源电力供应、网络通信供应、雨涝设施等。其中较为重要的防灾避难体系包括了开敞空间体系、生命线工程、避难所等。公共服务设施韧性主要是医疗服务资源、公共交通、物流服务网络等。尤其是基本保障型服务设施，在疫情期间发挥了关键作用。在软韧性中，社会韧性则分为个体韧性和集体韧性，个体韧性是每个社区特有的一种韧性，包括个体的健康状况、技能知识、防灾防疫意识、年龄结构、受教育水平以及个人的抗风险能力。集体韧性则由社区整体竞争力、文化水平、公众参与程度、社交网络等组成。制度韧性由社区组织或当地政府部门构成，其中的治理机制、资源管理、智慧平台建设、政府组织服务等统筹全维度的社区韧性，构建全方位的风险应对系统。政府或组织能够高效率高水平改善硬韧性，高标准提高软韧性，培育居民的防灾风险意识，促进社区经济和民众和谐发展。

社区韧性的各个维度的韧性存在广泛的相互联系。社区软韧性中的商业活动密集程度、住房价格水平、就业能力、贫困人口比重等因素构成了经济韧性，且受到社区硬韧性中各种要素的极大影响，例如建成环境条件和公共服务品质与社区的经济韧性密切相关。同时经济韧性与社会韧性相辅相成，相互支撑。社区所带来的经济活力能激活社区人与人之间的福祉和幸福感，而社会资本所带来的韧性能力又能辅助提升经济韧性。硬韧性通常可以直接性地在灾害特别是如暴雨、洪泛和地震等自然灾害来临前及时准备并完善，在外来冲击力到来时第一时间抵御和承受，灾害后较为容易地帮助社区快速恢复。由于软韧性所涉及的范围较广，社区前期建设容易忽略或并未形成而导致灾中适应和灾后恢复阶段的能力并不如硬韧性，但对社区整体韧性能力和恢复过程具有不可忽略的力量。

（二）多学科融合

从学科理念角度看，韧性社区理论认知是交叉融合的多学科研究，如生态环境学、灾害学、社会经济学、行政管理学、城市地理与城乡规划学等。正如韧性与韧性社区的概念演进一般，随着时间推移和时代背景不同，从最开始的工程韧性到生态韧性到灾害韧性再到演进韧性的多学科交叉式，对于

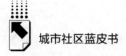

韧性社区的整体系统工程研究已然因地因时地开展。其中如社区基线韧性指数强调针对沿海地区的防洪防灾的韧性应对能力，侧重于灾害学研究和生态环境的监测。包括纽约市规划局出台的《沿海洪水抵御能力分区规划》中的《韧性社区规划研究》，结合多学科内容，综合提高受灾社区的洪水防灾能力。在过去三年，受疫情猛烈冲击的影响，无论是城市整体还是社区基层，都将防疫韧性建设提上了新的议程。这亦是一种韧性的演进与适应时代的表现，城市建设和治理与公共卫生和流行病学进行了更紧密的交叉融合。

（三）多路径认知

学者专家通常自上而下采用指标体系对韧性进行量化评估，具有普适性；而政府组织一般自下而上从现有的实际情况认知社区现实，再提出多类型韧性指标提升社区韧性，分阶段监测与评估，具有针对性。韧性社区框架中由专家建立并被广泛使用的社区灾害韧性指数（CDRI）、社区基线韧性指数（BRIC）以及韧性框架（PEOPLES）都建立了完整的指标评估系统。其中 CDRI 和 PEOPLES 框架针对所有的社区类型，并采用大量的官方或地方数据对社区的韧性进行量化研究。美国国家标准与技术协会出台的《社区韧性规划指南》、英格兰的规划部门和莱卡斯特大学合作研发并实施的《社区韧性规划项目》、加拿大不列颠哥伦比亚省正义协会出台的《社区灾害韧性计划》以及纽约市规划局出台的《沿海洪水抵御能力分区规划》则自下而上地针对受灾社区或者特定社区研究对象提出相应的符合地方或国情的认知框架。它们都是以当地社区为基础（community-based）。比如，美国联邦政府官方实施的《社区韧性规划指南》，该指南分为六步走：第一步是形成一个多方利益主体参与的合作团队，第二步是从社会维度和建成环境维度深入研究并定位社区现状，第三步是确定韧性提升的目标和方向，第四步是形成规划策略，第五步是规划文件准备、回顾和通过，最后一步才是实施计划和维护规划。根据国家国情和组织部门不同，韧性社区规划实施的强度和过程也不同，但基本都是以社区一手数据和实情为研究内容和维度进行的有针对性、因地制宜的韧性提升。又如，英格兰的《社区韧性规划项目》，针对九个特定社区，强调社区归属感和参与感，侧重于这几个社区居民的社会公平和共同治理。

三 京津冀地区的韧性社区建设进展

（一）韧性社区的相关政策

社区作为城市的基础组成单元，其自身的韧性发展与建设对构建韧性城市至关重要。国家层面的重视程度和政策制度的理念导向，以及地方层面的相应规划行动指南的出台与编制是影响韧性社区构建的关键因素。

在国家层面，面向生态文明建设的新阶段，按照全面建设社会主义现代化国家的战略安排，以推进碳达峰碳中和、形成绿色生产生活方式、实现高质量可持续发展、建设美丽中国为战略目标，《中华人民共和国国民经济和社会发展第十四个五年规划和 2035 年远景目标纲要》中首次以国家规划的形式提出建设"韧性城市"，并提出推进以人为核心的新型城镇化，加强城镇老旧小区改造和社区建设，增强城市防洪排涝能力，建设海绵城市等发展要点。此外，自然资源部组织编制了《社区生活圈规划技术指南》，聚焦社区服务、就业引导、住房改善、日常出行、生态休闲、公共安全六方面内容，提出建立评估—规划—实施—治理的全生命周期动态工作机制，关注整体协调的社区全要素统筹，强调社会多维力量共治共建，共同推进社区健康、韧性、可持续发展。

京津冀地区多地出台了有关韧性城市及社区发展建设的指导意见或行动计划。北京市、天津市以及河北省的国土空间总体规划中，均充分体现了韧性发展理念，将气候变化、公共安全和社会环境等不确定性风险影响积极融入国土空间规划编制，并且注重社区生活圈划定、社区基础设施建设以及社区安全可持续发展等问题。2021 年北京市印发了《关于加快推进韧性城市建设的指导意见》，其中提出到 2025 年建成 50 个韧性社区、韧性街区或韧性项目。拓展城市空间韧性，遵循"让、防、避"原则，逐步将各类广场、

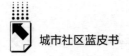

绿地、公园、学校、体育场馆、人防工程等适宜场所确定为应急避难场所。雄安新区在引导社区建设的控制性详细规划中高度重视韧性发展的理念，《雄安新区控制性详细规划》中提出坚持以预防为主、防抗救相结合，坚持常态减灾和非常态救灾相统一，高标准建设排涝、消防、抗震、人民防抗、应急避难、公共安全等设施，全面提升监测预警、预测预防、抢险救援、应急处置、危机管理等全过程综合防范能力。天津市出台了《天津新型居住社区城市设计导则》与《天津市老旧房屋老旧小区改造提升和城市更新实施方案》，面向 2035 的美好居住愿景，提出建设具有生命力，实现可持续发展的韧性社区；全面启动建成年代较早、失养失修失管、市政配套设施不完善和社区服务设施不健全、居民改造意愿强烈的住宅小区改造更新，通过完善社区建设环境及配套设施，整治社区及周边绿化、照明等环境等措施改善居民居住条件，提升社区人居环境，推进社区可持续发展。

（二）韧性社区的实践经验

韧性社区是城市公共安全的基础单元，在国家及地区出台的一些与韧性社区建设相关的政策制度与规划指南的指导下，京津冀地区开展了许多规划实践行动，积累了诸多韧性社区建设与治理的相关经验，具体主要表现在以下四个方面。

1. 环境韧性：注重社区空间与设施的冗余度和相互联结性

社区的环境韧性即支撑社区成员日常生活、工作的物质空间载体，包含自然空间、生态环境、建筑空间、基础设施以及智慧监测服务系统等。为应对不确定性风险的发生，空间与设施应具有一定的冗余度和相互联结性，在危机来临时使社区能够保持基本功能，并具有一定的机动和协调能力。近些年京津冀地区开展的老旧小区改造更新活动主要就是面向"住用安全、设施完善、功能齐备、出行方便、环境整洁"的社区环境韧性提升目标。如天津市河东区开展的老旧小区改造更新项目，工作涉及 12 个街道 37 个老旧小区，总建筑面积达 142 万平方米，直接受益居民达 3.5 万户，项目通过清理闲置用地、整合公共空间、增加公共绿地、保留现状苗木以及规范停车位等具体举措，改善了社区居住环境质量，提升了社区存量功能和环境韧性水平。

2. 经济韧性：为韧性社区创造多元化的经济形式

社区的经济发展水平表现为社区成员收入水平、产业多样性、创新活力水平等。经济韧性好的社区拥有更多资源和更强的适应能力，同时，社区成员具有更高的收入水平来抵抗风险增强适应能力。多元化的经济构成有助于提高社区韧性，多元化还指具有一定的冗余度，当某类经济活动受到影响或停止运转时，其他的经济形式可以进行替代。如北京市城市副中心借其发展建设契机，以改造社区、新建社区、搬迁社区等途径刺激实体经济，扩大内需，对冲投资下滑，提升经济韧性；同时，在实施社区建设更新的过程中，吸引社会机构和社会资本介入，拓展社区的既有经济活动形式，共同探索社区长效发展的创新机制与模式。

3. 社会韧性：制定韧性社区治理的全方位系统性举措

社会韧性是使社区成员形成合力提升自适应、自组织能力，促使社区系统由个体韧性向整体韧性蜕变。社区的社会韧性水平体现在居民个体和社区整体两个层面，社区个体韧性涵盖人口结构、知识技能、生活方式与储备物资等方面，社区整体韧性包括居民社会网络、社区归属感以及社会支持等方面。如在北京市石景山区广宁街道、朝阳区劲松街道以及海淀区清河地区的试点社区，引入规划师、社会组织与街道居委会、社区居民共同建设社区，通过汲取多元智慧、整合多方力量、共商共议解决社区的居住、文化、环境、设施等众多问题，尊重和激发社区居民的主体意识并培育其参与能力，有效推进社区形成可持续、自组织的长效运维机制。

4. 制度韧性：为韧性社区建设提供规则指导以及组织保障

韧性社区需有专门的机构进行统一领导、整体设计，实现"韧性社区构建制度化"，为社区建设提供强有力的规则指导与组织保障。良好的制度环境、规划方案、行动指南、应急管理系统以及治理方式能够指导社区管理人员与居民对事物进行前瞻性判断、应急性抵御以及适应性恢复，促进社区可持续发展。如雄安新区的建设十分重视安全韧性城市理念，在《河北雄安新区规划纲要》中指出要构筑现代化城市安全体系，要"牢固树立和贯彻落实总体国家安全观"。以该规划纲要为指导，雄安新区从突发事件、承灾载体、应急管理等维度出发，结合新区现状和发展规划，基于公共安全关键技术和大数据、人工智能等新兴技术，在街区尺度规划中提出搭建"规划—建设—运行"的全生命周期建设与管理框架，指导社区系统化、精细化、动态化地划定单元，进行分级管控与智慧监测管理。

四　未来韧性社区的建设方向与策略

根据京津冀地区的实践经验，大多数韧性社区尚在规划筹备中，在完整框架下实施的社区项目尚处于起步阶段。软硬兼具的韧性社区建设在京津冀地区的广大社区基层中还很匮乏，亦缺乏如国外各种建设政策指引下的具体实施路径。同时在认知方法上也还未形成系统化的评估体系，如人口—生态—政府服务—基础设施—社区竞争—经济—社会韧性框架（PEOPLES）。由于我国的韧性社区规划及相关政策起步晚，且多与"社区生活圈""健康社区""智慧社区"等社区发展概念存在重叠，需尽快多维构建韧性社区的正确认知与可行框架。虽然京津冀的实践中并未有非常全维度的韧性社区建设经验，但如北京冬奥社区、天津河东区老旧社区改造等项目已经能非常明显地体现出一至两个维度的韧性特征。无论是自上而下还是自下而上，都需要建立全维度的韧性社区认知框架，推而广之，积累每个社区的实践经验，不断修缮，最终形成一个具有行业标准的系统框架，因地制宜与各个社区相结合从而系统提高每个社区的韧性能力。从国内外韧性社区策略中能明显看出其分步走、全过程和全方位的韧性社区建设与治理。韧性社区的建立一定是在灾害或突发性公共安全事件前提前准备，在灾害发生中积累经验，调整策略，完善评估方法，再有针对性地对受灾社区韧性提升、全过程地评估修正，最终形成一个地方性或全国性的韧性社区建设或规划指南和标准。雄安新区搭建了"规划—建设—运行"的全生命周期建设与管理框架，系统化、精细化、动态化地进行智慧管控与管理，做出了高水平系统建设韧性社区的良好示范。未来京津冀城市应更主动积极开展韧性社区系统性建设，树立韧性的综合防范意识，软韧性与硬韧性相结合，多维构建韧性社区体系。同时韧性社区建设也应更加直面需求。韧性社区建设要更加重视特定风险，尤其是要强化对于各类病毒暴发风险的公共卫生健康方向的有效应对，在应对风险冲击的前—中—后期阶段，重视社区的有效预防、快速响应、调整和恢复能力建设，实现韧性社区建设管理的规范化和体系化。同时，随着对韧性社区认知的不断深入，决策者和研究人员也将能够进一步追踪典型社区实例的韧性变化情况，进而将社区韧性提升的方法与路径进行总结推广。

参考文献

Chaskin R. J. "Resilience, Community, and Resilient Communities: Conditioning Contexts and Collective action," *Child Care in Practice*, 14 (1), (2008): 65-74.

Robinson G. M., Carson D. A. "Resilient Communities: Transitions, Pathways and Resourcefulness," *Geographical Journal*, 182 (2), (2016): 114-122.

Tariq H., Pathirage C., Fernando T. "Measuring Community Disaster Resilience at Local Levels: An Adaptable Resilience Framework," In *International Journal of Disaster Risk Reduction*. Elsevier Ltd. 62 (2021).

崔鹏、李德智、陈红霞等：《社区韧性研究述评与展望：概念、维度和评价》，《现代城市研究》2018 年第 11 期。

申佳可、王云才：《基于韧性特征的城市社区规划与设计框架》，《风景园林》2017 年第 3 期。

彭翀、郭祖源、彭仲仁：《国外社区韧性的理论与实践进展》，《国际城市规划》2017 年第 4 期。

于洋、吴茸茸、谭新等：《平疫结合的城市韧性社区建设与规划应对》，《规划师》2020 年第 6 期。

陈文玲、原珂：《基于社区应急救援视角下的共同体意识重塑与弹性社区培育——以 F 市 C 社区为例》，《管理评论》2016 年第 8 期。

吴晓林、谢伊云：《基于城市公共安全的韧性社区研究》，《天津社会科学》2018 年第 3 期。

周霞、毕添宇、丁锐等：《雄安新区韧性社区建设策略——基于复杂适应系统理论的研究》，《城市发展研究》2019 年第 3 期。

B.8
中国城市智慧社区建设与发展报告

李婷婷　吴岚波*

摘　要： 作为智慧城市的基底，智慧社区是实现公共服务供给信息化和智慧化的新形态、新模式，是深化城市转型、实现可持续发展的重要突破口。智慧社区建设水平直接关系社区治理转型、增效和基层治理现代化的实现。经过十余年的探索，我国智慧社区建设在多年的地方实践中主要呈现出政府主导、多方参与，减负增能、精细便捷，试点先行、示范带动，以财政投入为主、以社会融资为辅，关注居民需求、消弭"数字鸿沟"，促进居民和社会组织参与、推动社区自治六大特点，同时仍然面临缺乏顶层设计，智慧社区服务行政化倾向明显，重审批、轻评估、轻监管，对财政投入依赖度高，社区工作者队伍存在结构性短板等制约智慧社区建设向纵深推进的现实问题。要推动我国智慧社区建设进一步发展并取得成效，需要从强化顶层设计，提高集约化建设水平，加快智慧社区服务体制机制创新，优化项目审批、评估和监督，强化公共财政保障，加强社区工作者的建设与培养等方面发力，采取切实措施。

关键词： 智慧社区　社区建设　社区数字化

---

　* 李婷婷，博士，中国民航大学经济与管理学院公共事业管理系副教授，主要研究方向为城市治理与社区治理；吴岚波，博士，河南大学地方治理研究中心副研究员，主要研究方向为社区治理与社会发展。

社区是基层治理的基本单元和核心组成部分，及时回应人民群众对美好社区生活的需求，是我国社区建设发展的题中之义。伴随着智能时代的到来，数字信息技术正在引发经济、社会、环境等各领域的系统性变革，智慧社区建设逐渐成为社区治理关注的焦点。从《中华人民共和国国民经济和社会发展第十四个五年规划和2035年远景目标纲要》，到中共中央、国务院《关于加强基层治理体系和治理能力现代化建设的意见》，再到国务院办公厅《关于印发〈"十四五"城乡社区服务体系建设规划〉的通知》，以及2022年5月民政部、中央政法委、中央网信办等九部门联合印发的《关于深入推进智慧社区建设的意见》，都对推进智慧社区建设提出了明确要求。以智慧社区建设为抓手，有助于推动社会治理和服务重心下移、资源下沉，提高基层治理能力，夯实基层社会治理根基。科学开展智慧社区建设，需要精确理解智慧社区的内涵和形态，探索经济高效的建设方式，建立合理的体制机制，破解建设面临的各种难题和障碍，防止低效无用和新的浪费。

一 智慧社区的提出、概念及相关认识

（一）智慧社区的提出

"智慧社区"（Smart Community）这一概念最早是在1992年由美国圣地亚哥大学通讯国际中心（International Center for Communication）提出。它是指一种依托信息技术、充分挖掘社区各类数据流，引导社区资金、能源、商业等资源要素优化配置，以更好地满足人们需求的社区建设模式。这种创新型的社区建设模式主要是为了利用迅速发展的信息技术来应对20世纪后期社会经济面临的复杂情境，满足居民对社区经济、社会、文化生活享有主导权的需求。2008年和2009年，随着IBM公司提出智慧地球（Smarter Planet）和智慧城市（Smart Cities）的概念，信息技术与城市治理的实践开始在全球推进，并逐渐形成了"智慧地球—智慧城市—智慧社区"的实践体系。

1999年12月，住建部颁布的《全国住宅小区智能化系统示范工程建设

要点与技术导则》中，对被视为智慧社区前身的"智能化小区"建设，提出要建立和完善安全防范、信息管理、信息网络这三个子系统。2013年科技部印发的《国家高新技术产业开发区创新驱动战略提升行动实施方案》中，明确提出"推广物联网、云计算等信息技术在智慧社区、智慧医疗、智能家居等服务领域广泛应用"，智慧社区首次被写入国家政策文件。2014年5月，住建部印发了《智慧社区建设指南（试行）》，系统提出智慧社区建设的总体框架及支撑平台，这标志着我国智慧社区建设迈出实质性步伐。同年8月，国家发改委、住建部等八部门联合印发《关于促进智慧城市健康发展的指导意见》，提出到2020年要建设一批特色鲜明的智慧城市，而智慧社区建设是其重要内容之一。

（二）智慧社区的概念

关于智慧社区的定义散见于各政策文件和相关的研究文献中，政界和学界对智慧社区的理解迄今仍存在一定的差异。

1. 政策文件对智慧社区的界定

我国智慧社区的建设起始于地方上的探索，上海、北京等地是国内智慧社区建设的先行者，也都曾就智慧社区建设编制相关的指南。2013年11月，上海市经济和信息化委员会、上海市民政局、上海市精神文明建设委员会办公室联合发布的《上海市智慧社区建设指南（试行）》将智慧社区定义为"在街道、镇、村等地理区域范围内，利用信息技术整合社区资源，为社区居民提供高效、便捷和智慧的服务"。关于智慧社区建设的主要内容，该指南概括为信息基础设施网络化、生活服务便利化、社区管理与公共服务信息化、小区管理智能化、家居生活智能化五个部分。2013年12月，北京市社会建设工作办公室联合民政局等单位印发《北京市智慧社区建设指导标准》，描绘了智慧社区的三大要素：一是凭借新一代信息技术，二是立基于社区生活相关诸信息资源的整合共享，三是居民生活的主要方式呈现出数字化、网络化、智能化、互动化和协同化。

在地区试点的基础上，自2014年开始，相关部委就智慧社区建设出台了一系列政策。在住建部印发的《智慧社区建设指南（试行）》中，除强调信息技术在智慧社区中的应用外，还指出了对公共管理、公共服务和商业服务等资源的统筹和基础设施建设"适度领先"的基本要求。2016年，民政部发布《城乡社区服务体系建设规划（2016~2020年）》，对智慧社区的建设目标予以明确：设施智能、服务便捷、管理精细、生态宜居。

随着智慧社区治理创新在各地的积极推进，为顺应智慧城市建设发展新目标、新要求，适应智慧治理新形势、新任务，党中央、国务院对社区智慧治理的关键命题做出进一步明确的规定。2017年6月，中共中央、国务院印发《关于加强和完善城乡社区治理的意见》，提出实施"互联网+社区"行动计划，加快互联网与社区治理和服务体系的深度融合。2022年5月20日，民政部、中央政法委、中央网信办等九部门联合印发的《关于深入推进智慧社区建设的意见》，将智慧社区定义为"充分应用大数据、云计算、人工智能等信息技术手段，整合社区各类服务资源，打造基于信息化、智能化管理与服务的社区治理新形态"。

总体看来，各级各类政策文件都关注到了智慧社区建设中智慧基础设施和智慧应用的建设与开发，但重点有所不同：住建部《智慧社区建设指南（试行）》要求构建智慧社区的政策标准和制度安全两大保障体系，民政部《城乡社区服务体系建设规划（2016~2020年）》强调社区生态宜居，党中央、国务院《关于加强和完善城乡社区治理的意见》特别关注社区智慧治理，民政部等《关于深入推进智慧社区建设的意见》则重点关注了智慧社区建设的重点任务和保障措施。

2.学术界对于智慧社区的界定

学术文献中对智慧社区概念大致是从技术、功能、形态三个维度来界定的。

从技术角度界定智慧社区，是将智慧社区定义为一种社区信息管理系统，强调信息技术及配套设备在智慧社区建设中的基础性作用，关注各种信息收集和处理等的终端设备、数据处理系统的开发、建设和适配。

从功能角度界定智慧社区，主要强调智慧社区是一种新的社区治理模

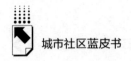

式，这种新的社区治理模式发轫于互联网技术对社区治理中资源整合、人际交流与社区服务效率的深刻影响。因此，区别于以往的社区治理，智慧社区是以信息服务系统为工作基础的，强调通过多元参与促进社区发展。

还有学者从社区形态角度定义智慧社区，认为智慧社区是建立在价值认同基础上的治理共同体，社区电子化、信息化、数字化、自动化等技术资源的投入有助于提升社区公共服务供需均衡的精准性，促进相关管理与维护成本的持续递减，提高居民的获得感和满意度。

国内学界和政界对"智慧社区"的理解和界定迄今并未达成完全一致，对于智慧社区究竟是一种社区管理信息系统，还是一种社区治理模式，抑或是一种社区形态，由于观察视角不同，各家观点并不一致。

从更具包容性的角度，本报告作出如下界定：智慧社区是实现公共服务供给信息化和智慧化的新形态、新模式，这种社区治理的新模式立基于新一代信息技术，强调资源和信息的整合化和管理数字化，关注服务场景化、交互化和精准化，重视服务品质精细化和民生保障的全面化，重视社区居民的体验感和感受度。

二　智慧社区建设呈现的总体特征

实践中，我国智慧社区历经多年的探索与建设发展，逐渐凸显出以下方面的特征。

（一）政府主导、多方参与

我国智慧社区建设的首要特征是政府主导，政府是推进智慧社区的主要规划者、建设者、组织者、投资者、运营者角色。政府的角色主要表现在四个方面：第一，从中央到地方各级政府均将智慧社区建设纳入重要议事日程，出台了一系列专项规划和标准指南；第二，智慧社区以市级政府统筹或街道联合社区自建为主，政府拥有辖区内所有社区综合管理和数据分析的管理权限；第三，建设领域以条线为主要口径，重点是公共基础数据库和数据资源平台建设，以智慧政务服务为主要的建设内容，兼顾生活服务和社区物业管理；第四，智慧社区建成后以政府运营为主。

智慧社区建设是一项系统性工程，其涵盖基础设施、综合信息服务平台、社区治理与公共服务、安全与运维保障诸方面，需要多方力量的共同参与和协作。从实践来看，政府和社区居委会在发挥主导作用的同时，也积极引导互联网服务企业、物业公司、第三方运营平台等市场主体和业主委员会、社会组织、居民等社会力量共同参与智慧社区建设，实现了社区服务供需主体直接交互、线上线下双向互动，优化了城市社区公共服务的供给结构。

（二）减负增能、精细便捷

目前，多数地区的智慧社区建设已作为治理手段和技术支撑应用于公共服务、社区治理、居民自治、社会创新、社会保障、政务服务、党建工作等多个场景，尤其在珠三角、长三角以及环渤海地区等经济发达地区，"减负增能、精细便捷"的治理成效已经显现。

"一表通""社区治理云平台""一网通"等在线办公、信息平台的使用，不仅提高了街道办和社区工作人员的工作效率和工作质量，减轻了基层工作人员负担，还在社区层面构建了精密智控与精准服务相衔接的全周期管理模式，推动社区治理和服务从经验判断型向数据分析型、从被动应付型向主动推送型转变，努力做到"数据通用、实战管用、基层好用、群众受用"，突出了数据支撑和科技赋能。

在社区智慧治理中，社区公共服务供给借助大数据技术和云计算平台，在教育文化、医疗卫生、防灾减灾、社会保障、劳动就业、住房保障、交通出行等社区公共服务领域设置了多样化、个性化的服务类别，在规模化分析居民需求的同时，制定智能化、个性化的服务清单，提供便捷、精细的社区服务。

（三）试点先行、示范带动

地方政府积极推动智慧社区建设和创新。广东省广州市在第一批"智慧社区"试点构建综合管理服务平台和服务标准体系；浙江省杭州市提出要规划建设"社区大脑"，并探索制定全国首个《社区大脑建设规划》，其中萧山某小区充分利用现代信息技术，如大数据、云计算等，搭建了浙江省第一个"8+N"智慧小区平台，智慧政务、智慧商业、智慧物业成为多数地区的主要试点领域。

在试点社区先行先试的基础上，各地也对推广试点、发挥示范突破带动作用给予高度重视。沿海城市、直辖市和各省级中心城市等智慧社区试点较早、发展较快的地区，十分重视评估试点社区的建设效果。这些城市努力总结试点社区的经验做法，把一些共性经验提炼成制度政策，同时加大推广力度，在更多的社区落地执行地方智慧社区建设制度。

（四）以财政投入为主，以社会融资为辅

财政投入是国内智慧社区建设最常见的注资模式。从投入主体来看，智慧社区建设资金大多数是由市、区两级财政负担。上级部门也为一些智慧社区建设示范项目拨付专项资金。公共财政资金主要用于试点社区的信息化建设、社区建设"以奖代补"、社区工作队伍建设、智慧民生项目等。

我国智慧社区深入推进带来了运营、维护、改造等方面巨额的、持续性的资金需求。东南沿海等智慧社区建设开展较早、发展较快的地区开始采用PPP模式。这种模式是政府通过与信息技术企业或通信网络运营企业签订合作协议、政府购买服务合同或者社区租用等方式，合作开发智慧社区。此外，在长三角等经济发达地区的实践中还出现了经济实力较强的城中村利用集体资金建设智慧社区，以及居民小区利用小区历年公共收益节余资金建设智慧社区的样例。社区投入也成为智慧社区建设的一种资金来源。政府引导下的多元化投入渠道已然成形。

（五）关注居民需求，消弭"数字鸿沟"

通过优化基础设施布局，建设社区基层信息化平台，以智慧政务 App 和智能服务终端机为载体的智慧社区可以全天候提供各种安全快捷的民生服

务。智慧停车、智慧安防、智慧消防、智慧医疗、智慧养老等应用场景，极大地提高了居民对智慧社区和智慧生活的满意感。

智慧社区建设同样关注了不同群体参与社区治理的差异化需求。一方面，为满足居民特别是年轻居民对便捷参与、及时反馈、快速回应诉求的治理需求，智慧社区提供了门户网站、政务微博群、微信平台、民情档案信息平台、各种 App 中嵌入的议事协商模块等众多线上治理形式，丰富民意收集渠道，征询居民需求，提高数据、信息的及时性和对称性，实现政府公共服务与民生需求的准确对接；另一方面，考虑到老年人、儿童等"信息弱势群体"和其他"脱网人群"的习惯和需求，在线上最大限度集成不同层级、不同部门、不同科室各类业务综合信息系统，确保"简便化"操作的同时，保留了线下办事窗口，并特别设立了"一站式"一网通办的便利化服务窗口，消弭"数字鸿沟"。

"线上+线下"动态联通不仅更方便居民提出自己的个性化需求，减少社区工作的盲目性，提高社区设施和服务的使用率，也有利于基层政府、社区工作者和居民之间建立互信，培育社区资本，更好地促进智慧社区发展。

（六）促进居民和社会组织参与，推动社区自治

社区智库项目建设、智慧"云社区"等一批契合社区特点和需求的智慧服务项目取得了积极的实践效果，推动了居民参与和自治，积极营造了社区公共空间。

在长三角、珠三角、北京等一些经济发达地区的实践中，助残、困难群体服务、智慧社工队伍建设、社区自治能力培养和自治金等社区项目培育、社会组织孵化和志愿者认证与管理等也成为智慧社区建设中的重要内容。特别是在探索较多、相对比较成熟的智慧养老实践中，针对养老助老服务多元化、多层次的需求，民政部门非常注意发挥社会组织的作用，推动对第三方社会组织的孵化、培育和聚集工作，以满足诸如孤老群体个性化帮扶方案等的需求，提高社区服务的专业化、社会化水平。

智慧社区建设实现了以"智治"促"自治"，在共建、共治中打造邻里

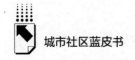

和睦、互助友爱、安全温馨的新型社区，培养智慧化的社会组织、志愿者、社区服务机构和居民，共享智慧社区治理成果。

三　智慧社区建设中存在的问题及原因分析

由上文可知，在实践领域我国很多地区开展了智慧社区建设的探索和创新，在理论研究领域学界也对智慧社区的研究逐步深化，这既能展现出我国智慧社区建设的成果，也预示着智慧社区建设的短板和瓶颈将被揭示。实践探索和理论研究都表明当前我国智慧社区建设还存在下列问题，亟须引起重视与关注。

（一）缺乏顶层设计

首先，全国层面指导智慧社区建设的政策文件尚未体系化。一方面，虽然《关于深入推进智慧社区建设的意见》对智慧社区建设的总体要求、重点任务和保障措施进行了明确，但总体来看，具体政策仍分散在"城市规划""综合管理""基层党建""社区治理""智慧城市建设"等领域；另一方面，相关政策法律尚未能完全与地方实践配套，这导致智慧社区建设缺乏技术标准、信息安全、数据公开等方面的制度性规范，面临着设备设施编码规则和数据标准不统一、信息平台的接入与协同不畅、难以联合决策、后期维护难、居民参与和接受程度低等问题，限制了智慧社区发展的广度和深度。

其次，政府各职能部门在智慧社区建设上的职责、权限、分工仍需进一步明确。一是智慧社区的建设责任散落在不同的部门，难以发挥整体性势能。二是各部门之间在工作协调上还未机制化和常态化，难以形成治理合力。三是各部门权责界限不清，且常常转嫁工作任务、"向下交办"，导致街镇和居委会的属地责任压力较大。部门职责交叉、不清、缺乏协调带来以下问题：不同政府职能部门间，甚至在某一部门内部不同业务科室间，多头自建的情况在区县一级普遍存在，智慧社区信息平台依照具体业务的不同单独开发，数量庞大、种类繁多、互不兼容，且多不能稳定使用；智慧软件重复建设率高，应用功能重复叠加，相互间交互能力低下；信息建设碎片化导致信息孤岛和信息烟囱层出不穷，技术数据壁垒严重，行政资源浪费，社区工作人员的人力资源重复消耗、效率低下。

再次，基层在设施、技术、管理和服务等方面的集约化水平仍有极大的提升空间。由于长期建设规划缺位、资金限制、跨部门横向数据相互融合程度低、资源互通困难、社区基础数据的收集与数据的实时精准尚未实现等的限制，基层数据平台支撑数据分析的能力不足。因缺乏具备及时性和开放性特征的数据支撑，基层大数据治理能力薄弱。对于智慧社区建设可能更为有用的"小微数据"被忽略，碎片化地沉淀在社区工作者、居委会的微信群、公众号等平台之中。街道与市、区各部门的数据尚未实现有效衔接，信息资源间仍缺乏关联性，不同企业提供的智慧产品间数据交换与共享存在困难，数据资源体系仍需进一步汇聚与整合。政府职能部门没有向基层开放数据权限，基层在智慧社区建设诸维度上的集约化水平仍然较低。

最后，地方因地制宜制定智慧社区建设方案的创新乏力、同质化严重。由于北京、上海、成都等"先发"地区智慧社区建设步伐在国内处于领先地位，许多"后发"城市纷纷效仿，并未根据当地资源禀赋量身制定智慧社区规划方案，在导致现存的智慧社区建设千篇一律、形异质同的同时，亦因未能突出本地社区的个性化风格和社区特色文化，未能做出准确的建设定位，使智慧社区建设难以有效推进。

（二）智慧社区服务行政化倾向明显

智慧社区服务的供给受到传统"以供定需"逻辑理念的支配，常局限于管理者视角，行政化倾向明显。

首先，从规划理念上看，各部门推进智慧社区项目时常常是基于部门管理便利性的考量（比如，建委推动的智慧社区项目中会监控土方车扬尘，因为它负责管理这个数据，但这个数据对于社区服务而言并无意义），依循"条线逻辑"，在规划智慧社区服务时，"以我为中心""以我为主"的现象较多，或多或少存在"包办"问题，对于"社区"本身的治理需求仍缺乏关注。

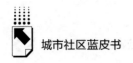

其次，从软硬件设计上看，智慧设施和各种系统平台的建设主要是上级主导、由上至下交付使用的，对于基层工作人员的期望、意见和建议吸纳不足，且智慧社区应用软件重复开发的情形较为严重。一方面，由于不了解基层繁复的业务及其流程，信息平台存在设计缺陷，且在使用的便利性上也仍有提升空间；另一方面，地级市之下的区县，甚至在一个区县内也存在不同的乡镇（街道）自行组织智慧社区基础设施建设和相关软件开发的情形，由于智慧场景和数据统计端口各异、不相兼容，居民参加跨区域活动需要安装多个智慧社区应用终端，这在实际上降低了居民对智慧社区的参与度和服务体验感。

最后，从资源与服务供给的角度看，缺乏对社区建设"社会性"的关注。从居民维度考量，这一方面是囿于多年来居民在我国社区治理中的主体性缺位，另一方面则是因为政府也缺乏尊重居民主观能动性的意识，没有以社区参与和服务居民为中心，政府与居民在社区治理的总体部署和具体建设思路上沟通不足，对群众需求和获得感缺乏考虑，导致智慧资源和服务供给与社区需求不匹配，社区信息化建设异化为"面子工程"，样板项目"外热内冷"。从社会组织维度考量，它们参与智慧社区建设的空间遭遇了显见的挤压，不仅常面临无法实质性地参与到智慧社区建设决策过程中的窘境，也常在智慧社区建设过程中被边缘化，无法将组织所掌握的专业服务和社会资源贡献其中。

（三）重审批、轻评估、轻监管

总体看来，目前智慧社区建设中存在重项目审批、轻运行评估的问题。但即便是相对被"重视"的项目审批，也仍存在形式化、规范性差、程序僵化等缺陷，需要进一步完善。其一，受技术信息不对称等因素影响，街道片面关注建设费用的审核，对于项目建设的实际价值和后期运维费用缺乏准确判断。其二，对建设费用的经费审核缺乏规范性，经常随意压缩项目建设经费的预算，导致项目设计、建设偏离预期目标，实际运营效果不佳。其三，审批程序缺乏灵活性。项目运营后如需改造或增加新的场景，需重走项目审批程序，延迟了项目运营功能的及时更新，降低了居民体验感。并且信息化项目建设财政申请每年只能申请一次，社区临时急需的技术等无法获得及时资助。

至于智慧社区项目运行评估，截至目前尚未形成有效的评估制度，评估工作缺乏规范化、程序化的约束。造成这种现状的原因有三点：一是国内智慧社区总体上处于建设和发展初期阶段，对其运行评估仍缺乏经验和认知；二是对智慧社区运行评估的重要性认识不足；三是受制于对智慧设施及其应用缺乏统一的行业标准，评估存在操作上的困难。

对智慧社区建设的监督也需加强和完善。智慧社区项目建设论证环节的科学化、规范化程度还不高，第三方机构主观、片面评估街道治理情形和居民需要，难以有效发挥对项目建设的约束和前期监督作用。此外，关于加强智慧社区运行监管的制度化规定也相当匮乏。

（四）对财政投入依赖度高

我国智慧社区建设从东向西、自大中城市到小城市呈现出明显的梯次差异，地区间的建设力度和发展水平相当不均衡。在行政等级较高、经济发展较好的大中型城市，以 PPP 模式吸收社会资金，共同参与智慧社区的基础设施投资、建设和运营的情形更为多见。有个别社区甚至能够自筹资金，自建平台建设智慧社区。但是在其他地区特别是经济欠发达地区，受到建设成本以及消费水平等制约因素的限制，智慧社区还没有形成广泛的适用共识，建设启动和运维均由政府承担。当智慧社区尚处于试验和导入阶段时，少数示范性智慧社区的建设资金由财政资金负担尚可承受，但随着智慧社区建设的全面铺开和智慧社区承载功能的愈加丰富，单纯依靠政府投入将难以支撑。

过于依赖政府投入，会导致智慧社区可持续发展能力不足。这一方面是因为当前我国正处于经济和财政收入增速放缓、政府机构人员和经费精简的时期，一旦政府的投入减少，智慧社区的建设和发展就会停滞；另一方面，由于缺乏有力监管，政府投入模式容易出现"重管理、轻服务"、资金低效使用等问题。

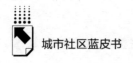

（五）社区工作者队伍存在结构性短板

相对于智慧社区建设带来的工作负荷，社区工作者总量不足。这种总量不足体现在两个方面。其一，智慧社区建设中资源共享不畅、社区负担隐性上升带来暂时性的、相对的人力资源不足。多种方式的数据采集，通过网络在线上报汇总审核已成为社区业务工作的常态。多个垂直政务系统均相伴行政服务而生，相互独立，形成物理性"信息孤岛"。海量、数据标准不一致的基础数据需要社区工作人员在多个政务系统分别录入，部门各自考核，大大增加了基层负担。加之承担着其他行政性工作和组织社区自治等事务，人员工作负荷显著增加，本就缺少社区工作者的社区更显人手不足。其二，受开发理念和技术条件的限制，目前社区中各种智慧服务项目的线下提供和最终提供还是要依靠社区工作人员，而现有实行总量管理、每400户左右配备1人的社区工作者员额标准显然不能满足智慧社区的发展需求，如果不能与时俱进进行修订，那么绝对性的人员短缺状况将持续恶化。

与此同时，面对智慧社区对个性化、精准化服务的新需求和高标准，社区工作者在专业结构、素质能力上的匹配性差。现有的社区工作者在专业化和职业化上距离这一要求还相差较远，特别是对于一些缺乏专门人才培训机构的欠发达地区来讲，社区工作者的专业素质更是难以保障。作为基层工作的第一线，社区工作者数量和质量两方面的结构性短板，将显著限制居民对智慧社区的实际体验感和满意度。

四 智慧社区建设的推进对策与发展建议

针对上述问题，要进一步推动我国智慧社区建设发展，需要从以下五个方面着手采取措施。

（一）强化顶层设计，提高集约化建设水平

第一，要加强顶层设计和规划引领。民政部等九部门印发的《关于深

入推进智慧社区建设的意见》提出智慧社区建设要坚持统筹规划的原则，要强化系统观念，整合现有资源，推动系统集成、数据共享和业务协同，打破信息壁垒，为基层赋能减负。为实现此目标，各地必须加强智慧社区建设的顶层设计，省市政府牵头制定智慧社区建设行动路线图，并征求多方意见，统一智慧社区建设的技术结构，并出台智慧社区建设的评价标准。以设区的市为单位，对智慧社区建设特别是社区服务基础设施运营等重点领域进行统一的规划。省级政府的职能部门则依据管理权限的划分，提前规划、分级、分块、分类指导和支持市、县级项目。

第二，要加强沟通协调，避免信息建设碎片化和重复建设。"共建基层治理数据库""基层治理数据资源共享""数据资源共享交换"是 2021 年到 2022 年间智慧社区建设相关政策文件的高频词汇。这一方面说明数据资源共享与交换的重要性，另一方面也意味着科层制中跨部门、跨层级、跨区域协调的旧桎梏限制了新技术的实际效用。信息技术的平台化运作需要以部门协同运行为支撑，才能真正发挥治理效用。

第三，以标准化促进集约化建设。首先，要对不同社区进行调查，摸清各社区在智慧化建设中的基本面和面临的主要问题，从资源、信息、流程等方面分别研究和制定切合实际要求的标准，对智慧社区建设的内容进行规范化。其次，要加强多方协作，加强政府与企业、行业协会等之间的沟通和合作，梳理智慧社区建设相关的应用规范和标准，推进规范和标准的合理化、制度化。最后，要推进智慧社区绩效评价指标及指标体系的构建，用以指导智慧社区的建设和运营实践。

第四，因社区制宜制定规划和建设方案。社区场景是各地打造智慧社区的基本依据。依据社区物理要素、社会要素和人文要素，响应社区居民的普遍性和特异性需求，匹配社区资源，因地制宜、因时制宜制定智慧社区建设方案，是破解智慧社区建设形同神异、杜绝资金无效浪费、提高居民感受度和认可度的关键所在。

（二）加快智慧社区服务体制机制创新

要以系统化思维统筹推进智慧社区的机制创新，以改革破解智慧社区建设的发展障碍，以创新激发智慧社区的动力活力。着力构建"市场机制有效果、微观主体有活力、宏观调控有力度"的智慧社区服务体制。智慧社区服务体制机制创新需要把握以下几个方面。

一是转变规划和建设理念，重视、尊重、回应社区本身的治理需求。首先，要重视居民、驻区企事业单位、社会组织、群众自治组织等在智慧社区建设中的主体地位，重视并学会运用互联网社交媒体，加强政府与其他主体间的交流和沟通，了解社区需求。其次，要规范政府权力清单和社区小微权力清单，对政府和社区权责分别予以明确，确保社区减负增效得以落实。在社区智慧化建设中，政府权责范围内的事项不得随意"下派"、转交给社区。此外，要关注社区特殊群体的需求，保证"信息弱势""技术弱势"人群的服务可及性。

二是重视使用者体验，建立健全智慧社区软硬件设备、设施、平台的设计和运作模式。智慧城市服务系统应延伸、接入社区，智慧社区软硬件系统的建设、运营应积极吸收基层工作人员的意见、建议和期望，以一线使用者的体验为基准，设计用户反馈机制，不断完善业务流程的系统设计，增强信息平台的使用适应性、便利性和流畅性，持续改进设计缺陷，优化软硬件设施，规避技术和信息安全等风险，以技术优化治理过程，为智慧治理营造条件。

三是营造社区场景，创新社区服务供给模式。把场景营造作为深化智慧社区治理的着力点，推动社区建设从工业逻辑回归人本逻辑，从生产导向回归生活导向，打造"宜业""宜居""宜商"等多元化社区新场景，推进社区场景与美好生活需求精准匹配，把智慧社区与居民需求紧密结合起来、与生活场景紧密结合起来。

（三）优化项目审批、评估和监督

一是优化项目审批。深化基层"放管服"改革，街道信息化建设减审批、强监管、优服务，信息化建设的审批权限适度下放街道，促进街道在智慧社区建设中的角色从重审批、轻监管转变为轻审批、重监管。强化街道在智慧社区建设中的主体地位，扩大街道在项目实施上的自主权，赋予街道对预算费用低于某额度的项目自主决定是否实施的权力，激励街道大胆创新。

二是明确项目评审内容，重视和鼓励项目运行中的多元监督。项目评审应注重项目目标与社区需求的吻合度、群众满意度，关注项目质量，不片面注重建设费用的审批，从论证内容的科学化、实用性、预期效益和评审程序的严肃性两方面把握项目评审，为智慧社区建设把好关。在项目运行过程中，也要积极发挥社区工作者、社区居民、辖区单位、政府等各方的监督与评价作用，切实保障智慧社区建设项目保质保量、效果不打折、服务不走样。

三是对智慧社区建设和运营常态化督查。首先是对政府及政府职能部门在智慧社区建设和运营中的督导和检查权责进行明确，并通过绩效评估的方式对政府及其职能部门的督查责任进行监控。其次是建立部门和层级间的常态化协作机制。最后是要对督导和检查制度化，出台和细化相关的规范性文件。

（四）强化公共财政保障力度

首先，要对智慧社区建设相关的政策资金进行整合，提高叠加效益。打破财政经费上的条块分割，提高信息化建设项目的资金利用效率和监管水平，加大省、市两级财政资金倾斜力度。

其次，坚持政府引导支持和市场有序参与有机结合。对智慧社区项目的具体内容进行细分，对基础性、公益性的社区智慧化服务，可通过财政投资、政府购买服务的方式开展和推进；对适合市场化运营的项目，推广应用PPP模式，引入市场机制，吸引各类社会资本参与项目投融资、建设和运营，确保智慧社区建设投入可持续发展。

最后，创新和拓展社会化投融资模式。例如，依托信息化公益项目，加强与金融机构的合作，也可以鼓励有条件的社区采取自筹资金等方式，推进本社区的智慧化建设。

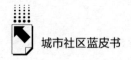

（五）重视社区工作者的队伍建设与能力培养

智慧社区的实现，社区工作者是关键，必须建设数量充足，具备专业性、综合性素质，能够胜任智慧社区工作的社区工作者队伍。

从数量扩充上考虑，一方面要改革和完善对社区工作者的工作激励、绩效考核和退出机制的制度设计，增强社区工作对人才的吸引力；另一方面要根据各地经济发展水平、智慧社区治理需求综合考虑，在财政能够承担的前提下，重新修订社区工作者的配备标准，放松社区工作者的总量控制。

从素质增强上考虑，一是要强化智慧社区工作者队伍的政策设计，将智慧社区建设的相关人才纳入社区工作者的招聘、培养、能力建设计划。二是鼓励高等院校、企业等合作培训、培养相关技术研发型和应用型社区工作者，培养储备智慧社区服务专门社会工作者。三是加大对智慧社区专业社区工作者的使用力度，组建社区"智慧社区专业社区工作者人才库"，开展专业智慧社区需求调查，确定社会服务项目并配套专项经费，为专业社区工作者发挥特长、开展专业社会服务提供广阔的舞台。四是把社区党组织书记、居委会主任纳入社区工作者的培训规划中，着力提高智慧社区建设领头人合理安排和推进工作、团结和动员社区居民、正确分析和处理复杂问题、运用现代技术提高综合服务群众的"四种能力"。

此外，智慧社区建设也要积极借用"外脑"，如聘请国内外专家、学者、企业家、专业社会组织，共同参与智慧社区服务信息化发展战略制订、重大关键技术攻关、重点工程项目方案评审、建设成果鉴定、智慧项目研发等工作，让社区工作者在合作中加深对智慧社区的理解和认识、提升智慧服务的工作能力和水平。

参考文献

原珂：《城市社区治理理论与实践》，中国建设工业出版社、中国城市出版社，2020。

张耘、胡睿：《超大型城市智慧化治理体系建设研究——基于整体性治理理论》，《行政管理改革》2018 年第 6 期。

夏雨：《行政立法中公众参与的难题及其克服》，《法治研究》2019 年第 2 期。

郑明媚、张劲文、赵蕃蕃：《推进中国城市治理智慧化的政策思考》，《北京交通大学学报》（社会科学版）2019 年第 4 期。

杨雅厦：《智慧社区建设对公共服务供给模式的变革及其优化研究》，《中国行政管理》2018 年第 11 期。

连玉明主编《中国大数据发展报告 No. 5》，社会科学文献出版社，2021。

闫建、高华丽：《"互联网+"背景下地方政府治理精细化研究》，西南财经大学出版社，2021。

B.9
北京智慧社区建设与发展报告

王伟 徐大鹏 单峰 梅一多*

摘　要： 社区是城市运行管理与服务的基本单元，是体现党和政府服务人民群众和基层治理能力的"最关键一公里"。智慧社区作为新时代社区治理的新模式，党中央给予了高度的重视。北京作为我国首都，城市治理与社区建设具有举足轻重的引领作用。本报告通过对2012年以来北京智慧社区建设工作的回顾，选择东城区、朝阳区、海淀区三个北京典型区级智慧社区建设实践进行分析介绍，并从"技术、制度、人"三元视角对北京智慧社区建设面临的挑战进行分析，最终提出以人民为中心的北京社区治理智慧化框架，从治理体制、治理能力、治理流程、治理内容四个维度进一步完善北京智慧社区建设工作。

关键词： 智慧社区　智能化　数字化　社区发展

社区是城市运行管理与服务的基本单元，是体现党和政府服务人民群众和基层治理能力的"最关键一公里"。智慧社区作为新时代社区治理的新模式，党中央给予了高度的重视。"十四五"时期，我国智慧社区建设进入提质增效的关键阶段，《中华人民共和国国民经济和社会发展第十四个五年规

---

* 王伟，博士，中央财经大学政府管理学院城市管理系主任、副教授，主要研究方向为空间规划与治理、大数据与城市精细化管理；徐大鹏，中关村科学城城市大脑股份有限公司董事长助理；单峰，博士，中国城市科学研究会数字城市工程研究中心常务副主任；梅一多，博士，中关村科学城城市大脑股份有限公司高级技术总监。

划和2035年远景目标纲要》在第16章加快数字社会建设步伐中明确提出分级分类推进新型智慧城市建设。随后，中共中央、国务院印发的《关于加强基层治理体系和治理能力现代化建设的意见》与民政部等九部门联合印发的《关于深入推进智慧社区建设的意见》，进一步对智慧社区建设提出高规格、高标准要求与部署。近年来我国智慧社区相关政策文件如表1所示。

表1 近年来我国智慧社区相关政策文件

序号	文件名称	发布年份
1	智慧社区建设指南	2014
2	关于促进智慧城市健康发展的指导意见	2014
3	国务院关于积极推进"互联网+"行动的指导意见	2015
4	国务院关于印发促进大数据发展行动纲要的通知	2015
5	国家信息化发展战略纲要	2016
6	国务院关于印发新一代人工智能发展规划的通知	2017
7	中共中央 国务院关于加强和完善城乡社区治理的意见	2017
8	数字乡村发展战略纲要	2019
9	绿色社区创建行动方案	2020
10	中共中央 国务院关于加强基层治理体系和治理能力现代化建设的意见	2021
11	"十四五"民政信息化发展规划	2021
12	"十四五"国家信息化规划	2021
13	"十四五"城乡社区服务体系建设规划	2021
14	关于深入推进智慧社区建设的意见	2022

资料来源：作者根据中国政府网政策库整理。

北京作为我国首都，城市治理与社区建设具有举足轻重的引领作用。面对习近平总书记提出的"建设一个什么样的首都，怎样建设首都"这一重大时代课题，北京市在智慧社区建设工作方面开展了一系列富有成效的工作，努力向国际一流的和谐宜居之都迈进。研究北京这样一个人均GDP接近3万美元的超大城市的智慧社区建设，不仅具有理论指导价值，而且具有重大的实践意义。

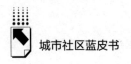

一 北京智慧社区建设回顾

2012 年 3 月 7 日，北京市人民政府印发的《智慧北京行动纲要》（京政发〔2012〕7 号）列入智慧社区建设任务，提出到"十二五"期末建成 1500 个智慧社区。2012 年 9 月 26 日，北京市社会办、经信委、民政局共同印发《关于在全市推进智慧社区建设的实施意见》和《北京市智慧社区指导标准》，其中《北京市智慧社区指导标准》中将北京智慧社区远景目标确定为将社区建设成为政务高效、服务便捷、管理睿智、生活智能、环境宜居的社区生活新业态，实现 5A 模式"智慧家园、幸福生活"，使"任何人（Any one）、在任何时候（Any time）、任何地点（Any where）、通过任何方式（Any way）、能得到任何服务（Any service）"。该标准按照"便民、惠民、利民"的原则，给出指导标准结构，包括 5 个一级指标、16 个二级指标、46 个三级指标，包括智慧社区基础设施、智慧社区服务、智慧社区管理三个方面内容，目标是实现社区居民"吃、住、行、游、购、娱、健"生活七大要素的数字化、网络化、智能化、互动化和协同化。之后，北京市智慧社区试点建设工作全面启动，到 2015 年底全市共建成 1672 个星级智慧社区。

2016 年，北京市发布了《北京市"十三五"时期社会治理规划》（京办发〔2016〕43 号），提出关于智慧社区建设的任务是，到"十三五"末，将完善服务社区居民的"最后一公里"，目标是围绕社区就业、社会保障、养老助残、卫生计生、文化教育体育、流动人口、安全、环境美化、便民利民和志愿互助等十大服务体系在"一刻钟社区服务圈"基本实现全覆盖。推进"三网融合""网格化+"行动计划全面启动。在此过程中，北京市按照《北京市智慧社区认定管理办法》和《北京市智慧社区指导标准》开展星级智慧社区评定工作，根据具体指标分为五个级别。2013 年经过区县自评、互评、网上公示等流程，北京市认定首批 524 个星级智慧社区，2015年经认定获评的星级智慧社区达 949 个。

2021年作为"十四五"开局之年，北京市进一步深化开展了新型智慧社区建设的部署工作。2021年3月，北京市经信局专门印发了《北京市"十四五"时期智慧城市发展行动纲要》，提出"到2025年将北京建设成为全球新型智慧城市的标杆城市"，并明确要求"推动基层治理模式升级"和"推进智慧平安小区行动计划"等。2021年7月，北京市委市政府印发的《北京市关于加快建设全球数字经济标杆城市的实施方案》中进一步提出"数字化社区建设工程"，并明确要求"构建超大型城市社区数字化治理模式"等。至此，北京市智慧社区建设进入了新的发展阶段。

二 北京智慧社区建设典型实践

（一）东城区智慧社区建设实践

东城区位于北京市中心，具有首都政务服务重要承载区、历史文化传承发展示范区、世界著名文化旅游区、国际知名商业中心、北京高端服务业集聚区等多重区位优势和重要地位。东城区以"为民、便民、惠民、安民"为宗旨，围绕建设"国际化现代化新东城"的战略目标，以网格化、精细化为特点，以物联网、云计算、大数据等新信息技术应用为手段，以满足公众日益增长的现代化服务需求为目标，着力打造富有东城特色的智慧社区，实现社区基础设施高端化、政府服务协同化、社区管理智能化、公共服务网络化、居民生活现代化、社区服务集成化，为居民提供更加安全、便利、舒适、愉悦的生活环境，让居民生活更智慧、更幸福、更安全、更和谐、更文明。东城区智慧社区建设框架如图1所示。

近年来，全区各相关部门、各街道和社区从上下联动的公共服务系统建设，多元民生服务资源集成利用，智能化、信息化的功能性系统平台研发应用，完善运营与保障措施等不同方面促进智慧社区建设不断深入，并围绕智慧社区建设形成一套强化统筹协调、制定扶持政策、加大资金投入、加快人才培养等的长效机制。

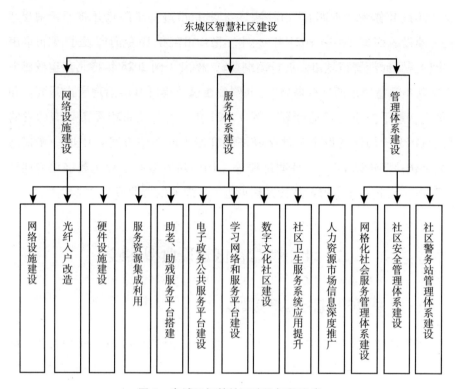

图 1　东城区智慧社区建设框架示意

（二）朝阳区智慧社区建设实践

朝阳区 470 平方公里辖区面积内现有 24 个街道办事处、19 个地区办事处（乡），截至 2021 年，常住人口为 344.9 万人，是北京市人口最多的地区，社区数量多，社区人口密度高，流动人口多，城乡之间发展不均衡，资源承载超负荷，城市管理压力巨大，面临着社会组织化程度还不高，城市精细化管理水平有待提升，城乡居民的生活观念、生活方式与城市发展要求还有差距等问题。面对农村城市化、城市现代化、区域国际化同步推进的现实挑战，亟须创新城市管理模式。

1. 朝阳区智慧社区建设工作原则

资源全整合：完善"智慧社区"信息资源数据库体系。按照统一的数据采集和交换标准，统筹建设共享交换平台和信息资源管理平台，加强人口、空间、管理服务对象、各类感知设施、服务资源等基础资源库的建设和应用，并推动其向云服务模式发展。围绕重点需求，大力支持主题信息库建设、共享和应用创新。

社会全参与：应用系统工程理论和方法，发挥社会各方面优势，加强协同与合作。结合各社区实际情况和特色，充分动员政、产、学、研、用等社会力量参与建设与运营，规范服务市场，推动"大外包"机制。

信息全联通：建设高速泛在的信息高速公路。提升包括政务网络、公共网络、物联网网络、无线网络在内的信息网络建设水平，推进三网融合。整合部署社区、公共场所服务终端，推动各类服务信息的共享接入，同时加强网络安全和信息安全保障能力建设。

过程全监督：智慧社区建设接受全过程、全方位监督。全面建立电子监督与监察系统，建立智慧社区第三方评估机制，按照责任和任务分工，开展工作考核和发展水平评估，将考核评估内容纳入单位、部门和干部工作绩效考核范围。

2. 朝阳区智慧社区建设的主要思路

一是与社区基层业务和需求紧密结合，二是与信息化基础设施提升相结合，三是与全模式社会服务管理创新相结合，四是与机制改革和流程再造相结合。

3. 朝阳区智慧社区建设典型案例

（1）数字化社区建设：双井街道大脑实践

双井街道位于朝阳区中西部，辖区面积 5.08 平方公里，现有 13 个行政社区，常住人口 10.6 万人。随着城市的不断转型和发展，双井街道从新中国成立初期的老工业基地转型成为 CBD 商务生活服务功能区、文化创意产业延伸区、城市升级更新先行区。街道人口众多，路网密集，商业发达，服务便利，人口及文化活力旺盛，是个典型的商品房居住街区。

2019 年 7 月，双井街道成为中国被纳入国际可持续试点的第一个社区级区域。为实现街区可持续发展水平的有效提升，双井街道在联合国人居

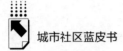

署、中国城市和小城镇改革发展中心的培育支撑下，以街道为单位开展可持续发展试点社区的系统实践，实现了各个维度可持续发展水平的显著提升，并在实践过程中实现了一系列治理创新。

其中，通过技术创新，双井街道在其责任规划师团队——北京城市象限科技有限公司的技术支撑下在北京率先建成了街道大脑系统。与主要面向市区级层面的其他大部分试点不同，双井街道大脑是首个面向基层治理的大脑应用，通过数据底座建设、核心平台构建和应用场景营造，系统支撑了双井可持续发展社区试点实践中的各项行动计划以及街区更新、民生保障、社区参与等各项基层治理工作，实现了对超大型城市社区数字化治理模式的有效探索。

双井街道借助信息化和全媒体手段打造的线上线下紧密互动的虚拟公共平台"13社区"，推出"双井社区卡"，打造线上居民服务、参与平台，并充分联动线下党群服务中心、社区活动中心等实体服务空间，初步打造了包含实体空间建设、服务平台建设、运营服务的联动智慧邻里场景（见图2）。

图2　双井街道"13社区"构成示意

在智慧低碳场景维度，双井街道开展了多项试点工作，包括将综合环境传感器安装在城管综合执法车上，实时感知街区环境异常问题，实现了环境问题的主动响应、未诉先办；开展"井点"二号建筑设施微更新建设，通过智能回收装置引入、再生资源艺术教育展览和社区实践运营等工作，将闲置的街边门面房改造为一个智慧化的社区服务和文化活力枢纽等。在第四届国际城市可持续发展高层论坛上，双井街道获得由联合国人居署中国办公室颁发的国际可持续发展试点社区证书。

（2）打造国际化智慧社区：麦子店街道品牌服务实践

麦子店街道辖区面积6.8平方公里，常住人口3.5万余人。作为20世纪80年代发展起来的新型街区，麦子店街道拥有众多的国际化资源，并成为地区独有优势。麦子店街道将国际化社区作为社区建设工作目标，搭建国际化社区安全体系及公共服务体系框架，形成了一系列国际化的特色服务品牌。

"麦园任我行"双语特色数字沙盘。数字沙盘对分布在辖区的购物、房产、金融、美食、医药、驾车、旅游等所有服务资源进行双语展示，拓展服务资源信息的集成方式，为居民提供便民生活信息搜索服务，推进社区服务资源信息集成利用，同时实现对"路路通""麦乐团""医指通""平安途"等特色品牌的服务支撑。

"路路通"倡导居民绿色出行。在麦子店社区服务网地图上标注大街小巷、天桥环路、公交地铁站点、公共自行车租赁点，并实时发布辖区内路况信息和站点周边设施运行情况，为居民提供最详细便捷的出行路径查询。

"麦乐团"网聚优质优价优品。在麦子店社区服务网实时采集和发布蓝色港湾国际商圈、燕莎亮马店等大型商圈打折优惠信息，与辖区内餐饮、健身、美容、娱乐等多种服务商对接，发布团购信息。居民可通过注册登录麦子店社区服务网申请各种团购券，凭收到的手机短信到店享受优惠服务。

"医指通"方便居民求医问药。在麦子店社区服务网地图上标注辖区内所有药房、社区卫生服务站、医院的具体位置，附注药房介绍、营业时间、联系电话等。与即将运行的麦子店社区卫生服务中心对接，增设网上预约挂

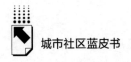

号服务，及时发布医院各科室约诊人数及出诊医师情况介绍等。居民也可对全市各大医院进行网上预约挂号，实现信息共享，方便居民就医。

"平安途"指导居民应急避险。在麦子店社区服务网地图上用双语标识辖区内风险源、室内外防灾减灾过渡性安置场所、避险路线等防灾减灾内容。同时，对街道办事处、居委会办公地点，各社区防灾减灾机构、社区志愿者队伍等内容进行详细描述，为防范突发事件和减轻灾害造成的人民群众生命、财产损失，组织群众开展自救和互救，提供了先进的技术支持。

（三）海淀区智慧社区建设实践

从 2013 年启动"智慧海淀"建设以来，海淀全区以建设智慧城市为契机，创新政府服务管理，优化城市运行模式。作为国家自主创新示范区核心区，围绕海淀区城市治理的重大问题和经济转型升级的薄弱环节，以云计算、大数据、"互联网+"等先进技术手段与海淀区城市治理融合为抓手，以构建海淀区"城市大脑"为主攻方向，加速海淀区城市治理、产业升级、民生服务与信息化的深度融合，实现海淀区的跨越式发展。

自 2018 年着手推动建设"城市大脑"以来，一直将其作为构建新型城市形态的龙头工程和重要抓手，目前已确立了一张感知网、一个智能云平台、AI 计算处理和大数据两个中心以及 N 个创新应用的"1+1+2+N"总体架构，并取得阶段性成效。智慧社区作为海淀区城市大脑的重点应用场景，取得一系列显著的成果。在此，以海淀区北坞嘉园智慧社区试点项目为例进行简要介绍。

海淀区北坞嘉园智慧社区试点项目以"共治、共享、共建"为原则，围绕街镇对小区安保（安全）、人员管控、社区管理与服务等问题展开建设工作。目前在主要出入口（小区出入口、楼栋单元）、主要通道（消防通道、主要路口、路段、地下室）、主要区域（岗亭、公共场所、小区重点关注部位、供电设备箱、消防设施、电梯轿厢等）部署视频监控、人脸识别、车辆识别、智慧门禁、环境监测、消防水位监测、消防水压监测、红外对射、智能烟感、有毒有害气体监测、燃气泄漏监测、水质监测等感知设备。

这些感知数据传输到海淀区智慧社区平台，完成小区内感知数据的汇聚，实现"物联网发现问题、信息化解决问题"的目的。从公共安全、公共管理、公共服务等维度，实现设备共享、数据共享、服务协同，构建安全、高效、便捷的社区生活环境。服务政府、服务物业、服务老百姓，助推街镇治理创新和社会治理现代化。

一是在小区周界场景安装红外对射设备，当外来人员翻越围墙、栅栏时，探测器会立即将报警事件数据上传到平台，智慧社区平台将报警信息及时通知工作人员，业务系统快速响应。此场景的建设实现了小区公共区域的智能化管理，有效防止入室盗窃、翻墙入院等治安案件的发生，实现小区周界实时动态监测，支撑街镇对小区的公共安全管理工作。

二是在小区出入口场景安装人脸识别设备（人脸识别分析仪、陌生人聚类分析仪）、车牌识别设备、智能测温设备。利用摄像机采集含有人脸的图像或视频流，利用车牌识别设备对进出车辆进行识别（获取车辆车牌号、入/出状态，入/出时间，入/出地点等数据），支撑街镇对小区人员（常住人员、陌生人员）、车辆的动态管理，有助于防止外来人员和车辆的进入，降低小区治安案件的发案率。

三是在小区主干道场景安装部署安防枪机和人脸识别设备，通过采集视频数据、人脸数据，获取小区内主干道监测数据，结合地图，对小区内主干道进行标注，展示监测数据。此场景的建设有助于保障小区居民的人身和财产安全，有助于遏制小区一些人的不良做法，加强街镇对小区的公共安全管理，降低治安案件的发案率，提升小区的公共管理水平。

四是在消防通道场景安装部署违停球机和普通枪机，监测消防车通道、安全出入口是否通畅，如有占用情况发生，及时将占用车辆的车牌号码和视频数据上传到平台，业务系统快速响应。此场景的建设有助于遏制小区居民或者临时车辆占用消防通道的违法行为，有助于消除消防安全隐患，通过智慧社区平台的智能化管理，第一时间消除隐患，提升老百姓的安全感、幸福感、获得感和满意度，提升街镇对小区公共安全管理的水平。

五是在窨井区域安装窨井防护网，防止行人掉入造成伤亡，最大限度地

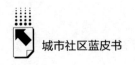

保障行人出行安全。此场景的建设有助于提升街镇对小区公共安全管理的水平。

六是在小区内重点关注部位安装视频监控、智能烟感、水质监测、有毒有害气体检测、燃气泄漏检测设备，通过采集视频数据、报警数据及时上传智慧社区平台，业务系统快速响应。此场景的建设有助于加强小区内公共设施、公共区域的安全保障，提升街镇对小区的公共安全、公共管理、公共服务的水平。

七是在地下室安装视频监控设备，通过采集视频数据、报警数据及时上传智慧社区平台，一旦发生异常，业务系统快速响应。此场景的建设有助于保障小区居民的人身和财产安全，加强街镇对小区的公共安全管理，降低治安案件的发案率，提升小区的公共管理水平。

八是在环境监测场景安装在线环境监测设备，采集 $PM_{2.5}$、PM_{10}、噪声、风速、风向五项数据，及时上传智慧社区平台，一旦发生异常，业务系统快速响应。此场景的建设有助于政府部门加强小区污染源监督，通过监测粉尘点及噪声、风速、风向指标可判断出小区哪些区域污染严重，找出原因进行整改。加强街镇对小区的公共服务管理，提升老百姓的满意度。

九是在供电设备箱场景试点了用电安全监测设备，利用安全的用电设备实时监控配电箱内的用电情况（电压、电流、剩余电流、温度等），一旦发现电压、电流、温度、剩余电流数据异常立即上传数据到智慧社区平台，业务系统快速响应触发报警，通知相关人员到现场进行及时的处理。此场景的建设有助于消除用电设备设施安全隐患，通过智慧社区平台的智能化管理，及时排除隐患，第一时间消除隐患，提升老百姓的安全感、幸福感、获得感和满意度，提升街镇对小区公共安全管理的水平。

十是按照"共建"原则，由第三方企业安装智能垃圾箱设备，该项目可以将监测数据统一接入海淀区智慧社区平台。此场景的建设有助于加强开展垃圾分类、垃圾减量和无害化处理工作要求的落实，提升小区的公共服务管理水平。

十一是消火栓箱场景安装设备，通过采集水压、水位等数据，及时上传智慧社区平台，一旦发生异常，业务系统即快速响应。此场景的建设有助于消除消防设施安全隐患，通过智慧社区平台的智能化管理，及时排除隐患，第一时间消除隐患，提升街镇对小区公共安全管理的水平。

十二是按照"共建"原则，由第三方企业安装智能电梯监测设备，通过采集电梯困梯报警数据、不文明行为报警数据，及时上传智慧社区平台，一旦发生异常，业务系统快速响应。该项目可以将监测数据统一接入海淀区智慧社区平台。此场景的建设有助于消除电梯安全隐患，提升老百姓满意度，降低公共安全事件的发生率，提升街镇对小区公共服务、公共安全管理的水平。

十三是在单元门安装智能门禁、采集监控和回放图像数据，另外安装RFID感应设备收集门禁钥匙信息，与钥匙的实名制人员信息相关联，获取住户信息以及人流量信息。在门外侧安装智能门禁，将所有进入单元的人员的人脸信息采集下来，并将数据上传到智慧社区平台，一旦出现异常情况及时预警。此场景的建设有助于防止陌生人尾随进入单元门，有助于消除公共安全隐患，一定程度上遏制房屋中介无限制随意进入小区和住宅单元楼，加强街镇对小区的公共安全管理，降低治安案件的发案率，提升小区的公共安全、公共服务管理水平。

三　北京智慧社区建设展望

经过十余年的发展，北京智慧社区建设取得一系列成绩，治理体制不断完善，党建引领、多元主体参与、社会资本赋能；公共服务日益联通，"街巷吹哨，部门报到"机制中12345市民服务热线"接诉即办"将基层管辖权属清晰的群众诉求直接派给相应街道进行处理，具有系统完整的工作流程，也可以实现全市层面的整体数据监督和量化评价；应用场景不断丰富，从智慧交通、智慧物业到智慧家居、智慧办公、智慧门禁，社区展现出承载人们生产生活无限可能性的优势。然而在成绩面前，依然需要理性地认识到在权力下沉基层、技术应用提升、高效便捷管理的同时，警惕陷入技术制度

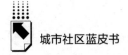

不配套、智慧发展剑走偏锋、人民群众幸福感和获得感未实质性提升等一系列困境中。

本报告认为未来北京智慧社区建设应超越技术与社会二元分析范式的局限，寻求"人、技术、制度"的三元稳定架构，为此提出构建以人民为中心的北京社区治理智慧化框架，从治理体制、治理能力、治理流程、治理内容四个维度智慧化入手，进一步推动北京智慧社区建设走向深入（见图3）。

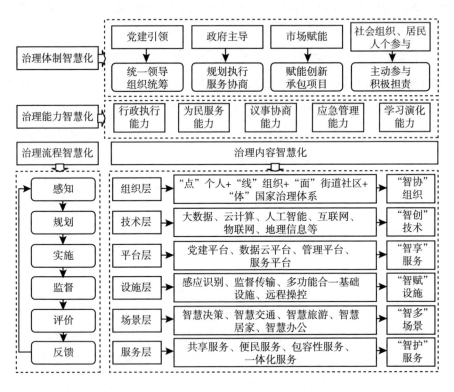

图3　以人民为中心的北京社区治理智慧化框架

最终，北京智慧社区建设将形成全周期管理闭环、全领域智慧治理、全方面智慧应用，助力北京基层治理体系和治理能力现代化，成为中国特色人民城市与智慧城市互动共生的一面旗帜。

参考文献

《智慧北京行动纲要》。

《关于在北京市推进智慧社区建设的实施意见》。

《北京市智慧社区指导标准（试行）》。

原珂：《城市社区治理理论与实践》，中国建设工业出版社、中国城市出版社，2020。

梁丽：《"十三五"时期北京市智慧社区建设创新发展研究》，《电子政务》2017年第12期。

郝宇青、王海建：《人工智能进入基层社会治理的限度》，《苏州大学学报》（哲学社会科学版）2021年第5期。

彭勃：《智能技术赋能基层治理：新问题与新机遇》，《国家治理》2020年第26期。

陈水生：《技术、制度与人本：城市精细化治理的取向及调适》，《山西大学学报》（哲学社会科学版）2021年第3期。

朱亮、唐亚平、王正：《全民战"疫"形势下智慧社区体系架构完善的思考》，《中国管理信息化》2020年第21期。

杨雪妍、冯丹娃：《智慧社区信息化建设研究热点及发展趋势探析》，《情报科学》2021年第12期。

王思聪：《基于信息技术的智慧社区整体框架和功能实现》，《科技视界》2019年第23期。

宋晓娟、王庆华：《智慧社区：主体间新关系与治理新形态》，《电子政务》2020年第4期。

姜晓萍、张璇：《智慧社区的关键问题：内涵、维度与质量标准》，《上海行政学院学报》2017年第6期。

王伟、王瑞莹、单峰、徐大鹏：《中国特色未来城市：人民城市与智慧城市的互构体》，《未来城市设计与运营》2022年第1期。

专题报告
Special Reports

B.10
北京市朝阳区老年友好型社区
建设发展报告

耿云　马梦娇*

摘　要： 老年友好型社区建设是党和政府应对人口老龄化和快速城市化、促进老龄事业发展、提高老年人生活质量的重要举措。2021 年 3 月，为深入贯彻落实积极应对人口老龄化的国家战略，推进老年友好型社区建设，北京市卫健委办公室、北京市老龄委办公室下达了《关于开展 2021 年全国示范性老年友好型社区创建工作的通知》，对充分调动社会各方力量参与老年友好型社区建设做出重要部署。朝阳区作为北京人口总数及老年人口数量最多的区，在人口结构进入深度老龄化阶段，其为发展积极老龄化、缓解社会养老压力所采取的推动老年友好型社区建设的做法在北京市具有较强的代表性和研究价值。

---

* 耿云，中央财经大学政府管理学院副教授，主要研究方向为基层治理、公益慈善；马梦娇，中央财经大学政府管理学院硕士研究生，主要研究方向为社区治理。

关键词： 老年友好型社区　健康社区　社区发展　社会参与　人口老龄化

老年友好型社区建设是党和政府实施积极人口老龄化战略的重要举措，是解决既有社区高龄、失能、独居和空巢老年人居住生活问题的重要抓手，是提高老年人生活幸福感的重要环节。北京市卫健委办公室、北京市老龄委办公室于2021年3月下达了《关于开展2021年全国示范性老年友好型社区创建工作的通知》，为深入贯彻落实积极应对人口老龄化的国家战略，充分调动社会各方力量参与老年友好型社区建设做出了重要部署。朝阳区人口总数及老年人口数量在北京市均为最多，其推动老年友好型社区建设的做法具有较强的代表性，探究其如何建设和发展老年友好型社区在人口结构进入深度老龄化阶段具有重要意义。

一　老年友好型社区建设发展概况及朝阳区建设思路

老年友好型社区是指对老年人实行环境友好的社区，体现的是一种人与社区友善的居住形式。老年友好型社区是从老年人群体居住、健康、社会参与等角度出发，为老年人安度晚年创造安全、舒适、优美的居住支持环境，从而促进老年人身心健康、实现积极化养老和在地养老的一种新型居住形态。

（一）老年友好型社区建设的发展概况

从全国层面看，我国老年友好型社区建设可分为起步探索、试点推进、快速发展三个阶段。

第一阶段是起步探索阶段（2000~2009年）。我国于1999年进入人口老龄化社会之后，党和政府采取了一系列措施积极应对人口老龄化，养老服务的受益人群不再局限于"三无"老人和失能失智老人，而是扩展到全体老年人，城乡适老化环境建设的对象从专业养老机构扩展到普通居住环境。

第二阶段是试点推进阶段（2009～2016 年）。2009 年，由老龄委主导的"老年宜居社区"和"老年友好型城市"建设试点工作在全国部分城市拉开序幕，老年友好型社区建设开始在全国部分城市试点。2015 年，修订后的《中华人民共和国老年人权益保障法》明确提出"国家推动老年宜居社区建设，引导、支持老年宜居住宅的开发，推动和扶持老年人家庭无障碍设施的改造，为老年人创造无障碍居住环境"。

第三阶段是快速发展阶段（2016 年至今）。2016 年，全国老龄办、发改委等 25 部门联合发布《关于推进老年宜居环境建设的指导意见》，提出重点加强住、行、医、养等硬件设施环境的优化，最大限度保障老年人的生活独立、功能维持和社会融入，老年友好型社区建设进入多部门统筹推进阶段，重视程度不断提高。2020 年，国家卫健委、全国老龄办发布《关于开展示范性全国老年友好型社区创建工作的通知》，明确将住房适老化改造、社区更新、交通出行等列为老年友好型社区创建内容，并提出 2020～2035 年四个阶段各地创建老年友好型社区的时间表、任务、目标与标准，全国老年友好型社区建设全面加速。

（二）朝阳区老年友好型社区的建设思路

1. 分阶推进，试点先行

我国老年友好型社区建设目前处于快速发展阶段，从政策体系来看，全国层面相关专门性政策涉及面广，政策体系处于不断完善的过程中，如何聚焦问题、分阶推进有待各地结合实际积极探索，朝阳区亦不例外。

2020 年以前，朝阳区主要打造区级、街道、社区三级养老服务网络，逐渐将专业养老服务向家庭延伸，发展医养结合。2021 年 3 月，北京市卫健委办公室、北京市老龄委办公室下达了《关于开展 2021 年全国示范性老年友好型社区创建工作的通知》，在北京市全面开展老年友好型社区创建工作。从朝阳区的情况看，作为国家居家和社区养老改革的第四批试点区，朝阳区将科学园南里六区、劲松北社区等作为试点社区，积极响应北京市政策开展"街乡老年宜居环境示范区改造"活动。被选定的试点社区以老年人的迫切需求为出发点，注重改造和完善老年人公共活动空间，在社区内增添老年人配套设施，打造和谐社区邻里关系，增强了老年人的安全感、获得感和幸福感。改造试点社区取得突出成效，尤其是"劲松模式"形成了全国层面的影响力，逐步为朝阳区老年友好型社区建设提供了可资借鉴的宝贵经验。目前，朝阳区老年友好型社区建设正处于从试点起步向经验提炼、逐步拓展的升级转型阶段。

2. 立足需求，优化服务

从人群特点来看，老年友好型社区建设面向全体老年人，但优先保障重点老年人（特困、低保、失能、独居、高龄）的改造需求。朝阳区老年友好型社区建设具体到居住环境、日常出行、老年服务、社区参与、精神文化生活、智慧养老方面的需求主要体现在如下方面。第一，在社区居住环境方面，老年人普遍对安全设施、社区周边便利店配置和住宅适老化改造、生态环境等有较高需求，其中消防安全、增加老年人活动场所和设施是老年人最为重视的问题。第二，在社区日常出行方面，社区无障碍设施改造和社区道路畅通最受关注，尤其应注重人车分流设计和增加无障碍设施。第三，在社区老年服务方面，老年人对社区医疗护理、生活照料、紧急救助、法律援助的需求比较高，其中家庭保健和医疗护理是老年人最为重视的问题。第四，在社区参与方面，老年人对社区文娱团体和公益互助活动的需求较高，其中老年人对社区文娱团体重要性的评价最高。第五，在精神文化活动方面，社区老年休闲娱乐、教育及培训讲座、敬老主题宣传评比活动等需求较高。第六，在社区智慧养老方面，建设需求主要集中在开展线上远程服务、保留线下人工服务、建设社区养老信息平台、智能产品指导培训等方面，亟须普及智能产品应用及加强智能产品使用的指导和培训工作。

朝阳区立足老年人群现实需求，以老年人群需求为导向，将优化养老服务作为工作的重中之重。朝阳区聚焦养老服务便捷普惠和提升质量两方面内容，推动"四全"和"五化"发展，具体通过在养老服务方面强化基本保障、优化营商环境、加强有效供给、构建新型服务体系等，不断提升养老服

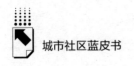

务的供给质量，推行均等化服务，以切实增强老年人群的安全感、获得感和幸福感。

3. 多面共建，相辅相成

从建设内容上看，在相关政策和老年人现实需求的基础上，朝阳区老年友好型社区建设将居住环境、日常出行、社区老年服务、老年人社区参与、老年人精神文化生活、智慧养老等六个主要内容聚焦三个方面：物质环境友好建设、公共服务友好建设、社会环境友好建设。

物质环境友好、公共服务友好、社会环境友好三者联系紧密，相辅相成。物质环境友好体现在空间的适老性上，旨在使老年人能够方便、安全地使用各类物质环境空间，主要包括居住环境、日常出行两方面内容。公共服务友好是指老年人能够方便、快捷地使用健康服务和养老服务，主要包括社区医疗养老服务、智慧养老两方面。社会环境友好是指老年人随着社会和经济等角色的变化而逐渐变为社会弱势群体后需要得到更多的社会关照，社会环境上应对老年人加强爱护与保护，主要包括老年人社区参与和精神文化生活两方面。

物质环境友好是基础，对于促进老年人日常生活、社区参与等具有重要作用。公共服务建设是关键，尤其是养老服务和医疗卫生服务体系建设是老年友好型社区建设的重中之重。社会环境友好建设是发展趋势，丰富老年人精神文化生活和增强其社区参与，对提高老年人生活质量和幸福感意义重大。

二　朝阳区老年人口数量与分布情况

（一）朝阳区老年人口数量情况

根据第七次全国人口普查数据，截至2020年11月1日零时，朝阳区全区常住人口为345.2万人，与2010年第六次全国人口普查的354.5万人相比，减少约9.3万人，下降2.6%，年平均下降0.3%。朝阳区老年人口数量与结构情况及其变化趋势如表1所示。

从年龄构成上看，朝阳区常住人口中，0~14岁人口为39.5万人，占比11.4%；15~59岁人口为234.8万人，占比68%；60岁及以上人口为70.9万人，占比20.5%，其中65岁及以上人口为49.3万人，占比14.3%，人口结构进入深度老龄化阶段。

表1 朝阳区常住人口年龄构成

单位：万人，%

年龄	2020年人口数	占比	
		2020年	2010年
总计	345.2	100	100
0~14岁	39.5	11.4	7.6
15~59岁	234.8	68	80.2
60岁及以上	70.9	20.5	12.2
65岁及以上	49.3	14.3	8.6

与第六次全国人口普查数据相比，0~14岁人口的比重上升3.8个百分点，15~59岁人口的比重下降12.2个百分点，60岁及以上和65岁及以上人口的比重均有上升，分别上升8.3个和5.7个百分点，这表明朝阳区老年人口数量正在呈现加速上升趋势，人口老龄化形势十分严峻。

（二）朝阳区老年人口分布情况

根据第七次全国人口普查数据，老年人口比例超过20%的街道有23个。其中有8个街道老年人口均超过2万人，且老年人口比例均超过20%，呈现老年人口基数大、比例高的特征。

从老龄化社区数量来看，朝阳区632个社区/村中，近半数的社区/村（314个）老年人口比例超过20%，其中老年人口比例在50%以上的社区/村有2个，在40%~50%的社区/村有5个，在30%~40%的社区/村有75个，在20%~30%的社区/村有232个（见图1）。

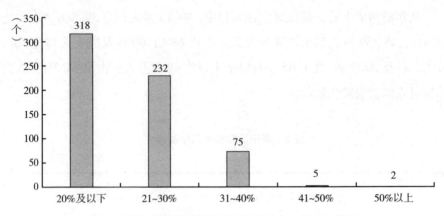

图1　2020年朝阳区社区/村60岁以上人口占比情况

其中，老年人口超过3000人的社区/村有13个，在2001~3000人的社区/村有85个，在1001~2000人的社区/村有233个，在1000人及以下的社区/村有301个（见图2）。

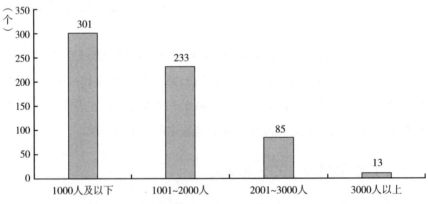

图2　2020年朝阳区社区/村60岁以上人口数量情况

三　朝阳区老年友好型社区建设主要做法与进展情况

（一）朝阳区老龄工作主要做法

朝阳区着力强化对养老服务的政策保障、体系构建、模式探索和智慧实施，推动养老服务提质增效，为老年友好型社区建设提供了良好的基础条件。

1.加强政策保障，顶层设计统筹推进

朝阳区在老龄工作方面注重顶层设计，力求通过完善政策体系来加强保障和提供指导。朝阳区为贯彻《北京市居家养老服务条例》，制定了《朝阳区"十三五"时期民政与社会福利事业发展规划》《朝阳区"十三五"时期老龄事业发展规划》，出台了《关于深化养老服务改革的实施意见》《关于推进居家养老"四进"服务工作的实施方案》《关于推进医疗卫生服务与养老服务相结合的实施方案》等20余项政策和实施方案，构建了较为完善的养老服务政策体系。这些政策为朝阳区在老年友好型社区建设方面的工作提供了指导，明确了到2025年养老服务在体系、机构、深度、模式等方面的发展目标，确定了基本保障与多元服务、政府引导与市场驱动、改革创新与转变职能相结合等的基本原则，以及坚持政府主导、激发市场活力、扩大社会参与、推进家庭养老等主要任务，为老年友好型社区建设提供了政策保障。

2.完善体系构建，吸纳资源协同共治

朝阳区按照机构养老"保基本、推普惠、引高端"，社区养老"小规模、多功能、专业化"，居家养老"网格化、零距离、一站式"的发展思路，积极构建多层次、多维度的养老服务市场体系。

一方面，构建"1+43+N"社会化养老服务体系：在区级层面统筹建设养老服务指导中心，在43个街乡层面基本实现每个街乡至少建设一家养老照料中心，在村居层面按照服务半径要求建设养老服务驿站。通过"1+43+N"社会化养老服务体系建设，统筹区域内养老服务资源，依托养老服务平台，综合利用企事业单位和社会组织提供的各类专业服务和志愿服务，帮助老年人享受"周边—身边—床边"的就近居家养老服务。

另一方面，构建具有朝阳区特色的三级养老服务设施体系。第一级，在养老机构方面，截至2019年，朝阳区共有养老机构74家，养老机构床位共18791张。现有养老机构中，社会办养老机构54家，占总数的73%，社会力量在养老机构建设中逐步发展成为主体力量。第二级，在养老照料中心方面，截至 2019 年 6 月，朝阳区在建和建成已运营的共 53 家，床位数约12600 张，民办民营占 95%。养老照料中心空间分布呈现出中心城区多、周边乡少的整体格局。第三级，在社区养老服务驿站方面，自 2016 年起，朝阳区社区养老服务驿站按照"政府无偿提供设施、运营商低偿运营"的支持方向，覆盖范围从城市社区迅速扩大到农村社区。截至 2019 年底，全区已建成167 家养老服务驿站，基本全面覆盖街乡地区，实现城乡居民"家门口养老"。

3. 探索新服务模式，深化变革医养结合

朝阳区在养老服务领域大胆开拓创新，推进养老服务的市场化和社会化变革，开拓养老服务新局面，探索医养结合等新模式。

朝阳区全面放开养老服务市场，不断优化营商环境，探索多种养老理念和模式，在北京市率先开展养老服务社会化改革，高标准完成全国养老服务业综合改革试点区、北京市养老服务社会化示范区建设，率先推行养老机构、从业人员信用管理和诚信试点，促进养老服务业发展。积极培育扶持养老服务机构品牌化、连锁化运营，大力推进养老地产、养老金融、旅居养老等新兴业态发展。

朝阳区形成以医联体为依托，覆盖养老机构和社区居家老年人的多层次、多元化医养结合服务体系，尝试推动机构养老、社区养老、居家养老的结合，逐步形成错位经营、有机融合的局面。朝阳区首创了社区养老服务驿站内设护理站的模式，支持基层医养机构结对服务，在养老机构探索开设医疗服务点，试点实施家医签约、送药上门、医养信息化等项目。

4. 推行智慧设施，精准定位提质增效

朝阳区推进"智慧养老"建设，发展"互联网+"养老服务，利用智能化优势提高养老服务供给的精准性，提升养老服务质量和水平。

强化定位功能，实现养老数据联通。朝阳区养老服务指导中心推动互联网远程视频健康咨询平台、"一键式"智慧健康养老服务平台上线，强化定位功能，通过终端联通 999 急救中心、社区卫生服务中心和社区养老服务驿站，提供一键呼叫家庭医生，一键呼叫助洁、送餐等服务，为老年人尤其是独居、失能老年人居家养老提供帮助。升级优化养老服务指导中心的管理运

营模式，建立和完善各类信息平台，实现养老服务场景和主体的联通，促进政府部门养老数据互联互通。

建立大数据平台，精准实施分类保障。完善困难老年人生活服务补贴、失能老年人护理补贴、高龄老年人津贴等综合补贴制度。对困境家庭老年人入住养老机构给予支持，在北京市率先实现市区 1∶1 配比。创新实施居家养老"四进"工作，优先保障居家养老基本服务需求，引导餐桌、助浴、医疗、保洁服务进家庭。推进老旧小区加装电梯和老年人家庭适老化改造试点。巩固居家养老巡视探访服务制度，为有需求的独居、高龄及其他困境老年人提供巡视探访服务。

（二）朝阳区示范性老年友好型社区创建情况

2021 年 3 月北京市卫健委办公室、北京市老龄委办公室下发了《关于开展 2021 年全国示范性老年友好型社区创建工作的通知》，明确老年友好型社区建设的标准。围绕老年人居住环境、日常出行、服务质量、社会参与、精神文化生活、科技化水平以及管理保障等方面内容，积极进行宣传动员和组织培训。朝阳区按照老年友好型社区建设标准，提出打造居住环境安全整洁、出行设施完善便捷、社区服务便利可及、社会参与广泛充分、孝亲敬老氛围浓厚、科技助老智慧创新、管理保障到位有力的老年友好型社区建设目标。其中，朝阳区双井街道东柏街社区、亚运村街道安慧里社区、南磨房地区欢乐谷社区和常营地区民族家园社区等积极参与全国示范性老年友好型社区创建探索。

南磨房地区欢乐谷社区利用天然的"熟人社区"亲缘优势，以"欢乐 5立方"为机制，从构建"宜居生活圈、宜养服务圈、宜乐朋友圈、宜游休闲圈、宜业共享圈"等五方面着手，逐步打造"五宜"老年友好型社区。利用老旧小区改造契机，改善小区绿化环境，合理规划道路、车位，引入智慧门禁系统，完善住宅防火和紧急救援、垃圾分类功能，从居住环境、出行设施、科技创新全方位构建宜居生活圈。小区内设置卫生服务站，提供家庭医生签约服务，定期为老年人提供健康管理服务，构建宜养服务圈。制订

"12345，您呼我来应"工作方案，充分听取老年人意见，构建宜乐朋友圈。规划师、专家学者联手制订"金蝉南里小区活力空间再造"计划，积极开展健步走、摄影大赛等活动，构建宜游休闲圈。组织百家宴、灯谜会、重阳服务月、"孝星"、"银发达人"、"最美家庭"、"五好家庭"等多种形式的敬老主题教育活动，激励老年群体互动与交流；逐渐培养"网红奶奶""欢乐先锋"等社区能人、团队骨干，构建宜业共享圈。

双井街道重点围绕居家养老、医养结合、空巢失独失能老人关爱服务等方面开展老年友好型社区创建。加快推动老年驿站建设，承接助老、为老、助医、助药、助餐、代购等服务。推动建立养老联盟和24小时信息呼叫平台，采取线上线下联动方式，将驿站、服务商、卫生医疗机构等社区各种可用资源纳入养老联盟，全方面满足老年人就医助药、代购订餐等多样化需求。对60岁以上老人免费安装3000多台一键报警系统。通过建设敬老文化街巷、孝星敬老院等营造敬老爱老的社会氛围。老年驿站在不同社区建立微信群，及时了解掌握老年人动态，定期开展专门的体检、采摘、购买保险等活动，针对空巢、失独、失能等特殊老年人群体采取关爱措施。

亚运村街道创新理念，打造无围墙的家庭养老院，利用目前已建成的2家养老照料中心和6家养老服务驿站以及一键呼居家养老紧急呼叫平台，为辖区老年人开展"四进"服务项目、巡视探访项目，与社会组织合作，做好街道低保、失独、高龄困难老人的助餐、助洁、助浴服务工作。为辖区内有需求的127户老年人家庭进行精准适老化改造，通过安装扶手、加装座椅、配置助行器械等设施，使老年人的居家养老生活更加方便舒适。通过开展"贴心服务在您身边""幸福来敲门"等爱心助老服务活动，为街道老年群体提供家政、理财、全科咨询、义务理发、精神慰藉、家居维修等多项服务，营造养老、敬老的和谐社会氛围。

常营地区作为北京东郊唯一的少数民族乡，以社区卫生服务中心、社区卫生服务站、养老机构为基础，建设"居家社区机构相协调、医养康养相结合"的养老服务体系，聚焦老年人居家社区养老服务的突出需求，融合政府、社会、机构三方力量，大力推进居家社区养老服务改革，加快居家医养服务适老化改造进度，促进居家社区照护服务质量提高。同时伴以老旧小区综合整治，将老年友好型社区建设工作与地区环境综合改造提升、文明城区创建、垃圾分类、物业管理等重点工作相结合，同步发力，统筹推进。加强居民志愿者队伍建设，组成社区助老爱心帮扶队，重点对失独、失能、空巢等困难老人进行帮扶，对行动不便无人照顾的老人定期进行房屋清理、理发等帮扶工作。通过宣传橱窗、常营之窗公众号、LED显示屏等多种形式开展敬老爱老助老宣传，营造全民参与友好型社区建设氛围。建设常营地区老人居家监测平台项目，利用高科技手段开展居家监测，提供老人居家活动监测服务，切实提升独居老人生活的安全性。在社区培训和教授老年人使用智能手机，帮助其更好运用智能技术，缩小老年人群与青年人之间的"数字鸿沟"。

四　朝阳区老年友好型社区典型案例
——欢乐谷"五宜"社区建设

南磨房地区欢乐谷社区于2021年10月被命名为"2021年全国示范性老年友好型社区"。欢乐谷社区聚焦"七有""五性"，持续推进以宜居、宜养、宜游、宜乐、宜业为目标的"五宜"老年友好型社区建设工作，将落实居民诉求，全面提升居民群众的获得感、幸福感、安全感作为"五宜"社区建设的出发点和落脚点，不断提升社区建设水平，提升老年居民幸福指数和地区文明程度。

（一）创新模式拓宽途径，议事协商推动主动治理

首先，拓宽议事途径。欢乐谷社区通过建立议事微信群、设置微信公众号"议事征集专栏"、开辟"小芬议事"直播间等方式，拓宽线上议事途径。其次，创新议事模式。欢乐谷社区实行"楼门—楼院—社区"三级议事程序、"集、议、决、督、评"五项议事流程、"提案—议案—决案—公开—定案—实施—监督—反馈"八步闭环工作法，让居民自主提出问题、讨论问题、决定问题，鼓励社区居民主动治理，让议事、决策既有法可依，

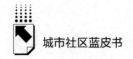

又有章可循，结合社区"四包"联系机制，形成"一人带一户、一户带一楼、一楼带一片"的良好格局。最后，完善机构设置。培育咨询委员会、议事委员会、党政群共商共治委员会等议事组织，引导社区、物业、物管会、居民代表、社区社会组织等多方联动，共同服务于老年友好型社区建设，助推社区协同治理。

（二）引进"外脑"空间再造，养乐结合提升归属感

欢乐谷社区聘请责任规划师团队，与辖区物业一起成立"社区治理专家咨询委员会"。责任规划师团队构建了包含住房条件、社区安全、社区治理、公服设施、智慧社区、环境品质、市政设施、公共空间、交通出行、就业保障和营商环境共 11 个类别 62 个项目的"五宜"社区建设指标体系，并以欢乐谷社区金蝉南里小区为试点，根据小区现状，量身定制《金蝉南里小区"五宜"社区建设活力空间再造计划》，通过"外脑"智慧的支持，集中从"宜养""宜乐"两方面进一步推动小区整体改善。对小区公共空间及公共设施进行改善，对地下空间进行活力再造，对小区无障碍环境进行提升，系统提高了小区公共空间、公共服务设施的数量与质量，增强居民的公共事务参与意识和议事能力，建设全龄友好型住区，方便老人居住和生活，提高老人归属感，为构建金蝉南里"五宜"社区奠定基础。

（三）搭建平台全龄共享，打造全龄友好"同心圆"

欢乐谷社区积极构建全龄共享平台，打造全龄友好的"美好生活联盟"。通过开展倾心画室、暖心工坊、欢乐之声合唱团活动，建立起"文体宜乐朋友圈"；通过康养工作室，每半月组织青年志愿者为辖区老人教授健康生活知识，推进居家养老要素逐步完善，建立起"健康宜养服务圈"；通过开展环游小区健步走活动，组织"手机摄影大赛"，建立起"景致宜游休闲圈"；以青年创造营为营地，组织年轻人喜爱的律动瑜伽班、追梦街舞社、读书分享会、乐陶艺术馆等活动，带动中老年人群加入年轻充满活力的活动，建立起"发展宜业共享圈"；通过举办"美好生活节"搭建起老中青

交流共享的平台。用青年人的活力和影响力带动辖区老年居民广泛参与社区建设，实现自我价值的认同。

（四）党建引领协同共治，多元合力解决急难问题

欢乐谷社区以党组织为主阵地，让党建引领下的社区治理与物业服务深度融合，使物业管理"向前一步"，从管理者、服务者转化为参与者、融入者。首先，推动支部建设精细化，发挥党员模范带头和示范引领作用。欢乐谷社区将原有的两个支部在合理布局之后重新划分为五个支部，实现把支部建在楼门的战略布局，以党支部为基础成立志愿服务队开展服务老人公益活动，党员骨干自觉带头并引导群众参与老年问题的讨论、决策与实施，切实发挥党组织的战斗堡垒作用。其次，动员社会力量，推动多方合作。突出物业首责，成立物管会并实现物业管理标准化，同时吸引其他社会力量参与，发挥第三方社会组织作用，使资源得到互补共享、有机融合，营造良好的社会治理整体氛围。最后，用好"吹哨报到"机制，协调解决重点难点问题。建立具有"乐谷模式"的"五宜"体系，打造"美好社区五环联盟"，将相关老年问题进行分类并协调解决。

五 朝阳区老年友好型社区建设展望与建议

朝阳区老年友好型社区建设已经取得显著成效，但是面对朝阳区在北京城六区中面积最大、社区类型最为复杂多样、老年人口最多且分布不均衡、老龄化趋势快等持续性挑战，朝阳区应以老年群体的真实需求为中心，在硬件建设、服务供给、氛围营造、主体协同、政策保障等方面积极探索，持续推进老年友好型社区治理体系和治理能力现代化。

（一）优化适老物质环境，加强硬件基础设施建设

物质环境和硬件设施是老年友好型社区建设的基础要件，环境安全、出行便利、代际融合很大程度上决定着老年友好型社区建设的品质。

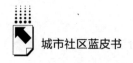

1. 打造安全有序的适老居住环境

逐步推进养老公共设施建设与更新，构建立体多元、功能互补、复合高效的区—街—居/村三级养老设施体系。以社区养老驿站为依托，复合打造社区小规模多功能养老服务综合体。针对老年食堂、医疗卫生服务、休闲娱乐等配套设施分布不匀、短缺严重的问题，应结合城市更新、老旧小区改造等相关工作，逐步补齐设施建设短板。采用现有空间活化、充分利用地下空间等方式，为老年人的日常生活、交友休闲、健身锻炼等提供安全固定的便利活动场所。整合推进住宅安装扶手、紧急呼叫设备、烟感报警、防滑地面等的适老化改造工作，改善老年人居住条件，降低在家庭发生意外的风险。

2. 推动适老出行设施建设与改造

结合老年人的身心特点，保障其安全优质的日常生活条件，将"适老化"设计升级为社区公共设施建设的常规要求之一。从增设安全标识、增加照明、清除路障、鼓励人车分流、采用低噪或降噪路面等容易改善的环节入手，增加老年人出行的便捷性。有序推进无障碍设施改造，逐步增加扶手、坡道、休息座椅、公共厕所、电梯等适老化装置及设备。

3. 复合布局弥合代际区隔的设施

充分发挥社区联结老年人自身及其子女、市场和政府之间的纽带作用。通过养老、托幼、商业、公园等设施的复合布局，弥合社区老中青幼的代际区隔，增强不同年龄群体之间的互动、包容和共享，促进社区发展。充分利用公共庭院、公共活动室、走廊、阳台、屋顶等空间，植入共同种植、美食共享、图书交换、邻里守望、代际互动等设计因素，促进交流与沟通，形成良好的社区氛围。

（二）统筹养老服务供给，促进为老服务均衡发展

老年友好型社区公共服务的发展方向和总体趋势呈现发展模式集成化、服务质量优质化、服务监管标准化、从业力量专业化和治理方式智慧化的特点。

1. 促进养老服务市场发育

以满足老年人多元化和多样化的养老服务需求为目标，推进养老与医

疗、保健、旅游、金融、地产等领域的融合发展，提升养老产业的整体服务水平，推进养老产业链转型升级。加强服务宣传与认知普及，引导老年人转变消费观念，释放社区养老需求。借助大数据等智能手段，精准识别老年消费者的需求、能力与意愿，推进产品或服务的差异化供给，推进养老服务供给与老年群体需求的有效匹配。促进社区养老服务网络的建立，吸纳更多资源，提升服务品质。

2. 提升社区养老服务质量

将养老照料中心和养老驿站作为居家养老服务辐射点，与社区卫生服务中心合作，提供长短期托养、日间照料、老年餐桌、医疗保健、心理慰藉、法律指导等多种服务，更好满足老年群体的需求。对失能失智、空巢、失独等特殊老年群体提供基本的托底照护服务。推动居家护理服务从碎片化护理转向整合式护理，实现居家健康与社会保健之间的融合。

3. 加强养老人才队伍建设

加强助医、康复、理疗等养老服务人才队伍建设，提升养老服务队伍薪酬待遇与职业发展空间，解决从业人员素质偏低、年龄偏大、人才结构不合理、人才流动性大等问题。鼓励社区养老机构招用持有养老护理员等级证书的护理员和招用专业技术人员。

（三）营造老年友好氛围，提高老年人群幸福感

老年友好型社区建设的目的是实现老有所养、老有所乐，让老年人口能够切实保持身心健康、安度晚年。社区环境友好是促进老年人社区参与的重要软环境。

1. 为老年群体提供参与空间和平台

鼓励和支持老年人参与社区管理、公益慈善和志愿服务等活动，推动老年人时间银行建设，用好老年人力资源。推进公益互助、社区文娱团体等社区社会组织发展，打造邻里互助网络，通过会员间的信息交流、经验分享、互相帮助，实现排遣孤独、充实自我的互助目标。鼓励社区利用公共空间形成"跳蚤市场"等资源互换场所，促进社区邻里之间的交流沟通，活化社

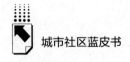

区交流氛围。

2. 帮助老年群体更好适应现代社会

充分发挥老年大学、社区服务中心、社区社会组织等的作用，定期开展安全教育、健康科普、电信诈骗、护理技能等方面的培训或讲座，帮助老年群体更好适应现代社会。采取多种形式，宣传普及失能预防、认知障碍等健康知识，普及健康老龄化理念和健康科学知识。加强智能产品使用的指导和培训工作，普及智能产品在老年群体中的应用，打通养老服务进社区、进家庭的"最后一公里"，弥合老年人的"数字鸿沟"。

3. 加强社区亲老敬老氛围引导和培育

完善针对高龄、失能、失独等老人的照护保障制度，保障老年群体合法权益。倡导积极老龄化理念，加强社区"敬老—爱老—助老"方面的主题教育，弘扬家庭孝老敬老文化，提高居民敬老尊老意识，形成亲老敬老爱老的社区氛围。

（四）促进多元主体参与，搭建社区多元共治平台

职能部门分工合作、多元主体共同参与是实现老年友好型社区协同治理的关键举措，要做到主体多而不乱、事务杂而有章。

1. 加强职能部门治理合作

老年友好型社区建设中存在部门职责交叉、责任不明等问题，应从战略层面提升对老年友好型社区建设重要性的认识，梳理明确相关部门、机构等的建设责任，形成工作合力。内容上应统筹整合"养老+医疗+健康"等业务，横向上应协调卫健、民政、住建等职能部门以及"社区居委会+社会组织+社工"等资源，纵向上应贯通"区+街道+社区/村"三级层次，机构上应动员养老机构、养老照料中心、老年驿站及医疗机构等载体，推动建设老年友好型社区"共同体"。

2. 加强社会建设参与动员

不同社区建设情况差异较大，需要统筹养老服务资源，坚持有效市场和有为政府相结合，提高居民参与度，协同推进社区治理。按照财政补助、居

民出资、企业支持等"多方参与"原则，鼓励引入社会资本，解决老旧小区综合改造资金来源问题。加强不同街道区域的交流与合作，推进资源整合，促进区域基础养老设施与养老服务协同布局，均衡地区差异。

（五）关注老人切实需求，完善老年友好政策保障

老年人群的切实需求是发展养老服务的现实出发点，加强整体规划和政策关照是老年友好型社区建设的题中应有之义。

1. 聚焦养老服务需求

孝亲敬老是中华民族的优良传统，也是党执政为民的重要体现。强化党建引领，积极回应居民养老期待和诉求，是凸显为老服务红色属性的必然要求。朝阳区老年人口基数大，特别是在老旧小区内独居、失能、失独等老年人群占比较高，对养老服务的需求较大，相关诉求总量较高，需要充分发挥党建引领作用，链接老年友好型社区建设相关资源、信息、主体、内容，促进老年群体"社区融入"代替"社区区隔"，让老年人真正融入社区生活场景，享受便利可及、综合配套的服务支持。

2. 完善建设整体规划

从自助型养老和介护型养老两个基本类别入手，科学规划和布局老年居住、出行、饮食、娱乐等安居工程、功能设施和服务项目，有序推动老年友好型社区的整体改造和小规模建设。借鉴"家庭为根、社会为本"的理念，遵循"按需保供、供需自治"的思路，按照"家庭本责、政府主责、社会专责"的路径，充分挖掘利用内生力量和外部资源，统筹家庭养老、社区养老和机构养老协调发展。

3. 打造区域社区养老特色

由于老年人口结构、社区资源禀赋等因素存在差异，朝阳区各街道形成了各具特色的养老模式。应加强党建引领、医养集成、引入民营社会资本等经验的总结和提炼，利用好各街道的资源优势，调动社区各方力量参与老年友好型社区建设，探索形成可复制、可推广的老年友好型社区建设新路子。

B.11
天津市韧性社区建设发展报告：
和平区五类社区韧性特征评估

王 雨 于泽汝*

摘 要： 通过回顾国内外既有社区韧性研究进展，构建了包含物质空间—
社会空间双系统的韧性评估框架，形成了包含物质空间韧性、服
务设施韧性、社群本体韧性、社区治理韧性的社区韧性评估指标
体系。将天津市和平区的既有社区划分为独栋分户式、旧塔楼
式、老旧小区式、商住混合式、商品房式五类，选取各类的典型
社区，应用评估框架和指标开展了社区韧性体检评估。通过总结
各类型社区的韧性水平、特征及存在的问题，对和平区未来社区
发展建设提出了结合物质—社会双系统的韧性优化策略。

关键词： 韧性社区 韧性评估 社区建设 天津市和平区

一 韧性社区建设意义及应用价值

社区作为城市的最基础单元，应积极构建空间—社会的韧性载体，完善
社区功能配置、社会组织和灾害应对体系。过去快速城市化过程中我国的城
市建设对于韧性社区方向缺乏考虑，社区层面尚未建立应对自然灾害和社会
风险的防范能力体系，对空间和设施的管理考虑不足。城市建设的长期不可

---

* 王雨，博士，天津大学建筑学院副教授，主要研究方向为韧性社区、城市更新；于泽汝，天
津大学建筑学院城市规划专业硕士研究生，主要研究方向为韧性社区、城市更新。

逆性特征也使得大量建成区的空间形态短期内无法发生大规模的逆转，以更新和修补为导向的治理型规划也已是近期我国城市建设的工作重点。在新形势下加强韧性社区导向的精细化管理和适应性规划，是需要深入研究的重要命题。

"社区韧性"这一概念是在跨学科研究的背景下产生的，其概念是对以往社区理论的延伸和补充。韧性社区在灾害冲击下自身应具备对灾害的预警和协调能力，其空间环境与社会结构应具有良好的灾前准备、灾中适应及灾后恢复功能。国外学者如 Collier 和 Corazza 等提出需要调整、重组设计，采用多元化路径开展社区的韧性系统提升。我国学者如于洋等提出了空间、设施、环境、治理、资本等多维度的社区韧性提升建议。吴晓林认为韧性社区可以抵御灾害，并且能够迅速恢复保证其可持续发展。孙立等针对老旧小区进行了韧性研究，发现其存在着环境差、冗余度低等问题。但多数对于社区韧性的研究往往集中于针对某一类型社区和面临单一风险的研究，多类型比较和地区特征的整体性方面研究较为缺少。从发展的角度，社区需求已随着社会经济和新供应技术体系的不断发展产生了新变化。除了上述共性特征外，由于城市内部不同区位地段的开放社区和居住社会特征存在一定的差异性，还需要进一步结合空间—社会特征研究差异化的治理策略，精准评估结合目标区域的风险和能力，采用基于分级分类空间评价的精细化治理手段。近期开展的城市更新行动和老旧社区改造极大地推进了既有建成的环境优化升级，比较城市常规与非常规模式对应的空间结构变化特征，把握其组织形态和关键节点，能为增量建设地区提供直接的规划建设依据，也可为存量地区城市更新提供经验借鉴。城市空间正在从过去经验式为主的规划管理模式向大数据支持下精细化规划管理模式迭代更替。如何精准有效地为城市不同街区量身定制精细化管理和适应性规划策略，也是实践中尚需解决的一项重要的应用问题。综上，结合量化体检评估手段提升社区韧性能力，探索以精准施策为导向的社区建设方案具有重要的实践应用价值。

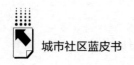

二 天津市和平区典型社区类型及特点

我国城市社区经过数十年的发展已衍生出丰富多样的空间类型。研究通过天津市和平区社区的现状调研和特点分析，将其社区划分为独栋分户式、旧塔楼式、老旧小区式、商住混合式、商品房式五种类型。

独栋分户式：这一类型住宅以老旧别墅为主，多为2~4层，整体规模较小，布局排布不规则，独立性较强，部分带有私人院落空间。在天津市主要分布于和平区五大道历史文化街区中。

旧塔楼式：多诞生于20世纪90年代，是改革开放后国家住房政策逐步调整及大城市发展高层住宅的产物。当时的旧塔楼住宅与现代的高层不同，一般为独栋，占据独立地块。整体规模不大但单元数较多，层数多为7~11层。

老旧小区式：老旧小区一般是指2000年之前建设的旧居住区。多数是从20世纪公有制住房演变而来，由政府或单位出资建设，与20世纪末住房改革之后建设的居住区相比较，其建设年代较为久远。多以传统多层住宅为主，规模性较强，户型较老。

商住混合式：即公共寓所，分为商业公寓和职工公寓。重点用于办公居住和对外租赁之用。建筑体量大，以高层建筑为主，独立性较强，同时人员流动也较大。

商品房式：为住房改革后至今，经正规化开发出售的商品房住宅小区。此类建设年代较晚，规划理念先进，以中高层住宅为主，容积率相对较高，设施配套完善。

三 社区韧性的指标体系与评估方法

（一）指标体系

目前社区韧性的评估与量化标准还未有统一的原则和准则。虽然国外学者对于韧性应具有的能力、内涵以及重要性有了基本的共识，但对于评价韧性的方法及韧性社区的分类仍没有统一的指标和相应的标准。韧性评价方法与面对的灾害风险类型和社区的种类密切相关，而划分社区的类型也取决于其所处的空间—社会环境。本报告认为社区物质空间属性和社会空间属性对社区的韧性水平起到了关键性作用，因此构建了包含物质空间韧性和社会空间韧性的评估框架，具体还可再细分为四大模块，并相应地设立了指标因子。

物质空间韧性是社区的建成载体与客观构成要素，包括建成环境韧性与公共服务设施韧性两个组成部分。建成环境韧性即社区固有的物理属性，主要包含环境基础、道路交通、防灾救援三个子类。其中环境基础围绕居住环境特征，从建筑密度、容积率、住宅套内面积等指标展开，识别居住本底条件的基础特征；道路交通则重点关注点线联通要素特征，包括出入口数量、内部通达性、道路穿行度和整合度；防灾救援包括开放空间可达性、物流配送网络覆盖率、消防站点距离等直接决定社区韧性水平的空间建成要素。公共服务设施韧性对应城市各类服务保障，即社区所对应的15分钟社区生活圈可达范围中，各类公共服务设施抵御突发性公共卫生事件冲击的能力。研究评估的公服设施重点包括生活保障类设施和品质提升类设施。其中生活保障类设施包括生活购物、公共交通、医疗设施、绿地广场等，品质提升类设施则包括文化休闲、体育健身、科研教育等设施。除了服务设施韧性的专项评估，生活圈范围内设施整体的混合度、达标率同样是评价的重要标准，从设施整体角度对设施韧性水平进行综合评估。

社会空间韧性反映了居民活动与物质空间的相互作用，具体包括社群本体韧性和社区治理韧性两方面。社群本体韧性通过分析社区主体人群的社会经济属性，评估社群的健康能力、经济能力和稳定能力。通过居民年龄信息、人口结构、健康状况指标评估社群的健康能力，经济能力通过收入指数、租金水平、房价、物业费等进行评估，稳定能力包括搬迁意愿、居住时长、出租率等指标。社区治理韧性包括社区的治理服务体系、社会信任和社区交往三个方面。治理服务体系包括物业服务满意度、社区管理满意度、社区制度完整度等，社会信任包括居民相互信任度、物业工作信任度、社区工作信任度。社区交往则包含邻里相互照顾度、邻里交往水平和公益活动参与度等。社区治理韧性的组织结构由政府机构、社会组织、企事业单位和居民等要素构成，稳定协同的组织结构可保障韧性社区建设实施，也反映了社区抵御及复原的潜力。韧性评估指标体系如表1所示。

表1 韧性评估指标体系

建成环境韧性	公共设施韧性	社群本体韧性	社区制度韧性
开放强度(容积率)	医疗设施可达性	老龄人口比重	物业服务满意度
建筑密度	生活购物可达性	外来人口比重	社区管理满意度
住宅套内面积	公共交通可达性	健康程度	社区制度完整度
出入口数量	文化展览可达性	收入指数	社会组织满意度
整合度	体育健身可达性	租金水平	居民相互信任度
内部通达性	公园广场可达性	房价水平	物业工作信任度
空间可达性	科研教育可达性	物业费	社区工作信任度
绿地率	娱乐休闲可达性	搬迁意愿	邻里相互照顾度
物流配送网络	地块功能混合度	居住时长	邻里交往程度
消防站可达性	生活圈设施达标率	出租率	公益活动参与度

（二）数据采集与标准化

上述指标体系中的数据获取主要采用了空间分析法和问卷调查法，并且使用了城市多源数据。一类是从房地产中介机构网站获取的网络大数据信息，其中包含详细的房屋建筑要素如住宅套内面积及房价信息等要素；另一类是从地图数据例如高德地图、卫星导航数据等导入POI兴趣点数据集和路网数据集。空间分析法主要针对建成环境韧性，建立了城市空间信息数据库，进行建筑密度、绿地率、容积率等指标的提取和计算。而对于道路整合度、穿行度则基于空间句法在GIS平台测度获得；内部通达性、空间可达性等均基于GIS网络分析法进行获取。公共设施韧性测度以计算各项公共设施的服务能力为目的，研究以POI为基础数据，选择GIS网络分析法，结合和平区周边路网数据集。随后结合15分钟社区生活圈确定基于路网的社区可达边界范围，再逐一测度并统计计算各项设施的可达数量水平。除各类重要设施外，增设各生活圈的设施整体达标率、设施混合度两项指标以反映社区可获取服务的完整度和丰富度。

同时对于和平区部分典型社区开展了问卷调查，问卷由六大部分构成：家庭基本情况，住房及搬迁情况，医疗、教育等公共服务设施及使用情况，社区服务、参与状况及社区生活满意情况，家庭主要成员就业工作情况，家庭收入与消费状况。问卷调查采用匿名方式，由被调查的居民根据问卷题目进行逐一回答。社区本体的各项指标数据中，一方面，老龄人口比重、外来人口比重等社群结构数据可通过社区居委会的人口统计资料等获取，租金水平、房价水平、物业费等数据从房源网数据下载获得；另一方面，收入水平、搬迁意愿、居住时长等反映社群特征的数据可通过居民问卷进行主观认知评价数据的获取。最后对各项数据归一并求和，得出社群本体韧性测度结果。社区治理韧性反映了社区制度治理能力和邻里关系水平，包括服务体系、社会信任和社区交往三个方面十项指标。客观测度方面，大部分数据可根据客观调查直接录入得出；部分指标例如建筑密度、容积率、住宅面积、出租率等，根据既有研究确定其阈值所对应相关韧性水平等级后采用打分法，转化为相对韧性等级的主观测度。社区治理韧性的测度数据主要通过调研问卷满意度调查进行。初始数据采用里克特五集量纲获取，再统一进行归一处理。由于不同指标结果在数值上差异显著，测度结果的绝对值并不具有指标之间的可比性。为了使大量的不同测度结果间具有可比性，采用 min-max 标准化模型对原始数据进行标准化处理，去除数据单位限制，将其转化为无量纲纯数值，使各项指标结果在［0，1］区间，然后对各项指标求均值，得到各类型社区的综合韧性评估结果。

四 天津市和平区五类社区的韧性评估结果

（一）建成环境韧性测度评估

表 2 为建成环境韧性测度结果，全部社区的平均得分为 0.539 分。其

中，以天汇雅苑、西汇华庭为代表的商品房类拥有最好的建成环境韧性，均值达0.8分左右；老旧小区类以及独栋分户类的建成环境韧性整体水平最低，均值约为0.3~0.5分。具体指标中，商品房类在内部通达性、开放空间可达性、绿地率、穿行度、整合度等几项指标中拥有绝对的优势；但商品房和商住公寓类的容积率以及消防站点距离两项指标普遍相对处于高压力区间，老旧小区类的结果则相反。天津作为传统重工业城市，其老旧小区建设年代久远，最早隶属于单位制社区，重"生产"而轻"生活"，建设目的多仅为满足最基本的居住需求，因此绿地率及空间可达性较差等生活品质型建成空间要素难以得到保障。而商品房、商住公寓建设年代相对较晚，是市场经济的产物，社区的生活空间和环境质量都成为开发商和消费者关注的重点。同时受国外先进居住规划设计理念的影响，现代居住区建设更加注重以人为本，强调安全、社交等更高层次的需求，因此商品房类、商住公寓类居住形式种类更多，社区及住宅的内部环境更好，整体上相对拥有更好的建成环境韧性（见图1）。

表2　建成环境韧性评估结果统计

名称	类型	类型代码	建成环境韧性得分
桂林里	独栋分户式	A	0.353
晨光里	独栋分户式	A	0.478
康达公寓	旧塔楼式	B	0.532
宜天花园	旧塔楼式	B	0.457
兴隆南里	老旧小区式	C	0.429
振河里	老旧小区式	C	0.474
天汇名苑	商住混合式	D	0.634
大都会	商住混合式	D	0.584
天汇雅苑	商品房式	E	0.728
新汇华庭	商品房式	E	0.813

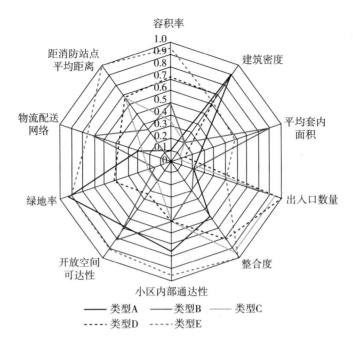

图1 各类型社区的建成环境韧性测度结果

（二）公共设施韧性测度评估

表3为公共设施韧性测度结果，全部社区的平均得分为0.551分。公共服务韧性水平由高到低依次为老旧小区式、独栋分户式、旧塔楼式、商品房式、商住混合式。各项设施中，生活购物类、娱乐休闲类、体育健身类设施供给水平最高，医疗保健类供给水平最低。和平区作为天津市的核心区域，是典型的老城区。其中较老旧的社区由于建设年代较早，主要为小街区，路网密度大，步行可达性强，服务设施的供给优势显著。而商品房等新建设社区则整体规模较大，路网密度低，可达性水平相对较低；同时由于建设年代相对较晚，空间上多位于和平区边缘地带，设施总量少，因此公共设施韧性相对较低。同时由于和平区人口老龄化严重，整体上医疗类设施供给相对有所欠缺（见图2）。

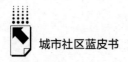
表3　公共设施韧性评估结果统计

名称	类型	类型	公共设施韧性得分
桂林里	独栋分户式	A	0.701
晨光里	独栋分户式	A	0.736
康达公寓	旧塔楼式	B	0.585
宜天花园	旧塔楼式	B	0.625
兴隆南里	老旧小区式	C	0.776
振河里	老旧小区式	C	0.737
天汇名苑	商住混合式	D	0.413
大都会	商住混合式	D	0.386
天汇雅苑	商品房式	E	0.588
新汇华庭	商品房式	E	0.550

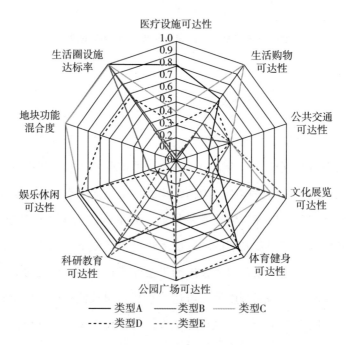

图2　各类型社区的公服设施韧性测度结果

（三）社群本体韧性测度评估

表4为社群本体韧性测度结果，得分往往在0.1~0.5区间，说明大部分社区社群整体韧性水平不高。在社群年龄结构方面，整体上和平区老龄化严重，其中老旧小区式、独栋分户式、旧塔楼式三大类社区的老龄化人口数量居多；老旧小区式及商住混合住区中外来人口比重大，拥有更高的出租率，对于社区安全性存在一定的影响。社群经济水平方面，商品房式和商住混合式的物业费、租金、房价等经济指标均较高，说明居民有较高的经济承受能力，经济抗压能力好。老旧小区式和旧塔楼式社区的经济指标则相对较低。社群群体特征方面，虽然老旧小区式和旧塔楼式的人口居住时长相对较长，但两类居民拥有更强的搬迁意愿；商品房式和独栋分户式住宅的住户搬迁意愿较低，在居住稳定性方面较好（见图3）。

表4 社群本体韧性评估结果统计

名称	类型	类型	社群本体韧性得分
桂林里	独栋分户式	A	0.217
晨光里	独栋分户式	A	0.125
康达公寓	旧塔楼式	B	0.314
宜天花园	旧塔楼式	B	0.349
兴隆南里	老旧小区式	C	0.405
振河里	老旧小区式	C	0.382
天汇名苑	商住混合式	D	0.465
大都会	商住混合式	D	0.418
天汇雅苑	商品房式	E	0.488
新汇华庭	商品房式	E	0.396

（四）社区治理韧性测度评估

表5为治理韧性测度结果，整体来看天津市和平区各类型社区的治理韧性整体水平较高，综合评分均在0.8分以上，且各类型间韧性水平差异不

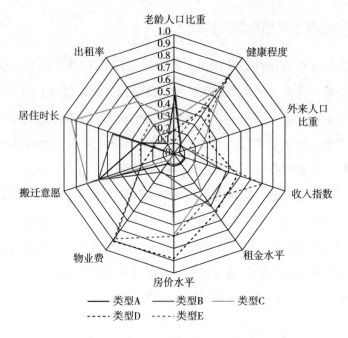

图3　各类型社区的社群本体韧性测度结果

大。其中，居民对物业服务、社区管理相关工作的整体满意度最高，邻里交往水平次之，社区制度的完善与完整程度处于相对较低水平，而治理制度完整度、普及度以及治理服务覆盖度方面仍需进一步完善（见图4）。

表5　治理韧性评估结果统计

名称	类型	类型	社区治理韧性得分
桂林里	独栋分户式	A	0.812
晨光里	独栋分户式	A	0.802
康达公寓	旧塔楼式	B	0.832
宜天花园	旧塔楼式	B	0.821
兴隆南里	老旧小区式	C	0.811
振河里	老旧小区式	C	0.840
天汇名苑	商住混合式	D	0.845
大都会	商住混合式	D	0.860
天汇雅苑	商品房式	E	0.808
新汇华庭	商品房式	E	0.800

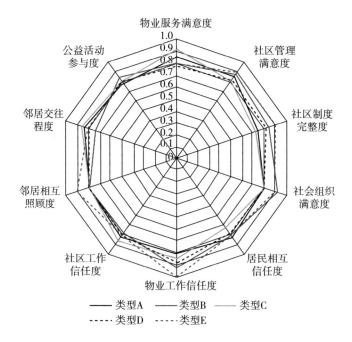

图4　各类型社区的制度韧性测度结果

（五）综合韧性

表6为将四维度韧性测度结果叠加后的各类型社区的整体得分。依照测度表，大多数社区得分位于0.4~0.65分的水平区间。从测度最终结果来看，综合韧性水平由高到低依次为商品房式、老旧小区式、商住混合式、旧塔楼式、独栋分户式。由此可以看出，建设年代比较短、规模较大的社区整体性、系统性较强，规划设计理念相对先进，设施完备程度高，物业治理水平组织性强，韧性水平相对较高。而建设年代久远，规模独立性较强的类型则相反，其韧性水平处于较低水平。因此，未来可将旧塔楼式、独栋分户式住宅作为社区空间治理与韧性更新的重点关注对象。

综合各项评估结果，对各类型社区的韧性水平总结出以下特征规律。

旧塔楼式、独栋分户式：综合韧性为中下水平，除公共服务韧性水平较高外，建成环境韧性水平较低，老龄化程度高，物业管理水平较差，绿地率

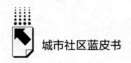

表6　各类型社区的综合韧性评估结果

名称	类型	类型	综合韧性得分
桂林里	独栋分户式	A	0.482
晨光里	独栋分户式	A	0.407
康达公寓	旧塔楼式	B	0.516
宜天花园	旧塔楼式	B	0.489
兴隆南里	老旧小区式	C	0.623
振河里	老旧小区式	C	0.633
天汇名苑	商住混合式	D	0.521
大都会	商住混合式	D	0.550
天汇雅苑	商品房式	E	0.640
新汇华庭	商品房式	E	0.642

低且缺乏开放交往空间。因此韧性水平整体较低，需全方位整治完善，因此是未来社区更新治理的重点对象。

老旧小区式：综合韧性为中上等水平，尤其是公共服务韧性、社区治理韧性水平较高，但建成环境韧性水平较低。老龄化水平高，搬迁意愿相对强烈，但整体性及社区归属感尚好，未来韧性整治的重点应放在基础设施完善以及空间环境的更新改造方面。

商品房式、商住混合式：综合韧性水平分处最好和中等水平，尤其是建成空间韧性、社区治理韧性、社群本体韧性水平较高。此类拥有完备的基础设施建设，空间品质好。但由于规模较大和处于本区边缘，交通与设施的可达性水平相对较低。针对此类社区，未来整治重点可放在公服供给和可达性提升方面。

五　未来展望

（一）社区物质韧性提升路径

社区各类公共空间的规划设计不能仅仅考虑平时的功能需求，也需考虑灾害应急状况时的需求，在选址、面积、数量、形式、分布结构和连通性等方面要具备应对灾害的能力。需要加强全周期规划，识别特殊状态下的重要设施和服务保障对象，增强已有空间的灵活适变性，考虑引入弹性模式。开放公共空间是重点，要在空间上保证其充足且分布均匀，平期可作为居民活动、交往及锻炼的场所，灾害发生后可迅速转换为应急隔离场所或储备空间；提高开放空间的连通性和可达性，可考虑设置双重通道，既可丰富居民平时的活动路径，又可避免救援人员与居民通行流线的重合冲突。当下社区生活圈的设施配置存在一定的不足，社区规划重商业设施而轻公共服务设施。社区公共设施韧性优化应重点完善和提升医疗设施配置，增强社区基础医疗方面的应对能力，同时还需完善和提升社区运动场地及内部健身设施，为居民在社区封闭状态下的锻炼提供更多机会和便利。

（二）社区社会韧性治理策略

物质空间系统的完善优化是社区韧性的外部表征，而社会空间系统则是社区韧性提升的内在要义。对于大多数社区而言，社群归属感营造与防灾意识强化是韧性提升的关键。各类型社区，特别是老旧小区和商住公寓归属感较差的类型，可通过定期组织活动提升居民归属感，并营造活力充沛的环境以吸引青年人群，进而改变居民结构和社群意识。同时，可在此基础上组织面向居民的公共卫生、应急防疫和灾害自救等培训，调动其参与社区建设的主观能动性，最终实现社群本体韧性的全面提升。未来要加强社区治理体系建设，推动社会治理重心向基层下移，发挥社会组织作用，实现政府治理与社会调节、居民自治的良性互动。因此，不能仅有自上而下的行政管理，自下而上的自组织亦至关重要。除居委会、物业和业委会外，鼓励建设多类型组织，并理顺各组织间的关系，形成共治共享的机制；制定功能完善、职能细分、协调有序的应急治理预案。构建以居委会为主体、居民互助自治的应急治理框架。

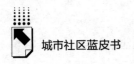
参考文献

尹利民、项晓华：《从封闭社区到开放街区：城市社区建设的冲突与治理》，《理论与现代化》2017年第6期。

孙立、田丽：《基于韧性特征的城市老旧社区空间韧性提升策略》，《北京规划建设》2019年第6期。

COLLIER M. J., NEDOVIĆ-BUDIĆ Z., AERTS J., et al. "Transitioning to Resilience and Sustainability in Urban Communities," *Cities*, (32) 2013: S21-S8.

CORAZZA M. V., MUSSO A. "Urban Transport Policies in the Time of Pandemic, and After: An ARDUOUS Research Agenda," *Transport Policy*, (10) 2021: 331-44.

吴晓林、谢伊云：《基于城市公共安全的韧性社区研究》，《天津社会科学》2018年第3期。

于洋、吴茸茸、谭新等：《平疫结合的城市韧性社区建设与规划应对》，《规划师》2020年第6期。

王兰、贾颖慧、李潇天等：《针对传染性疾病防控的城市空间干预策略》，《城市规划》2020年第8期。

原珂：《风险社会中封闭社区的现实价值思索》，《理论探索》2020年第5期。

彭翀、李月雯、王才强：《突发公共卫生事件下"多层级联动"的城市韧性提升策略》，《现代城市研究》2020年第9期。

B.12
四川省成都市社区发展治理报告

苟 欢*

摘 要： 四川省成都市作为一座中国西部的超大城市，在基层治理方面表现一直优越，尤其是在近几年的社区发展与治理方面更是创新性、典型性、代表性的做法和案例不断。梳理近年来成都市社区发展治理实践，发现它既与中国社会治理改革与发展逻辑变迁保持一致，又与国家层面的社会治理理论创新与实践探索存在相互支持的良性转换。洞观成都市社区发展与治理实践，谋求共建共治共享的合作型社区、打造发展与治理联动的高品质社区，分别成为指引成都市社区发展治理理念革新和实践辟新的主要内容，这一切为"十四五"时期的成都市城乡社区发展治理奠定了坚实基础。但由于社区发展治理及其变革的复杂性与漫长性，成都社区发展治理依然面临不少问题和挑战。成都市根据城乡社区在"十三五"时期的实践基础和实践挑战，制定并正式发布了《成都市"十四五"城乡社区发展治理规划》，明确了成都社区发展治理的总体思路、基本原则、发展目标、重点举措，成为引领未来成都市社区发展治理的路线图。

关键词： 社区发展 社区治理 基层治理 成都市

---

* 苟欢，博士，四川大学公共管理学院讲师，主要研究方向为社会治理。

一　成都市社区发展与治理沿革情况概述

成都市基层社区治理制度与实践离不开国家的宏观政策指导。它既受宏观国家层面战略思想、政策规划等的指引，又通过创新性的实践路径和方略，为其他基层社会治理实践提供参考和借鉴，甚至通过优秀案例的全国性推广，反向促进相关政策法规的优化，这便是梳理和研究成都市社区发展与治理实践的根源与价值。纵观新中国成立以来成都市基层社区治理的历史，主要呈现出四个阶段的变迁与发展特征。

新中国成立初期到改革开放的阶段（1949～1978 年），贯彻和服从国家制度安排是绝大多数基层政权的主要任务，成都市亦不例外地将建立和巩固城乡基层政权作为核心任务来开展，围绕这一核心任务，成都市在城市和乡村分别设立起街道办事处和乡镇人民政府，"单位—街居"的城市双轨制管理和"三级所有、队为基础"的农村生产管理体制便在此阶段逐渐形成和巩固。基层政权建设和社会管制性成为这一阶段成都市社区治理的主要内容和阶段特征。

随着改革开放的不断推进，人们日益增长的物质文化需求愈加凸显，基层社区服务的重要性和紧迫性问题更加突出。成都市警觉地意识到这一点，在 20 世纪 80 年代末便开始有计划地推行以社区服务为重点的社区建设工程，在社区建设领域的人、财、物等方面投入力度和政策支持力度不断加大，其中《中共成都市委 成都市人民政府关于加强城市社区建设的意见》（2001 年）等文件的出台与施行，标志着成都市社区建设的全面启动。社区服务和社区建设的初步推进成为这一阶段的主要内容和特征。

自 2003 年开始到党的十八大之前，中国的战略与政策转变为通过社会管理创新和完善城乡公共服务，并以此来实现和谐社会的整体构建。在这样的宏观政策背景之下，成都市在基层治理体制和机制创新上不断突破，探寻还权赋能和民主议事机制改革、推进城乡公共服务均等化发展等方略。在这一系列制度创新之下，成都市完成了一系列改革实践探寻，如在农村率先推进农村产权制度改革，建立起"村党领导、村民议事、村委执行、社会参与"的新型农村社区治理机制；城市社区亦同步推进了以"还权、赋能、归位"等为核心治理理念的治理实践。除此之外，为了统筹实现城乡公共服务均等化发展，成都市首先出台政策，从根源上解决公共服务专项基金的调度与划拨问题，民主的参与、决策、管理、监督开始不断成为一种专项资金使用机制，极大地激发了城乡居民参与社区治理的动力和能力，公共服务质量也更加有保障。统筹城乡背景下的基层社区治理问题成为这一阶段的主要内容和特征。

党的十八大以来，在国家治理体系和治理能力现代化这一总体方针的促引下，成都市的基层社会治理全面优化升级，从统筹城乡发展转变为特大城市的现代化治理与善治。对此，成都市通过完善城乡基层社区的善治格局，不断培育多元社区治理主体，优化政社关系，开展社区总体营造行动。其间，在全国首创成立的城乡社区发展治理委员会，更是成为成都市推进基层社会治理体制机制创新的标志性举措。全面深化改革背景下的基层社会治理实践成为这一阶段成都市社区治理的主要内容和特征。

二 成都市社区发展治理的理念革新与实践辟新

基层社会治理是社会建设的重要内容和基础环节，更是全面推进国家治理体系和治理能力现代化建设的关键，其中基层社区治理与善治更是关键的关键。在新时期社会治理理念和政策引领下，中国基层社区治理的理论与实践取得了不少成就，围绕着创新社区治理体制机制、完善社区公共服务、拓展社区自治形式等议题和领域进行了富有成效的探寻。成都市一直紧跟宏观政策步伐，积极响应党中央提出的"社会管制—社会建设—社会管理—社会治理"等一系列与时代呼应的大政方针和治理理念，不断将改革的思维和创新的意识贯穿基层社会治理实践的方方面面，各类独具特色的成都社区治理模式与实践不断成为全国基层社区治理的典范。在这一过程中，成都市基层治理便凸显出一些较为卓越的理念革新和实践辟新。这一切为成都市

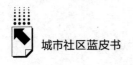

"十四五"时期继续推进基层治理体系和治理能力现代化奠定了坚实的基础。

（一）理念革新：谋求共建共治共享的合作型社区

"十三五"时期，成都市委坚定不移地践行习近平新时代中国特色社会主义思想，紧密围绕"如何通过发展与治理满足人民对美好生活的需求"这一新时代核心命题，展开了富有成效的发展理念与治理实践探寻。这一时代发展命题和探寻，从基层社会及其治理层面来看，便是关于基层城乡社区的建设问题。成都市作为一个超大城市和辐射超多农村界面的中国地方治理样本，是如何谋求满足人民对美好生活向往需求的时代目标的呢？这需要首先洞悉成都市社区发展与治理的改革理念。

成都市社区治理的改革始终保持着敏锐的时代嗅觉，社区发展与治理实践也紧跟时代变迁的步伐，呼应改革风向标，一开始就从党政层面发挥着对社区治理与变革的强力推动作用，这是成都市社区治理变革得以成功启动并顺利推进的关键环节。但最终能否持续发力、永葆社区发展与治理的生命力与创新活力，从长远来看，是对社区内驱力有无与强弱的考验。唯有凭借强大的社区内生动能，才能充分发挥党政外推的客观功用，达到标本兼治的社区发展目标。与此同时，整合社区内外资源和力量，致力于形塑社区发展与治理的最大合力，是永葆社区生机与活力、维护社区发展均衡与和谐、确保社区治理效率与效能的必然选择。围绕着这样的治理逻辑和发展目标，成都市社区在全国基层社会治理的总体变革基调下，极具实践创造性地推出一系列发展方略和治理行动。这集中凸显在"十三五"时期成都市社区发展与治理的改革实践中。这些实践为"十四五"时期以城乡社区为着力点的成都市基层社会发展治理奠定了良好的基础，为彻底推进基层社会治理体系和治理能力现代化建设营造出稳定基调。综观这一成都社区治理样本的实践，主要表征为将党建引领作为前置环节、以人民为中心作为价值指引、整合多方治理主体和资源作为主要路径、以提升社区治理能力作为核心目标的社区合作治理与发展新模式（见图1）。

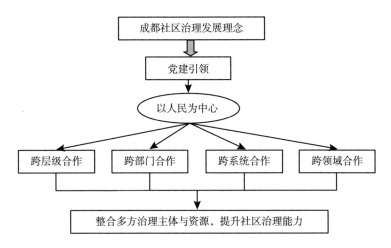

图1　成都市社区发展治理逻辑：党建引领+多方共治

1. 强化党建引领作用，促进社区发展治理体系建构

中国共产党是中国国家治理的领导核心，党的领导可促使各层级的治理任务得到有效拓延和传递。"党作为超越市场和行政的权威中心，构成了社会动员的合法性基础。"它能够使充斥不同矛盾和张力的各项发展与治理机制在一个统一的框架下共生共存、相互促进、和谐发展。很大程度上可以认为，成都市的各项社区发展与治理的创新实践，实际上是对"党如何实现社区治理网络建构"这一问题的生动回答。2012年以来，在前期基层自治与参与式民主治理的框架基础之上，成都市更加重视顶层设计与规划对社区发展体系建构的作用，并将建设"高品质和谐宜居生活社区"作为社区发展治理的重大战略部署。在这一顶层设计和战略部署过程中，党建引领社区发展治理的重要性更加凸显。回顾2021年成都市党建引领城乡社区发展治理的"成绩单"和"路线图"，在具有系统性、整体性和全域性的党建引领社区建设工作之下，成都市成功建构了一系列的社区发展治理制度框架，如成都市社区发展治理的"232"党建引领模式（见表1），打造出一大批示范引领工程，统筹了多项社区治理重大工作，并将社区发展治理实践整体融入成都市基层社会发展治理的战略规划中。成都市党建引领社区建设的思想

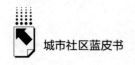

理念持续贯穿社区发展治理的全过程，不断助力社区合作治理实践，这也是成都市近年来社区发展治理成效卓越的关键。

表1　成都市社区发展治理的"232"党建引领模式

党建模式	模式表述	具体路径
"2"	坚持"整体性、统筹性"两大理念	①将各类型园区和场域纳入基层党建整体规划系统； ②打破条块分割的工作格局，建立市—区—街道三级城市党建体系，统筹整合各级各领域人财物力资源
"3"	加强"区域化、标准化、信息化"三项建设	①建构"街道大党工委"—"社区大党委"—"院落楼宇党小组"—"功能党小组"互联互通的区域化的组织体系； ②推动基层党组织规范化、标准化运行； ③运用"互联网+"，打造智慧党建新阵地
"2"	完善"治理"和"服务"两个机制	①建立"党委领导、村(居)民议事、村(居)委会执行、社会参与"的多元合作共治机制； ②深入推进基层服务型党组织建设，通过多种途径和方式，优化社区公共服务的供给模式，最终形成党建与社建互带互促的格局

2. 聚焦人民性的发展内核，提高社区治理的精细化水平

现代场景中，国家治理的一个基本共识便是国家应当为民而治。如果说"人民主权"说的是民主政治的基本价值归依，那么"为民而治"论则应成为当代语境下国家治理的根本实践理路。纵观中国历史，"为民而治"的政治承诺是经过一代又一代人艰苦卓绝的革命斗争换取而来的，这也是中国共产党领导的人民国家的发展溯源。回到基层城乡社会场景，为民而治便是对人民城市等人民性场域的建设过程。"城市是人民的城市，人民城市为人民"，近年来，成都市牢固树立以人民为中心的改革和发展理念，开展城乡社区建设与治理，以社区为小切口实现对社会的精细化治理。

围绕"人民性"这一发展内核，成都市面对不断增长的人口，实行精细化和精准化的基层治理与服务，将焦点着力于社区这一人口最为聚集的细小单元。成都社区治理的精细化治理是面向人民及其根本诉求而开展的治理，它注重用户体验，始终立足于使用者而非管理者的视角，即秉持以人民

为中心的思维，在社区服务的整体制度设计与行政流程再造等方面，扭转了传统以粗放式、单一化、模糊化等为主要特征的供给模式，转变为以内涵式、多元化、智能化等为主要考量依据的服务模式。具体而言，成都市将社区公共服务供给机制的完善、公园城市的建设作为社区发展与治理的基础性工作和核心攻关任务，旨在通过精准高效回应民众诉求，满足民众对美好生活的向往，以实现在最贴近民心的社区中增强基层群众发自内心深处的满意度目标，这也反向促引了城乡对"人"的吸引，形成凝聚效应从而增强基层社会的发展活力和动力（见表2）。

表2　成都市社区发展治理中"人民性"理念的践行方向与实践表现

"人民性"理念践行方向	具体实践表现
塑造社区多元共治合力	充分发挥人民群众参与社区治理的主动性，调动社区内外各类组织与个体的自治动能和主人翁意识
实施公共服务设施改善的攻坚行动	大力推进8大类18小项公共服务设施建设工程，解决关乎民生的突出矛盾问题，增强村(居)民的获得感与幸福感
狠抓重点项目建设	开展五大治理行动(老旧城区改造计划、背街小巷整治、特色街区创建、社区服务提升、平安社区创建)

3. 注重社区内外资源整合，构建多方主体合作共治格局

由于社区的精准化治理必然是一个具有面相多元、任务复杂、执行多变的持续过程，单靠传统的以政府为主体的单一化行政管理模式，非但无法保证现代社区精准化治理的效率和效果，甚至连最基本的"人民性"价值，也难在社区居民多样化服务需求一再落空、突发情景频发而难以应付等场景中得以实现。因此，在人们价值诉求多样化、环境高度复杂性和高度不确定性的当下，要想实现社区层面的善治，必须在对社区治理主体权责清晰厘定的基础之上，不断整合社区内外多元主体力量与资源，方能满足人民对高质量社区生活的追求，形塑社区风险应对与危机处置等的有效合力。

近年来，成都市在提升城乡社区社治协同化水平方面的改革意识十分强

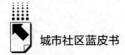
烈，不断做出一系列有益尝试。成都市城乡社区发展体系以居民需求为导向，更加注重社区治理的专业化和社会化水平，不断探索以党建为引领、以社区为核心、以多元社会主体参与为重要途径的社区发展治理创新模式。其中，以成都市委城乡社区发展委员会（以下简称"社治委"）的设立最具代表。社治委的设立，打破了以往由区级党委、政府主导的各种局限，升级为市级党委统筹领导。社治委除了直接对全市层面的社区发展治理开展顶层设计，还承担着统筹协调与资源整合、重点突破与监督落实的职责。这种从市级党组层面牵头开展城乡社区发展与治理的制度创制，在全国都具有前瞻性和示范性。以社治委的设立为实践依托，启发了一系列社区合作共治改革理念，拓展了成都市社区合作共治的整体性实践，即围绕成都社区治理的"五大行动"这一常态化的社区发展治理工程，顶层制度设计和基层执行层面"双向奔赴"，形成顶层设计对基层落实的体制性引领和整体性资源调度，基层执行对顶层设计层面的机制性响应和具体资源整合，这种上下一体联动的合作体制机制，构成了成都市社区发展治理中合作共治理念的整体运行机理（见图2）。

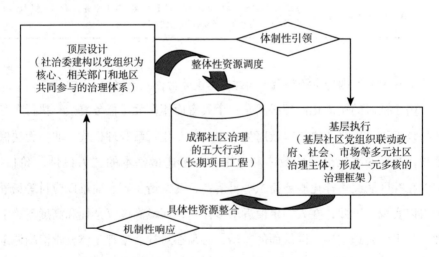

图2　成都市社区发展治理中合作共治理念的运行机理

（二）实践辟新：打造发展与治理联动的高品质社区

以上关于成都市社区发展与治理理念革新的阐释，是在价值审视层面所进行的概括总结，但要躬身洞察成都社区治理实践中的一系列创新性样本，却需要我们回归社区及其发展治理本质，开启一个关于社区发展治理是什么、为什么和怎么办等一系列具有社区实践项目开发维度的观测视角。在中国场景下，社区作为社会治理的最基层，它既是一个物理空间性存在，又是一个社会管理层级，其社区治理实践更在根源上与社会发展理念和形态形成相辅相成的关系。故对成都社区发展治理实践的审视，需要至少从物理空间维度、社会治理维度、社会发展维度三个向度展开，才能在较为系统又不失细致的角度上透视成都市社区发展治理实践的创新性（见图3）。

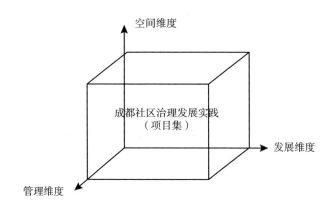

图3　成都市社区发展治理的实践辟新之维

1. 空间维度：合理布局社区实体空间，形塑社区形象识别系统

现实社区，无论是城市社区、农村社区还是工业社区，它们均是作为一个需要依附在一定土地空间之上的物理性存在，这是社区之所以为社区的第一属性。社区生活首先直接指向的是人们在承载一定功能性的物理空间界面上（"居于社区"）的生活与体验问题。居住问题一直是中国城乡社治的前置性问题，极大程度上而言，唯有美好的居住体验，持续的、美好的生活感受，而这一切却又表现为一个社区认同建构的过程。社区认同的建构不是一

蹴而就的，从社区物理空间建构角度来看，便是需要打造一个符合自然地理形态、历史文化特征、产业结构特征、城市功能选择，具有区域化识别特征的社区场景空间。卡斯特曾在《认同的力量》一书中强调"识别的表征就是区隔，更高的形式就是认同"，较强的居住社区形象识别特征，不仅对社区人认同感的塑造大有裨益，而且还能增强一个社区甚至是城市的综合影响力与资源吸纳力。城乡社区形象识别系统作为一个乡村、一个社区甚至一座城市的名片，不仅是驱动区域综合经济发展的硬实力，更是对区域综合文化软实力提升的重大加持。

成都在社区场景营造上做到了对社区形象识别系统的成功打造，近年成功晋升为一座全国"网红打卡胜地"，吸引了大批人财物等涌入，成为全国社区发展治理空间营造的标杆。这一切以成都市城市公园的建设实践为重要标志。成都公园社区作为公园城市的基本单元，与传统社区相比，更加突出六个方面的意涵，即"美好生活是目标追求、绿满家园是发展底色、以人为本是核心思想、融合共生是基本要求、人文韵味是特色魅力、和睦共处是治理理念"。成都市的公园社区将美学、生态、人文、经济、生活、社会等多元价值融合到对城市社区基本空间的营建中，并通过对"社区—街区—地块—建筑"等空间维度的设计、规划与管理，开展了富有成效的公园社区营造实践，打造出满足不同价值判别和行为方式群体具体需求的社区场景。这种公园社区的场景可依据人本逻辑分为六大类别：绿色社区、美丽社区、共享社区、人文社区、活力社区、生活社区，每一种类别的社区营造内容和场景各异。

2. 社会维度：切实回归社区生活本质，建立人民生活共同体

社区隶属于社会，社区是社会的社区，社区的社会本性决定社区发展与治理必须要将"社会性"作为社区制度制定和政策执行的重要考量依据。随着现代性体系的不断建立，城市化的进程不断加快，陌生人社会的特征愈加明显，生活在社区之中（尤其是流动性和异质性极大的城市社区之中）的人被严重异化，变得极为自由却尤为孤独，传统那种基层社会资本与社会关系紧密相连的格局已然受到分解。因受制于以商业住宅为主要生活表征的

城市功能规划和以分工细化为工作表征的职业化社会发展，人本应有的身体心灵的融合状态不断呈现出断裂倾向。"成为一个整体性的人而非异化的人"这一基本人本诉求，都被现代社会判定为难以实现的奢望。从某种程度而言，各类现代病、城市病、社区病的心理学和社会学根基大抵源于此。以纯生产发展为导向的现代社会建设，极大程度上是对人本性的束缚和对人生活所需的基本时空的掠夺。人成了被剥夺灵魂的工具人，至于社区层面，人便是一个纯粹的社区生物，而非拥有能动性、创造力以及幸福感的生灵。这种状态俨然违背人及其生活的客观发展规律，更不利于长远的社会可持续发展。因此，从社会维度审视社区及其发展治理，将是一个需要回归社区生活的本质、建构人民生活共同体的实践过程。

近年来，成都市社区建设过程中不断纠偏"生活"和"发展"的置位，贯彻"为生活而发展，以发展促生活"的新型社区发展治理理念，开展了一系列富有成效的社区建设。社区的社会维度既成为成都社治的对象，又成为开展社治的方式。在成都市社区治理实践中，不仅要求社区为居（村改居、村）民搭建多样的社交平台、营造社交氛围，还要求社区治理能够激发更多的社会性要素参与其中。于是，成都市社区建设便不断通过开发一系列社区营造和社区创熟项目等方式，试图唤醒和传达传统社区的邻里情谊，提升社区社会资本，建构互爱、互助、互信的美好生活社区。

3. 管理维度：持续动员多元社区主体，筑牢社区合作治理根基

管理是一个集技术与艺术、价值判别和方式选择于一体的行为过程，需要体现管理者系统性思维和发挥统筹性能力的一套集成性动作。卓越的管理往往拥有一套经过充分调研、系统研判的对管理要素的排列组合策略。管理只是对管理对象状态的要素重组或功能调试，与此同时，透视各类管理对象的发展态势，也能析出管理的逻辑、规律与问题等类别特征。从管理的维度看成都社区发展与治理，将有助于在整体层面观测其实践创新的源头与动力。"社区治理机制肩负着化解内部冲突与支撑执政体系的双重使命"，可见社区的管理维度主要存在基于社区自身的内部治理和视社区为重要基层构成部分的国家治理。就内部治理而言，社区治理是一个自下而上的治理体

系，即在以社区矛盾（社区利益冲突）持续存在为主要特征的微政治空间里，如何通过治理的手段达致社区的管理秩序，实现社区内部的和谐发展。就国家治理而言，社区治理秉承的是一个自上而下的国家治理逻辑，折射出较强的国家治理意义。管理维度析出的这两个社区治理面相和使命，虽具有不同的实践理路，却都在实践本身表征为同样的管理逻辑。

综合两个社区管理维度与内容，我们发现成都社区秉持着"还权、赋能、归位"的基本政治理念，践行着社区多元合作治理的实践路线，即围绕着"三社互动"的管理模式，进行着平台搭建、载体培育、支撑提供、平台树立等具体实践行动（见图4）。

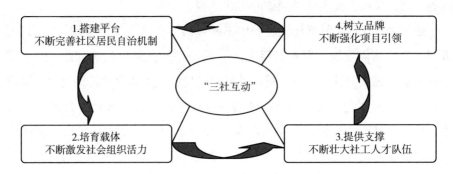

图4　成都社区合作治理的基本实践图谱

具体而言，一是搭建平台——不断完善社区居民自治机制。近年来成都市高度重视对居委会、业主委员会、物业公司三驾马车的关系理顺，为了进一步还权于民，巩固"三社互动"的制度平台，成都市不断激活和丰富居委会、居民代表大会、居民议事会、院落自治小组等居民自治的形式和内容；通过将社区事务管理权向居民交付的途径和手段（如全面清理社区事务事项、建立专项资金负面清单制度等），最大限度地调动居民参与社区自治的积极性和主动性。

二是培育载体——不断激发社会组织活力。为了最大限度赋能社区自治主体，挖掘和孵化更多专业社会组织是一个必然的选择。成都市依靠创建全国社会组织创新示范区的契机，将城乡社区服务类社会组织作为重点倚重和选培对象，不断简化审批程序，助力各类社区社会组织登记备案的顺利进行。同时在成立之后，设立专项资金支持社会组织的社区参与动能，从各项政策上扶持和激发其成长和壮大。

三是提供支撑——不断壮大社工人才队伍。社区发展治理的效率和效果严重依赖社区服务的专业化，专业化不仅需要专业化的管理理念，更需要专业化的社工人才。为了促进社工人才的培育和发展，成都市建立了社区专职工作者职业水平补贴制度，同时施行"专业专职社工+志愿者"服务联动模式，以社区服务水平的不断提高，最终助益于社区发展治理总体水平提高。

四是树立品牌——不断强化项目引领。"社区服务为人民，社区发展靠人民"，社区的可持续性发展与治理，需要引导更多的社会及其资源的参与。成都市通过项目开发（社区公益创投）的形式，引导和支持更多公益性社会组织、爱心企业、公益资本等参与到社区行动中来。尤其是成都基金项目的实施，其资源汇集效应，近年来激活并促使涌现出不少优质的社区服务项目，持续助力着成都城乡社区各项问题的解决。

三　成都市社区发展治理的挑战与实践方向

基层社区以最贴近人民生活、最反映民生社情为主要特征，在社会治理的意义上具有无与伦比的优势。然而作为基层社会治理的重要部分，社区及其治理又因融合了个人、社会、政治、文化、经济、生态等多方面的要素而具有高度复杂性。可以说基层社区治理必然是一个包含理念革新与引领、观念疏导与浸润、行为矫正漫长且系统的治理过程。

（一）发展挑战——成都市社区发展治理的实践问题

近些年，成都市虽然在基层社区治理方面完成了不少创举，但从实现社区善治的长远发展目标来看，成都市社区治理还面临不少问题和挑战。其一，基层治理能力建设与当前复杂性和不确定性的社会发展形势与任务存在不适应的一面，如社区治理体制机制的创新力度不足，社区治理主体部门在相关职能的配置上不够优化,相关力量统筹方面也不够到位。其二,在关乎社区发展治理根本的社区公共服务供给体系方面,还存在着供需失衡、质量欠优、便民服务方面的匹配度不佳等问题。其三,在共治共建共享方面,社区还存在社会协同度不高、市场活力难激发、居民参与渠道不畅、参与意愿不高等情况。其四,在社区资源配置方面,还存在配置方式粗放化、资源共享机制易缺位、应急资源调度能力不足等治理重心下移不够的实践性问题。其五,在基层社区治理的智慧化体系建设方面,还存在基建设施落后、数据信息标准化体系不健全及信息共享渠道不畅等发展中问题。以上是对成都社区发展治理实践中存在的主要问题和挑战进行的梳理和总结,明晰社区发展与治理的实践短板,是对标问题、找准原因、开拓创新、推进发展的基础。

(二)实践方向——成都市社区发展治理的行动路径

根据成都市城乡社区在"十三五"时期的实践基础和实践挑战,成都市紧随国家区域战略和相关重大政策部署,2022年5月制定并正式发布了《成都市"十四五"城乡社区发展治理规划》(以下简称《规划》),指出将继续"沿着建设成渝地区双城经济圈、成都都市圈、践行新发展理念的公园城市示范区的发展轨迹,从高速度增长阶段向高质量发展阶段深刻转型"。《规划》开创了在全国省会和副省级城市中做出社区发展治理领域五年规划的先河。作为成都市社区发展治理领域的第一个专项五年规划,《规划》深入贯彻中央和省委推进基层治理现代化的部署要求,主动融入建设践行新发展理念的公园城市示范区工作大局,以建设幸福美好公园社区和构建社区发展、社区治理、社区生活、社区安全、社区行动"五个共同体"为主要任务,明确了全市社区发展治理"十四五"时期的总体思路、基本原则、发展目标、重点举措和保障措施(见表3)。

《规划》在"十四五"的初始阶段制定和发布,对统筹规划、集中推进成都市城乡社区发展治理具有十分重大的理论意义和实践价值,集中表现为《规划》所具有的如下主要特征。

表3 《成都市"十四五"城乡社区发展治理规划》内容概要

《规划》项目	《规划》细项	《规划》内容	（附）评价指标及行动项目等
一、规划背景	（一）发展基础	1. "十三五"时期的工作成效	
	（二）机遇挑战	2. 把准用好城乡社区发展治理面临的时代机遇	
		3. 审视剖析城乡社区发展治理存在的问题挑战	
二、总体要求	（三）基本原则	4. 坚持党建引领共建共治共享，坚持人民至上造福人民，坚持系统思维统筹推进，坚持方式变革场景营城，坚持开放融合传承创新	
	（四）发展目标	5. "十四五"时期主要目标——体制机制更加健全、顺畅，居民生活环境更加美丽宜居；服务供给更加精准优质，治理方式更加高效智慧，基层治理体系和治理能力现代化水平大幅提升	专栏1：《"十四五"时期城乡社区发展治理主要指标》
		6. 2035年远景目标——城乡社区形态更加优美、生态更加怡人、业态更具活力、文态彰显特色、心态向善向美，全面建成彰显公园城市特质、定义幸福美好生活的幸福美好公园社区，全面提高基层治理体系和治理能力现代化	
三、突出公园城市特质，建设幸福美好公园社区	（五）分类建设城镇、乡村、产业三类公园社区	7. 建设城镇公园社区——突出功能复合、品质宜居	专栏2：《城镇公园社区评价指标》
		8. 建设乡村公园社区——突出城乡融合、生态宜居	专栏3：《乡村公园社区评价指标》
		9. 建设产业公园社区——突出产城一体、宜业宜居	专栏4：《产业公园社区评价指标》
	（六）梯次创建未来公园社区	10. 坚持规划引领，强化片区开发，注重场景营造，深化融合共治	
	（七）特色打造主题公园社区	11. 建设绿色生态型主题公园社区，建设文化创意型主题公园社区，建设运动健康型主题公园社区，建设智慧科技型主题公园社区，建设国际时尚型主题公园社区	专栏5：《未来公园社区建设总体思路》

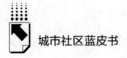

续表

《规划》项目	《规划》细项	《规划》内容	(附)评价指标及行动项目等
四、聚焦基层治理现代化，构建基层治理共同体	(八)实施发展提质"五大行动"，构建社区发展共同体	12. 实施社区空间品质提升行动——提升城市新区社区品质，推动老旧城区社区改造，促进乡村社区资源活化 13. 实施社区场景营造赋能行动——以场景营造赋能美好生活，以场景营造激发内生动能，以场景营造筑牢生态本底 14. 实施社区商业发展繁荣行动——完善规划引领与政策支撑体系，推动市民服务与消费场景叠加，推动市场供给与社会供给统一 15. 实施社区生态价值转化行动——推动社区生态体系经济价值转化，推动社区生态体系社会价值转化，推动社区生态体系人文价值转化 16. 实施社区天府文化创生行动——推动社区文化浸润式培育，推动社区文化延续性传承，推动社区文化创造性转化	专栏6：《发展提质"五大行动"主要项目》
	(九)推进治理增效"五大工程"，构建社区治理共同体	17. 推进自治活力提升工程——健全社区自治机制，搭建社区协商平台，发展社区共治主体 18. 推进小区治理延伸工程——做强党建引领末梢，健全小区自治机制，提升物业服务水平，强化薄弱小区治理 19. 推进社会主体培育工程——扶持社会组织专业发展，创新发展社区社会企业，规范培育社区基金(会) 20. 推进公民道德建设工程——思想道德建设，涵育市民文明素养，树立社会道德新风 21. 推进智慧社区创建工程——完善智慧社区顶层设计，做优智慧社区综合平台，拓展智慧社区应用场景	专栏7：《治理增效"五大工程"主要项目》
	(十)促进服务供给"五个优化"，构建社区生活共同体	22. 优化社区公共服务配置机制——深化基本公共服务制度改革，优化社区公共服务设施布局，加强全龄人群公共服务供给 23. 优化政务服务下沉社区机制——加强镇街便民服务中心标准化建设，推进政务服务向城乡社区延伸	专栏8：《服务供给"五个优化"主要项目》

《规划》项目	《规划》细项	《规划》内容	（附）评价指标及行动项目等
四、聚焦基层治理现代化，构建基层治理共同体	（十）促进服务供给"五个优化"，构建社区生活共同体	24. 优化社区生活服务供给机制——建立供需对接机制，健全服务供给链条，拓展服务供给渠道 25. 优化社区志愿服务参与机制——健全社区志愿服务体系，丰富社区志愿服务内容 26. 优化社区服务载体运营机制——推动社区服务载体市场化运营，加强社区综合服务集成化	专栏8：《服务供给"五个优化"主要项目》
	（十一）推动平安筑基"五个强化"，构建社区安全共同体	27. 强化重大灾害应急响应——加强防灾减灾基础建设，强化灾害风险联动响应，提升居民自救互救能力 28. 强化公共卫生风险应对——加强公共卫生服务体系建设，健全社区疾病防控工作机制，增强居民卫生风险应对能力 29. 强化矛盾纠纷多元化解——建强矛盾纠纷调处平台，完善矛盾纠纷调处机制，提升矛盾纠纷调处能力 30. 强化安全隐患系统治理——加强社区安全隐患排查，加强社会治安综合治理，加强薄弱区域风险整治 31. 强化社会心理危机干预——健全多层次工作网络，开展全人群心理干预，加强专业化队伍建设	专栏9：《平安筑基"五个强化"主要项目》
	（十二）提升基层治理"五种能力"，构建社区行动共同体	32. 提升党建引领能力——完善党建引领机制，健全基层党组织体系，加强五级党组织联动 33. 提升法治保障能力——健全基层法规体系，深化社区法治建设 34. 提升市场运筹能力——创新社区机会共享机制，完善社区资源运营模式 35. 提升社会协同能力——健全社会参与机制，搭建社会参与平台 36. 提升基层统筹能力——深化镇（街道）管理体制改革，推进社区减负增效改革，加强镇（街道）骨干队伍建设，加强社会工作队伍建设，加强社区工作队伍建设	专栏10：《提升基层治理"五种能力"主要项目》

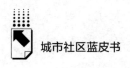

续表

《规划》项目	《规划》细项	《规划》内容	（附）评价指标及行动项目等
五、保障措施	（十三）加强组织领导	37. 发挥市县两级城乡社区发展治理工作领导小组牵头抓总作用	
	（十四）完善政策供给	38. 构建幸福美好公园社区政策体系，完善社区服务政策体系，探索发展社区经济政策体系，创新社区资源统筹政策体系	
	（十五）强化规划实施	39. 建立和完善规划落实责任制	
	（十六）营造良好氛围	40. 深入宣传城乡社区发展治理"十四五"时期的总体思路、目标愿景及重点任务	

资料来源：根据《成都市"十四五"城乡社区发展治理规划》文本整理。

其一，在战略规划上，注重宏观国家战略与城市发展特点的有机统一。《规划》在深刻把握国家关于基层治理之于国家治理的战略定位与政策规划的基础之上，提前预判现代社会发展规律与超大型城市的发展规律，创造性地将公园城市的战略规划践行到城乡社区的发展治理之中，这既是对基层社会治理底层逻辑的深刻把握，更是对中央要求"建设基层治理共同体"的切实践行。

其二，在发展治理目标上，注重社会活力激发与社区善治的平衡。《规划》以加强党的全面领导为根本，以践行"以人民为中心"的发展理念为核心，以全要素集成、全周期管理为理念，统筹兼顾促进社会的和谐有序与创造幸福美好生活的社区发展治理目标。

其三，在策略选择上，注重系统引领与重点推进相结合。《规划》紧密围绕基层治理时代任务的重点领域，对标治理体系和治理能力现代化建设的发展要求，运用系统性思维对成都社区进行基于功能性的类型划分（城镇社区、乡村社区、产业社区），并将未来公园社区作为社区发展的高级形态进行具体的规划设计，相关社区发展的治理突破点和重难点（如小区治理难题的破解问题、社区造血能力的培养问题、信托物业服务的创新问题、"智慧蓉城"和"社智在线"平台的打造问题）便逐一呈现被作为优先重点推进项目。

其四，在贯彻执行方面，注重指标牵引与项目支撑相衔接。《规划》将完成幸福美好公园社区的建设作为远景目标，测算出成都市幸福美好公园社区在 2025 年和 2035 年两个重要时间节点上的基本评价指标体系，并紧密围绕关乎城乡社区发展的"七大场景"（服务、文化、生态、空间、产业、共治、智慧）编制未来公园社区规划导则，以此确保各项社区发展治理工作规划具有操作指引、各项工作推进具有项目抓手。

四　结语

成都作为一座历史悠久的文化名城，近年来通过不断打造，已经发展成一座享誉中外的休闲之都、时尚之都，它集蜀风雅韵与国际风范于一体，宜居又现代。发展和治理是社区及其治理工作的一体两面，作为基层社会化治理的重要组成部分，社区工作需要兼顾发展与治理两个维度。紧扣当前高质量发展、高效能治理、高品质生活的重大发展与改革命题，围绕《规划》所提出的建设"社区发展共同体、社区治理共同体、社区生活共同体、社区安全共同体、社区行动共同体"五大主要任务，成都市需要坚持发展与治理的深入融合，才能迎接发展机遇，更好践行新发展理念，有效致达"建设幸福美好公园社区、推进基层治理体系和能力现代化"的发展愿景。社区发展共同体主要致力于社区高质量发展、社区治理共同体主要在于推动社区高效能治理，我们需以高质量引领高效能治理，以高效能治理促进高质量发展，最终呈现为社区高品质生活，形塑社区生活共同体。这一过程便是成都社区发展与治理同频共振的实践理路。

以上关于成都市城乡社区发展治理的历史阐释、治理现状描述，以及未来发展规划构图，都具有较强的时代契合特性。发展需要基于现实状况，更需要转变思维、创造条件超脱现实羁绊，不仅要为发展扫清制度障碍，更要

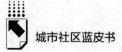
为发展建构未来理论。在基层社会治理方面，成都有史诗般的实践经验，但在史诗般的理论建构方面还任重道远。但我们有理由相信，在《规划》价值引领、理念持续创新、实践集成推进的作用之下，作为超大城市基层治理的成都样本将继续创造更加美好的未来。

B.13
城市基层党建引领下社会治理
创新报告：南京市建邺区
"五微共享社区"实践研究

任克强　时孜腾　周　龙　任竞春*

摘　要： 南京市建邺区在整合城市社区党建资源推进社区治理现代化的进程中，秉承着以人民为中心的发展理念，发挥"互联网+"作用，积极打造以"微平台、微心愿、微行动、微实事、微星光"为主要内容的网络数字化党建平台"五微共享社区"。坚持党建引领城市社区治理，注重治理思维、治理方式的时代革新，以创新社会治理工作机制为抓手，实现组织共建、资源共享、机制衔接、功能优化，建立起衔接配套、整体联动、规范高效的社会治理新格局。从而实现基层党建与社会治理有机融合，探索出了一条共建共治共享的社会治理新路子。

关键词： 城市基层党建　社区治理　"互联网+"　共享社区

一　研究背景

随着社会主义市场经济及城镇化的快速发展，社会治理的探索实践不断

* 任克强，博士，南京市社会科学院研究员、江苏省扬子江创新型城市研究院专家，主要研究方向为社会治理；时孜腾，河海大学马克思主义学院博士研究生，主要研究方向为社会治理；周龙，中共南京市建邺区委研究室主任，主要研究方向为基层改革；任竞春，中共南京市建邺区委研究室副主任、三级调研员，主要研究方向为基层党建、社会治理。

深化，群众需求多元化、社会供给多样化促进社会治理的内涵和外延发生了新变化。党的十八届三中全会首次确认"社会治理"的基本理念，坚持系统治理的发展理念，在政府主导的社会治理系统环境中鼓励社会力量参与社区建设，在政府、社区、居民之间建立有效的互动机制，以多主体协同的方式促进社会治理现代化的新发展。伴随着现代社会经济文化、科学技术、治理理念的国际化与本土化转型，党的十九大报告提出打造共建、共治、共享的社会治理新格局。从政府主导到多元共治，从鼓励参与到共享共治，充分体现出社会治理联动协同的新高度。基层党建在基层社会治理体系中发挥着重要的作用，是推进国家治理体系和治理能力现代化的重要任务。总体来看，社会治理是国家治理的重要方面，是在党的领导下，以实现和维护最广大人民群众的根本利益和为国家发展创造安定团结的社会环境为宗旨，党委、政府、社会和公众通过合作与协商形成社会治理共同体，有效化解社会矛盾，维护社会安全，改善社会民生，促进社会公平正义，推动社会和谐稳定发展的过程。如何把基层党建与社会治理有机融合，共同促进基层社会治理资源优化、功能叠加和效能提升，对新时代基层社会治理提出了新要求。社区作为社会治理的基础性单元，是基层党建、社会治理策略及机制的重要实践载体，新时期人们对美好生活的需求呈现多元化发展趋向，要求基层治理要在实践中探寻新思路、新策略，形成稳定的、高效的社区治理生态系统。

近些年，随着区域城镇化进程不断加快、网络科技应用更加广泛，社区治理开始出现一些新问题，伴随着城市基础建设的高度发展，人口流动对熟人社会的冲击、互联网时代地球村多元文化的碰撞、信息监管和信息安全等问题，对基层治理如何深度发动群众、组织群众、服务群众带来新的挑战。南京市建邺区聚焦探索基层党建与社会治理融合新策略、新方法，着力强化基层党的建设、巩固党的执政基础，创造性地提出"五微共享社区"的发展模式，把强化党建根基、提升治理效能、倾听民心民意等整合成社区基层治理的新发展思路，贯穿人民日常生活的方方面面，不断推进党建引领社区治理创新发展。在城市基层党建引领下，建邺区依托科技优势，建立起以科技为基础媒介的"互联网+"党建与社会治理融合发展模式，五微共享把基层政府、居民、社区、社会组织等多元社会力量整合到一个数字化的治理系统之内，进一步推进资源整合、结构优化、功能叠加、机制整合、权益保障等方面的需要与需求。

二 南京市建邺区推进"五微共享社区" 建设的基本情况

（一）探索"五微共享"的社会治理模式

为了创新探索信息化时代智慧党建与社会治理的新出路，建邺区充分利用数字化平台建设优势，着力打造"微平台""微心愿""微行动""微实事""微星光"五微协同的功能模块，微而不微、以小见大，通过五个模块的有机整合、系统联动，把各级党组织党建工作、不同群众的民意诉求、不同类型的服务行动、惠民工程信息公开、树立榜样建立品牌等贯穿微平台的高效运行。具体来讲，社区利用互联网技术和数字化平台将惠民工程、政策信息等及时发布，群众可以通过"微心愿"表达诉求及需要。基于此，社区可以通过不同类型的"微行动"开展社区服务，满足居民不同类型的生存、生活、娱乐、发展等方面的现实需求，社区通过"微实事"与居民沟通进度，便于居民监督，进一步提高居民社区治理的参与感和获得感。最后，以"微星光"激发起榜样的力量，在生活中发现榜样、树立榜样、宣传榜样、以点带面、典型引路，培养积极进取、助人自助、服务群众的社区共识及文化生态环境。正是基于这种"五微共享"的社会治理新模式，把民主协商、社区共治、资源整合、协同服务、成果共享这五个联动环节建构成一个系统的基层社会治理共同体。

"微平台"是党建工作和社会治理的数字化平台，是以互联网为主要载体的新工作阵地，各级党组织、各部门、街道、社区以微平台推进传统为民服务的新拓展空间，以系统思维推进传统为民服务的理念革新，利用互联网技术实现服务效能质的提升。微平台也是不同服务主体为民服务的功能延伸，通过互联网平台密切联系群众，构建了120个子平台，不同类型的服务平台推动社区信息、资源、政策、服务等多元协同、系统联动，使得公共服务更加高效。微平台为居民提供诸如政府信息、社会政策、权益保护、公益活动、社会服务等多方面的日常生活信息。通过这种便利的服务平台，快速拉近社区、居民、社会组织等诸多社会实践主体的距离，再造"熟人"环境，也为居民参与社区活动、表达个人诉求等提供了更生活化的便捷渠道。"五微共享社区"党群服务平台上线至今，建邺区利用"网站+微信公众号"多种线上平台已帮助群众实现身边"微心愿"30多万个。截至2022年，建邺区"五微共享社区"全面推进，"共享社区节"作为最为火爆的活动每年如期举行，面对新冠肺炎疫情，"五微共享社区"也展示出灵活高效的线上、线下资源整合能力，推出核酸检测排队人数实时查询小程序，在现代科技的帮助下居民可以体验更安全、更方便、更多样的社区贴心式服务。

"微心愿"是指居民利用"微平台"表达需要和需求，实现居民诉求与社区服务高效衔接。从社区居民的角度，利用社区服务平台可以把自己的心愿表达出来，提出自己各方面的服务需求，为社区服务制定者和供给方提供精确的需求定位，有利于提高社区服务的质量。从社区管理角度来看，基层治理通过微平台提供的生活数据，使得社会治理的目标明确、需求立体，服务项目的实施与推进更倾向于精准化、系统化、立体化和生活化。同时，通过收集和整理心愿单数据，可以建立起居民需求分析的数据信息系统，居民需求数字化更有利于管理部门和服务供给方灵活制定服务供给方案、动态调整服务供给策略。当然，这种菜单式服务促进社区治理参与主体多元化发展，社区志愿者、社会组织、基层党员、社区居民等都可以通过认领感兴趣的服务项目，帮助有需求的服务对象满足需求、实现愿望。基层党建和社会治理紧密结合，可以更有针对性地调整党员服务内容，选择合适的服务对象，把党建活动、居民需求、公益事业、社区治理有机结合，提高党建活动与社会治理的契合程度及社会合力，创新新时代党建引领社区治理的新路径。从2017年开始，建邺区"五微共享社区"平台上线运行，该平台已有注册及关注用户近17万人，群众发布的"微心愿"被社区工作者、党员骨干、社会爱心人士、社会组织等多方认领，得到及时有效的解决。群众可以通过平台发布个人诉求，社会工作者也可以通过平台的数据更好地了解民众诉求，为民众服务。比如，有居民通过"微心愿"平台发布个人诉求后，社区管理人员积极走访调查，迅速解决了社区高空抛物的问题。

"微行动"是党员提供组团式服务的过程。利用网络服务平台，基层党员、社区居民、志愿者等都可以有选择性地参加各类服务项目及公益活动，整个环节的关键是发动群众广泛参与，用"微行动"激发人民群众的主体参与意识。微行动涉及的领域较多，包括政策宣传、权益保障、医疗健康、社区安全、科技教育、文化娱乐、矛盾调解等日常生活的方方面面。其中，"微行动"在激发居民参与社区治理的同时，还聚焦服务行动的科学性、规范性和系统性。社区鼓励和支持社会组织参与到服务项目的制定、实施、评估和优化的诸多环节，切实摒弃单一式、虚化式等形式主义的治理模式，切实与民同心、心心相印，真正运用专业方法建立起社区服务的资源网络和信息平台，提高为民服务的高效性和体验感。

"微实事"是便民的信息公开与协商方式，搭建惠民工程"投票箱"。建邺区"五微共享社区"紧扣社会服务是以居民为核心的，需要提供人本化、个性化的便捷服务，基于此，以互联网技术平台为基础媒介，建立起一个系统公开的综合议事方法。社区居民可以投票选出最关心的社会服务项目或民生工程作为优先推进事务，其他项目可以通过不同形式的居民评审、代表协商、专家会诊等方式处理，并及时公布项目推进情况，便于居民监督。根据居民的呼声、意愿对惠民工程进行投票排序，充分体现出"五微共享社区"以人为本、群策群力、服务于民的基本理念。

"微星光"是衔接实践行动的重要评价机制，通过树立榜样、典型案例宣传营造出积极行动、服务他人、共建共享的生活氛围及精神环境。无论是基层党员、服务组织还是社区居民，都可以通过参加社区行动项目实现参与社区管理的身份认同，这些行动足迹是整个闭环服务周期中重要的评价依据，有利于衔接不同部门的评优体系和激励机制。当然，创新利用社区服务平台提供内容充分、对象多元的党建服务活动，建立起具有区域特色的党建

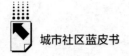

品牌，可以为进一步拓展基层党建内容、完善基层党建机制、提高基层党建水平有效注入更多鲜活要素。基层党建、社区治理最核心的目标都是服务于民，"微星光"恰到好处地把德治思想应用到社区治理实践中，形成源源不断的精神凝聚力和活动参与力，为"五微共享社区"提供稳定的、良性的运行环境、实践动力和价值共识。

（二）构建"群智群策群力"的协同治理机制

"五微共享社区"通过有效的激励和评价措施，培育社区治理的共治机制。在提供具体的社会服务、党建活动、公益项目之前利用信息平台收集的信息构建大数据库，研判和评估资源要素、对象要素、内容要素和服务方式等，进一步整合社区资源形成基本的社区支持系统，持续推进针对不同服务群体的精准化、差异化服务项目，探索群策群力、共建共享的人本化、个性化特色治理路径。此外，"五微共享社区"是在共策的基础上，通过实践探索共享社区治理的成果，社区参与是其中一个重要环节。居民参与社区治理对于塑造和谐的生活环境至关重要，把满足生活需要和实现个人价值有机融合，这也是五微共享理念的重要行动遵循。当然，居民参与社区共策也面临着参与力度、参与边界、参与效能、参与规范等方面的问题，专业的社区服务组织便可以发挥其在社会治理中专业化、规范化、差异化、独立性的服务优势，持续提高居民参与社区治理的科学性和规范性。这种决策转移的政府角色转变，体现出小政府大社会的善治理念，引导居民参与解决自己的生活问题，在密切联系群众、组织群众的同时，一定程度上缓解城镇化快速发展所累积的社会问题和社会矛盾，促进经济社会可持续发展，在此基础上形成具有高度凝聚力的社区协同治理共同体。

"五微共享社区"的协同治理机制主要体现在技术协同、资源协同和服务协同等方面，把智慧化党建、赋能化治理、多元化参与有机整合到建邺区"中新智慧城市示范区"建设大局，坚持党建引领社会治理新发展理念，提升社区居民的参与感、体验感、获得感和幸福感，发挥协同机制的资源整合、功能叠加优势，最大限度提升为民服务的质量。技术协同主要体现在服务端口的智能配置和功能整合，提高信息收集和服务功能的多平台衔接。AI小助手，紧跟人工智能时代浪潮，实现功能导航、智慧问答、信息查询等一键式服务目标，为高龄群体服务参与提供便捷方式。AI机器人可以代替工作人员回答居民的问题，通过将用户问题录入机器人的数据库做到与居民的良好互动，呼唤两声"小微"即可唤醒机器人，进入互动模式。资源协同主要体现在大数据网络所提供的信息资源和服务运行所需要的社会资源整合。一方面，利用大数据分析，立体式地展现不同服务对象的差异化需求，将心愿单转化为服务单，便于提供更加符合居民真实需要的精细化服务内容和服务方式。完善的数据分析和跟踪系统也是建立"五微共享社区"机制的重要评价依据，服务的满意度评估也为进一步优化服务内容和服务策略提供了更有针对性的改进依据。另一方面，资源系统是服务行动能够正常推进的重要保障，也是服务效力不断提高的基本要素基础。例如，通过公益团购，引进社会组织、商户等市场化资源，为社区居民提供专业化、职业化的公共服务项目，真正意义上把平台一体化转化为资源一体化，进一步提高资源的利用效率。通过"共享吧"实现线上线下资源的有机协同，闲置置换、公益捐赠等都可以在平台上积累一定的积分，以此来兑换新服务。除了"五微共享社区"线上平台之外，同时设立"建邺五微驿站""共享社区节"等线下活动载体，形成线上线下联动协同的有机互动模式。

平台优势更体现在资源共享的监督、管理方面，居民通过平台进行的物品置换等可以享受平台的一体化协定、管理、监督、保障服务。这种以服务换服务的时间银行系统为五微共享机制建立起了科学的公益档案和诚信档案，系统展现个人、社会组织等多元参与主体服务实践的相关信息，在增加趣味性的同时规范平台管理。服务协同是科技协同和资源协同的统一模式，以科技和资源为基础，形成系统联动、整合协同的党建地图、治理蓝本，把数字化信息技术与人本化社区服务系统整合，形成详细的党建大地图，为社区居民、基层党员就近参与服务、筛选服务、评价服务提供了整体性、一体式的电子信息系统，把"互联网+智慧党建"打造成具有区域特色的城市品牌和协同机制。

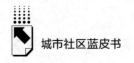

（三）打造精准服务工作体系

各级党组织通过丰富的党务实践活动积累经验，为基层党建引领社区治理注入源源不断的动力，是群众路线和实事求是服务理念在新时代基层治理中的生动写实。"五微共享社区"把基层党组织的组织力、凝聚力、战斗力转化为基层治理的优势，打造出以互联网技术为基础，党建与社区治理融合发展的本土化发展策略。

"五微共享社区"在平台建设之初就对各级党组织和党员参与社区治理制定了清晰的战略规划，涉及参与内容、职责定位等方面。"微平台"是基层党组织和党员的工作阵地，不同子平台建设的责任主体是本级别党组织。"微心愿"提供需求导向的服务模式，各级党组织和网上注册的党员起到主动认领、帮助解决的领头羊角色。"微行动"鼓励区域范围内各级党组织依据时间安排、地点定位有选择性地参加任何一项活动，党员菜单式地参与组织生活实践，形成以点带线、多线共面的系统治理网络格局。"微星光"倡导各级党组织和党员热心参与、积极行动，建立起区域特色的党建服务品牌，通过先进党员事迹宣传、党员服务评优评先营造典例示范、比学赶超的服务环境。此外，通过一行两档案建立起的党员服务信用评价机制，立体化体现出党员服务的"足迹"地图。基于这种点状服务的社区治理地图，串联起以互联网技术为平台媒介的党建大联盟，形成集信息收集、资源整合、服务定位、内容共享于一体的电子地图，使建邺区党建服务信息化、立体化、系统性、整体性创新发展。

三 "五微共享社区"的实践经验及其成效

（一）治理理念："开门搞党建"，坚持基层党建和社会治理有机结合

"五微共享社区"的治理理念是"开门搞党建"——把居民信任、实践创新、便捷服务有机结合，打通党组织、党员为民服务的"最后一厘米"。"五微共享"模式坚持基层党建与社会治理有机结合，强化创新思维，

坚持党建引领，把基层党组织的政治、组织、制度、工作、平台优势与社会治理的综合性、复杂性、多变性有机衔接、相互补充，有针对性地解决居民生活实际问题，满足基本的生存、生活、发展需要，逐步提高社会治理的效力。例如，建邺区莫愁湖街道文体社区为摆脱每次参加社区党建活动都是老年人居多、年轻人参与较少的困境，专门成立了青年党支部，积极带动年轻党员参与党建活动，但问题还是未能解决，年轻党员工作繁忙，时间比较紧张，经常没有时间参与活动。通过"五微共享社区"的平台功能结合线上线下党建互联，给予了年轻党员参与党建的新形式，为年轻党员参与社区治理提供了新路径，减少了参与成本。

"五微共享社区"有效规避了党建工作浮于表面、缺乏实质内容的问题，以开放、包容、多元、协作的服务准则组织群众、发动群众，将互联网技术作为建立服务共享平台的手段，搭建系统化、全方位的数字化工作平台，平台中涉及日常生活的方方面面，其中运行的基本要素链接模块是居民需求与服务供给，精细化的服务设计强化了社会治理工作任务与为民服务惠民工程之间的紧密程度。社会治理、网络科技、惠民实践，催化基层治理服务理念进一步升华，成为党建内容拓展、成果转化、氛围营造的新突破口和着力点。

（二）治理主体：重视联合多元主体，协同各方力量参与社区治理

从"五微共享社区"实践经验来看，社区居民通过参与社区事务，基层党组织和党员通过参与社区服务，切实在社区培训、经验交流、典型教育等方面提升个体参与公共服务的自信心、获得感、体验感和幸福感。通过不同层级网络认领服务任务，以个体服务实践为同心圆，营造热心公益、主动服务的主人翁意识环境。叠加系统的积分管理和评价制度，使得共享服务实践更具有可持续性。

社会组织在现代社区治理中具有重要作用，可以通过系统化的服务理念、需求评估、制度设计、服务规范、效果评价，建立起专业的、规范的社区公共服务体系。面对社区居民日益多元的精神文化需要和生活发展需

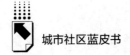

求，组织社区居民参与文化服务活动、关老敬老公益、社区宣传教育等内容丰富的社区公共服务，促使社区居民之间形成良好的互动环境和友邻关系，实现资源整合背景下的社区关系重塑，提升社区居民服务参与度和行动力。

城市化高度发展，社会治理社会化、公共服务市场化成为一种现代化发展的新趋势，社会治理的主体逐渐趋于多元化发展，政府通过项目制方式把部分任务分离出去，由居民、社区、社会组织、志愿者、企业等承接相应的服务，促进政府部门监管功能与执行功能的边界划分，真正践行小政府大社会的社会服务理念。政府部门把部分社会功能归还社会的制度革新，一方面实现政府机制、市场机制和社会机制的有益互动，另一方面为群众、社会组织等多元主体参与社区治理拓展更大的实践空间，有利于充分发挥社会力量参与社会治理的协同作用。

（三）治理机制：聚焦群众需求与党员服务的精准对接

伴随着城镇化发展、人口流动等多因素的影响，城市病频发，城市管理中各种社会问题层出不穷，再加上社会基本矛盾发生变化，群众基本需求不断出现新变化。在新时代创新社会治理必须紧紧把握这一趋势，建立符合区域实际的可持续的服务机制。基层党组织和党员是基层社会深入发展、抵御风险的中坚力量，具有坚实的战斗堡垒作用。通过党员树立起社会治理的先锋旗帜，整合各种社会资源、推动各项政策落实，打通为民服务的"最后一公里"，是迅速建立起精细化服务体系，完善政府部门社会管理制度的关键要素。建邺区的"五微共享社区"通过互联网技术实现群众与党员服务的精准对接，党员可以通过微心愿、五微驿站等形式直接了解群众的诉求，小到接送孩子，大到筹集善款，党员与群众进行有效沟通，实现精准对接。

"五微共享社区"将基层党建与社会治理相互融合，拓展了社区党建的服务功能，形成推进社区公共服务事业的新合力。其中，社区资源与基层党建资源的联结，为党员实现精准对接群众需求提供了重要的资源保障。例如，构建有区、街道、社区不同层级的党建服务平台，整合居民需求与服务定位，鼓励党员根据自身情况有选择性地供给服务，一定意义上把社区党员、居民融入一个集情感互动、问题解决、政策咨询、宣传教育等于一体的新群体环境，既激发了党员参与服务的积极性，也提高了居民参与的主动性。总体来看，通过基层党建带动社区治理进入新境界，把党建活动融入日常生活的各个领域，扩展了基层社会治理的新格局。

（四）治理空间：构建"物理网格+网格化党建"的双空间格局

"五微共享社区"以互联网技术为链接纽带，把居民需求、社区资源、服务供给、信息公开等要素有机整合到一个物理网络空间，再通过党建大地图精准对接，形成了一张社会治理的新网络。网络技术在这一过程中起到了重要的工具纽带作用，正是因为这种技术平台，降低了居民参与社区公共服务的难度。网络科技日新月异，生活化发展、服务方向无疑是其重要的供给目标，正是这种生活领域与社会治理领域的重叠圈，为进一步的资源整合、功能优化创造了新的空间形态和实践条件，构建出"物理网格+网格化党建"的双空间格局。这种空间形态一方面是物理空间上基层党建的基础设施与社区治理基础设施之间的贯通，进行一定程度的物理空间优化融合；另一方面是治理格局上的新变化，通过社区党建三级网络，实现网格全覆盖。通过区、街道、社区和党委、党支部、党小组之间的层级联动，实现涉及资源优化、功能整合、信息共享、统一规范等多方面的空间要素整合。

此外，双治理空间格局还体现在互联网空间和生活空间的高效联结，通过线上线下的互动机制，进一步增加与群众之间的信任与了解，为制定更人性化的服务方案和跟踪服务效果奠定坚实的群众基础。在建邺区的实践中，网格员可以在平台中领取网格中居民的心愿与诉求，通过网格员与群众的直接沟通减少中间环节，推动线下网格与线上网络融合，不断推进网格化治理，促进社区"服务网、互联网"深度融合。

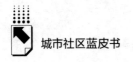
（五）治理方式："人人共建、人人共享"推动线上线下联动、党员群众互融互促

信息化、数字化时代，人们在沟通方式、互动渠道以及信息获取的方式上不断多元化，社会治理与公共服务的模式也开始适应社会发展的需要，突破固有的服务理念和实践思维，掀起社会治理与智慧城市发展的时代变革。从"五微共享社区"的实践经验来看，智能化服务模式就是摒弃碎片化、条块化、资源不足、职能不清等服务障碍，建立起一套资源共享、结构优化、人人参与、多元互动的新型服务体系。"五微共享社区"的服务平台，正是利用大数据信息技术、物联网系统等技术手段建立起的综合服务系统，从信息收集、需求评估、服务制定、项目实施、效果评估等多方面提供精细化的社会治理服务，更好地服务不同类型的服务对象，发挥前期建立起来的社会支持网络的优势。例如，"共享吧"着眼于线上线下有机联动，实现社会资源、市场资源的整合，鼓励企业、社会组织、居民把闲置的物品与邻里共享，或者在平台捐赠积累积分。线上平台也进行了优化，居民足不出户就可以浏览各种物品，可以通过线上达成使用协议，也可以在线下完成捐赠或者物品借用等环节。建邺区设立的"五微驿站"也是"五微共享社区"线上线下融合、实现惠民服务的重要实践载体。目前，在全区共建成"五微驿站"3个，分别位于吉庆·话园、庐山社区、奥体社区。"五微驿站"作为新治理方式下的重要实践场所，不但可以为不会用智能手机的老人提供线下的服务支持，也可以让城市服务人员在驿站歇脚休息，同时驿站也提供医疗体检、老人学生"一老一小"托管等服务。

四 "五微共享社区"对基层社会治理创新的启示

（一）构建城市基层党建引领下的社会治理体系

社会治理系统是一个涉及多元主体、服务理念、资源链接、需求满足等多方面的复合系统，其中基层党员开展自我实践活动，形成同样涉及诸多影响因素的子系统，环环包围、相互协同，建构出一个整体性、立体化的系统运行生态。其中，党建引领是这个系统能有效运行的核心支撑，不同系统之间的链接纽带是互联网技术。基层党建主要在组织群众、政治正确、树立先进、创新机制等方面发挥引领作用。这就需要在坚持基层党建引领的同时，串联起基层社会治理的不同功能环节，形成党建引领、多元共建、联动协同的社会治理新格局。不难发现，构建基层党建引领下的社会治理体系，需要明确治理与管理的差异，治理的建立不以支配为基础，而以"调和"为基础，是涉及不同实践主体的一个持续互动的过程。

从"五微共享社区"的实践经验来看，社区党委作为社区事务的领导核心，除了致力于社区居民的生活服务，还要利用社区服务质量、社区品牌建设凝聚社区居民的归属感和认同感。居委会则充分发挥职能优势，引入专业人才和社会组织，提高自治水平和服务质量。当然，党群服务中心是整个社区治理体系运行的物理空间和实践场域，在基建资源供给、服务引进与管理等多方面发挥独特作用。基于此，党建引领的基层社会治理模型基本形成，在五微服务的持续推进过程中，这一服务体系又在动态优化、功能叠加，因地制宜形塑具有本土区域特色的"党建+"治理体系。

（二）探索发展"互联网+党建+基层治理"服务模式

"五微共享社区"着眼于现代情境下的治理品牌建设，利用完善的信息技术平台，建立起智慧化、科学化、精细化的共享共建服务平台，这一"互联网+党建+基层治理"的服务模式是对传统治理思维的革新，是适应现代社会生活环境和居民需求变化的时代变革，把社会治理与科技应用紧密结合在一起，搭乘信息发展的快车道，打通为民服务的关键环节。"微平台"作为一个网络空间，把"微心愿""微实事""微行动"进行功能整合，形成一条以点带面的治理主线。

从微平台的运行效果可以看出，互联网思维、系统思维是当下社会治理的新思维。单纯割裂互联网环境、党建实践、基层治理的行动路径和功能边

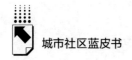

界，容易出现资源浪费、人力匮乏、信息闭塞、服务单一等治理瓶颈，突破这一治理瓶颈最好的办法便是科技导航、系统协同、联结互动，探索发展"互联网+党建+基层治理"服务模式。建邺区通过"五微共享社区"实现对传统治理思维的现代化革新、基层党建的智慧化发展、基层治理的精细化衔接，并取得了阶段性成效，把基层党建和社会治理水平推向新高度。

（三）形塑资源整合、精准服务、主体联动、系统协同的共治同心圆

形塑资源整合、精准服务、主体联动、系统协同的共治同心圆，是在互联共治的运行模式中，建立起基层社区社会治理的行动共同体。这种共同体改变的仅仅是社会本身的组织方式，"共同体"是天然的有机体，无论是什么形式的结合，互助都顽强地存在于其中，并不断发展和完善。这种"互助"需要充分发挥资源、制度、策略、职能等多元合力，形成党建引领、资源整合、社团助力、居民参与、系统协同的工作模式。基于社区发展实际将居委会、业委会、驻区单位、社会组织中政治素质和业务水平较高、获得群众信任的党员干部吸纳进社区治理实践，加强治理主体的多方联动。在这个过程中，党建工作的重点集中在寻找各方价值认同的契合点，形成社区自治理念的共治同心圆。共治同心圆着力实现信息联通，发挥党建工作的枢纽作用，将党群服务中心收集的居民信息和建议及时进行共建共享，为各类社会组织和市场主体搭建交流和服务的平台。此外，共治同心圆注重居民联动，对社区内联动工作中的重大事项以及关系居民切身利益的问题通过微平台及时公布、协商解决。总之，共治同心圆需要以资源、主体、协同、系统等要素为抓手，实现组织共建、资源共享、机制衔接、功能优化，建立起衔接配套、整体联动、规范高效的社会治理工作新格局。

五 存在的问题与反思

（一）党建引领社区治理的深度广度还需进一步拓展

随着城市现代化水平的不断提高，公共服务理念和服务需求快速发展。

建邺区作为城市发展的区域中心，应该兼具以城市实践引领者站位、党建引领服务创新的开阔视野，打造具有更大影响力的党建实践品牌，这对社区治理体系的功能效力和社会治理现代化发展水平提出新挑战。与此同时，建邺区社区治理仍然处于实践探索阶段，基层党组织在社区治理中的职能边界还需要在实践探索中进一步规范，治理主体之间存在协同障碍，还需要政府、社区、本地居民和社会组织等协同联动，进一步规范行动机制和守则，提高党建引领社区治理的专业化水平，引导区域社区治理战略深化创新，提升城市形象和文化自信，打造新时代"党建+"治理新高地。

（二）社区治理的服务精准度和体验感还需进一步提升

首先，影响社区治理的服务精准度和体验感的首要因素是居民参与度问题，南京市作为东部沿海的特大城市、区域发展的中心城市，城市能级快速提升带来的人口流动，为基层社区治理带来了一定的困难。让人们从城市过客转向城市主人翁，是城市共享服务平台建设的主要目的，共享同心圆的前提是形成稳定的社区认同与社区归属的价值共识。其次，联动单位之间职能重叠削弱了微行动的实践效力，这也是社区治理的服务精准度和体验感进一步提升的壁垒之一，政府与社会组织、社区与业主委员会及物业公司等服务主体之间的职能边界还需在进一步的实践中厘清。此外，公共服务的精准度、体验感受到服务组织与管理专业性的影响，专业人才队伍不稳定，无法保证资源整合的效果充分发挥，基层管理者的相关技术能力培训还需进一步强化。

（三）社会力量参与社区治理功能发挥还需进一步释放

社会力量参与社区治理功能发挥不足主要受到人才结构不稳定、服务资源不足、监督机制不完善、项目竞争不合理等方面的影响。问题的症结首先来自社会组织内部，专业服务人员流失率高、流动速度过快，无法形成高效的经验积累闭环，不利于持续提升基层公共服务质量。社区对社会组织供给公共服务的资金支持不足，使得供给服务适用范围和服务内容广度和深度不

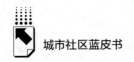

足。社会组织参与社区公共服务的评价主体和评价准则需要进一步完善，项目制背景下如何选择符合具体需求的专业社会组织也需要建立专门的甄选、评估机制。当然，专业的社会组织如何在方案设计上与社区部门职能形成交互合力、避免功能重叠，也成为社区治理进一步发展的新挑战。

（四）专业人才队伍建设还需进一步加强

专业人才队伍是基层社区党建和社区治理的具体执行者，从社区角度来看，需要专业化的高级社工师，并进行信息技术的相关培训，可以对大数据进行系统分析评估、监督预警。社区是公共服务供给的主体之一，如何建立稳定、专门的社会工作队伍，也是当下社区基层治理的新问题。社会工作者作为专业的社区公共服务人才，普遍面临收入保障不足、工作负担偏重、社会地位不高、上升通道不畅等诸多问题。从社会组织的角度来看，人才流动快、职业发展乏力、专业服务不匹配等诸多因素削弱了社会组织参与社会治理的动力，亟须更为完善的行业发展准则来提高社会组织的专业性，以便形成对专业技术人才的吸引力和凝聚力。

六　下一步举措及提升路径

（一）坚持党建引领，促进城市基层党建与社会治理深度融合

坚持"党建引领"，因地制宜、因人制宜选取和制定具体方略，核心要义是以居民的现实需求和偏好为导向，促进城市基层党建与社会治理深度融合，需要在坚持党建引领的准则前提下，利用好区域经济社会发展的资源优势，发挥好基层党建和社会治理相关部门之间的职能优势，不拘泥于传统的工作思维和实践模式，在遵循客观规律和法规准则的基础上，统筹决策，动态调整发展策略，使"党建引领"的具体方略真正"接地气""有生气"。

城市基层党建与社会治理深度融合主要涉及行动主体、职能范围、资源

网络、服务对象、行动理念等方面的再融合，科层制作为城市基层党组织的运行逻辑，嵌入社会治理的不同层级部门，这也为党组织发挥政治优势和组织优势提供了制度支持，城市基层党组织应当充分发挥党的组织网络的积极作用，积极协调科层制下的"条块"关系，推动治理重心下移，为"块块"赋权。通过这种方法建立起系统的职能分化逻辑，使部分社会功能由基层组织承担，使其能够根据现实治理需求，灵活、高效地运用治理资源。这种制度化的赋权行动，本质上是一种促进治理资源高效下沉、合理配置的过程，而各级党组织及其组织网络是促进资源供给和治理需求之间精准衔接的主导主体。

（二）利用大数据支撑，提升社会治理的精准性和预见性

互联网时代衍生出的社会治理新模式，首先是立足于互联网应用技术环境中的，要求不同层级部门专门技术人员进行数据库建立、管理、筛选、分析等操作，以便于通过大数据地图，建立以数字化分析为手段的预警保护机制，发现居民的迫切需求、潜在隐患等问题，更好地服务居民，建立和谐稳定、幸福安定的社区生活环境。社区居民的需求虽然具有一定的同一性，但是更多的是差异化的需求。服务供给需要统筹兼顾资源利用的高效性和精准性，这就要求对微平台收集的心愿菜单进行科学分类、动态筛选，以便于组织特定服务群体参与专门化、专业化、个别化、差异化的公共服务活动。对于数据资料的专业化分析，还需要专业社会工作人才针对不同类型需要设定专门的服务内容，进而提高社会治理的精准性。

（三）形成系统联动，提升社会力量参与社区治理的功能发挥

形成系统联动，提升社会力量参与社区治理的功能发挥需要着眼于社会组织党建、社会组织内容规范和社会组织健康发展等方面。

首先，要加强党建引领与社区治理之间的联系，以党建为指引进行社区治理。党组织应当结构完整、全面覆盖，做到工作职能部门全方位覆盖且有效运行，并有效提高社会组织的党建水平，督促社会组织建立建成标准且规

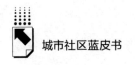

范的党组织，融合党建与社会组织部门职能协同发展。

其次，激发社会组织的社会责任感，推动社会组织实现社会价值。号召社会组织积极参与社会活动，诸如社会救助、公益慈善、社区教育等。引导社会组织在社会治理中发挥自身职能作用，调动其为社会服务的积极性，在参与社会活动的同时不断激发其参与公共服务活动的主动性，弘扬时代正能量。

最后，净化公共服务供给生态环境，为社会治理营造良好的服务供给环境。对非法社会组织进行排查、打击，由党组织带头全面排查，提高自身的警惕性与甄别能力；进行相关的普法宣传，在全社会范围内营造知法守法的良好社会氛围，提高社会警惕意识；协同公安、市场监管等有关部门进行执法活动，多部门协同联动，对违法组织、违法行为加大惩治力度，维护人民群众的合法权益。

（四）坚持实践导向，加强"互联网+"社会治理专业化人才队伍建设

伴随着大数据技术的不断发展与新型互联网媒介在人民生活中的适应领域不断拓展，建设"互联网+"专业人才团队是建设新型社区治理体系的必要条件之一。专业的"互联网+"社会治理人才不仅是指可以利用互联网新技术进行相关的社会信息整合管理，拥有解决互联网平台构建、平台运维、平台操作指南等相关的能力，还需要具有一定的公共服务、社会管理、数据分析、项目设计等方面的专业技术背景。也就是说，"互联网+"社会治理专业化人才队伍建设应是具有综合公共服务实践与管理、互联网应用、数据分析等背景的复合型人才。

相较于其他的管理人才团队，依托互联网技术的社会治理更依赖互联网技术的运用与掌握，因此对于专业人才的互联网技术有一定要求，需要进行相关的人才培养与团队构建，不仅需要管理者会用平台，还需要有对服务内容进行评估、维护平台甚至扩充功能的能力。总的来看，建设多学科综合的复合专业技术人才队伍是解决当下部分服务有效供给的有效策略，从长远来看，依托于行业规范建立起来的专门化职业化人才队伍、职能定位清晰的培

育方案以及具有学科属性的专业规范的学校教育等，是推动"互联网+"社会治理专业化人才队伍建设趋向稳定的持续发展策略。

（五）激发多元活力，不断提高不同年龄层次群众服务的参与度与体验感

目前"五微共享社区"党建平台依托于更加稳定的数据抓取，通过数据库技术的用户信息表进行相关人员的标签管理，可以通过年龄、学历、工作类型、性别等标签进行人员分层，根据不同标签用户的特征做到精准推送，有利于激发年轻人参与公共服务的主动性和能动性，为拓展主体的参与度与体验感提供便利条件。在给年轻人推送活动时可以优先推送志愿服务等活动，给老年人推送活动时可以休闲活动为主。拓展平台中用户间的沟通联络功能，可以通过用户标签等方面允许用户成立稳定且高效的兴趣小组，形成具有一定黏性的社交同辈环境，以稳定的社交圈群形式进行活动的布置与参与，逐步探索以引导为主的助人自助式公共服务，提升用户的深度体验。

此外，激发多元主体活力还需要注重提升居民自治能力，改善居民自治环境，主要涉及自治规范和自治形式等方面。首先，健全落实城市社区基层民主制度，提升基层群众自治规范化水平，以健全的法律规范保障居民参与社区治理的合法权益。其次，着力提升基层干部的民主意识，结合区域特色和居民需要动态调整工作策略，实现从管理者到服务者的角色转换。此外，积极联动不同主体资源，诸如社会组织、企业、志愿者等，提高社区自治活力，将共建共治共享理念深植于人民之中。

案例研究

Case Study

B.14

"社会—空间"视角下北京大栅栏地区
延寿街历史街区保护与更新研究

丁奇　周阳　张静*

摘　要： 本文选择了北京市大栅栏地区延寿街历史街区作为研究对象，开
展居住型历史街区的更新策略研究，通过实地调查、问卷访谈，
归纳总结出延寿街历史街区当前的主要问题有如下三点：一是物
质空间破败，具体表现在街巷空间品质不佳、院落肌理被破坏、
建筑空间风貌萧条以及基础设施条件不足四个方面；二是文化脉
络割裂，具体表现在文物保护不足、文化表达错误以及文化传播
渠道欠缺三个方面；三是社会问题显著，具体体现在弱势群体聚
集、产权主体关系复杂两个方面。本文引入了"社会—空间"
关系的相关理论，通过对"空间生产""空间正义"的研究，归

* 丁奇，博士，北京建筑大学建筑与城市规划学院教授，主要研究方向为城市更新、城乡社区
规划与治理；周阳，北京建筑大学建筑与城市规划学院硕士研究生，主要研究方向为城市更
新；张静，博士，北京建筑大学建筑设计研究院副总工程师，高级工程师，主要研究方向为
城市公共空间规划。

纳总结历史街区更新作为空间生产本质下的一种表现形式，在更新过程中所体现的空间属性特征及要素，以及历史街区更新中追求的空间正义具体表现。明确了延寿街历史街区更新作为综合了物质环境、文化保护和社会关系三重属性而展开的空间实践，以及空间实践中"社会—物质—精神"三元辩证统一的理论基础，展开了"社会—空间"视角下的北京延寿街历史街区更新策略研究，进而制定了社会空间重构、物质空间重塑以及精神空间营造三个方面的综合策略，并针对三类空间类型的要素明确了具体的更新措施。

关键词： 街区保护更新　空间生产　空间正义　延寿街区

一　北京延寿街历史街区概况及现状问题

（一）北京延寿街历史街区的基本信息

1. 区位

延寿街位于北京市西城区大栅栏琉璃厂历史街区内，地处大栅栏街道北部，街区面积 0.12 平方公里，包括延寿社区、前门西河沿社区、大安澜营社区三个社区。西起东北园胡同，东至延寿街，北至前门西河沿街，南至百合园胡同。有延寿街、佘家胡同、东北园胡同、东北园北巷、东北园中巷、东北园南巷、刘家胡同、百合园胡同、泰山巷，共 9 条街巷。

2. 历史沿革

（1）辽金元时期

追溯延寿街的历史，就要先从其得名之源头——"延寿寺"说起。延寿寺始建于辽代，距今有 900 多年历史，属于辽幽州的城郊大寺，主要作为

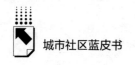

皇家御苑，类似于元明清时期的南苑。

延寿寺也在历史长河中见证了朝代之更迭、帝王之落寞。靖康之变，致使宋徽宗和宋钦宗父子被金人所俘，囚于悯忠寺，而延寿寺因其面积巨大，于金中都时被当作御用寺院，因此宋徽宗之后妃、儿女、子弟近臣及宫中所有官员侍卫、杂役等3000余人，以及大宗财物被虏至大延寿寺内，可见当时延寿寺规模之宏大。

虽然延寿寺于元末被毁，但其在辽金时期无论是所处位置、占地面积还是建筑规制都彰显出其作为古刹的极高历史地位。

（2）明朝时期

自明代永乐四年即公元1406年起，历经十余年兴建北京城及宫殿，聚天下琉璃工匠于京城。这一时期为修建宫殿使用的大量琉璃瓦件出自琉璃厂御窑，其旧址位于现今和平门外的琉璃厂。永乐年间于丽正门（今前门）外修建廊房，形成了一片新的商业区，奠定了该地区未来商贸繁盛的基础。

明宣德八年即公元1433年，湛然禅师发愿重建延寿寺，据《日下旧闻考》载，"改其故址，鸠工命匠，始创建焉"。延寿寺虽得以重新修建但规模大不如前，不过正是基于新寺的建起，一条南北走向的延寿寺街逐渐形成，600多年来几乎未曾改变的延寿寺历史街区城市肌理自此形成。

（3）清朝时期

琉璃厂在康熙年间还未成为学问切磋、文化交流的中心。乾隆时期修四库全书，珍贵图书汇聚北京，荐书者、编书者多居住在宣南，带动了琉璃厂的书画街道形成。不仅如此，受清初的"满汉分城之制"影响，宣南地区多为汉族官员居住，全国各地的会馆多建于此，以至进京赶考的学子常集聚此地逛琉璃厂书市，形成了繁盛的琉璃厂文化街。一方面，延寿街丰富的历史底蕴，为后续各报业、出版机构的成立奠定了文化基础；另一方面，延寿街汇聚了众多商铺，作为连接琉璃厂和大栅栏地区的重要南北街道，承担着生活服务型商街的功能。

（4）民国时期

清末民初，随着清政府政治与经济的衰败，北京城市的定居空间开始发生变化。火车、汽车逐渐进入城区，并改变着城市街道的布局。1927年和平门正式开通完工，填平了和平门南北的干沟，辟为马路。随着区域交通的打通，周边商业文化活动也日益兴盛，琉璃厂文化街上诞生了众多文化机构及新型报社，如商务印书馆、亚光舆地图出版社、京华书局等。

（5）新中国成立后

新中国成立后，基于城市道路交通及地铁工程发展需要，老城城墙被陆续拆除，护城河也被填造路，城市文化及交通重心随之转移，琉璃厂的文教也因此愈加发达。大栅栏作为传统商业中心，其发展逐渐向西辐射至延寿街，随着和平门的打通，南新华街也成为交通干道。但幸运的是，延寿街保持了600多年的肌理并未受到太大影响。

3. 人口结构

通过问卷调查及入户访谈等方式，对506份调查问卷数据进行统计分析得到以下信息。

一是整个街区的老年人所占比重最大，年龄结构呈现衰老趋势。根据在工作日和休息日所进行的入户调研来看，能够碰到的年轻人较少，61岁及以上的老年人占到全部调研人数的54.94%，46~60岁的中老年人占全部调研对象的24.7%，而45岁及以下的年轻人只占全部调研人数的20.36%。

二是外来人口比重较大。延寿街社区及附近的几个胡同，地处北京城市核心区域，地理位置优越。加之院落内的公房和单位自管房出租给原住户的房租很低，原住户用相对高的价格租给外来的流动人口，因此社区人口特征呈现出外来人口比重增加的趋势。延寿街历史街区的流动人口占调研人数总数的22%。

4. 用地性质

街区整体用地功能以居住为主，前门西河沿街、延寿街及琉璃厂东街沿街多是商业用地；据统计，街区内居住用地占比78.4%，商业用地占比

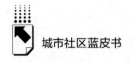

10.3%，公共设施用地占比 0.7%，公共管理与公共服务用地占比 10.6%，属于典型的居住型历史街区。

（二）北京延寿街历史街区的核心问题

延寿街历史街区历经 600 年风雨发展至今，其空间面临着严峻的现状问题。

1. 物质空间破败

（1）街巷空间品质不佳

街巷是历史街区的基本单元，是具有一定空间尺度的街区交通枢纽，是居民进行生活、生产活动的场所，其空间关系是居民特有的生活方式所创造出来的历史文化遗产。因此，街巷是最容易建立丰富的社会关系、促进邻里交往的活动空间。

但现实中，由于各种设施如电线杆、消防设施、变电箱等杂乱堆砌，历史街区的街巷空间环境品质不佳，不仅破坏了历史街区的风貌特征，还导致本就狭小的胡同空间进一步被压缩。

但与此同时，一些居民作为生活在历史街区的社会主体，其社会交往也依托街巷存在，无论是自发准备的休憩座椅，还是由政府提供的公共属性休闲设施，都在力求为邻里交往提供便利，因此为原住民和经营者营造一个舒适、整洁、开放、富有文化特征的街巷才是作为设计师首要考虑的。

（2）院落肌理被破坏

胡同组成了北京老城的街巷空间，四合院则构成了街区的建筑肌理。北京四合院是北方传统民居的典型代表，它由正房、厢房、耳房、厢耳房、倒座、垂花门、大门、抄手游廊和影壁组成，其组合有单进院、多进院等形式，作为世代共居、展现传统礼制的空间，在古代满足了人们大家庭团聚和小家庭相对独立的居住需求。

根据调研，我们发现街区内大部分的院落都是多户混居状态，有本地人和外地人混居在一个大院落，也有都是流动人群居住的院落。无论是几户还是几十户居住的院落空间里，都被各种私搭乱建、杂乱无章的物品充斥着，绝大多数都已看不到原有的空间布局，使得北京老城传统的一户一院或一户多院的四合院居住单元，摇身一变成为人口和建筑的综合"大杂烩"，并且随着街区内院落大规模出现私建房，整个空间肌理也进一步遭到了巨大的破坏。

（3）建筑空间风貌萧条

作为集生活型商业和居住于一体的历史街区，通过对建筑质量、建筑风格情况进行调研评估分析，发现街区范围内以传统建筑居多，并且相当一部分是清末民初的遗存。由于居住人口过多、长期得不到正常修缮，老城的房屋老化衰败速度加快，近80%的建筑处于质量中下及较差水平，屋面破损、墙壁剥落等"危、积、漏"问题突出，无论是居住建筑还是商业建筑，整体风貌损毁状况十分严重，房屋质量已对人们的正常生活造成影响，亟待整治修缮。

根据居民访谈，胡同里的居民多以老人为主，大多数建筑都是几十年甚至上百年的老房子，多数建筑经过风吹雨打出现坍塌漏雨等众多问题成为危房，无法迁移到别处的居民为了满足基本的居住需求多数会私自搭建违规建筑，安全隐患较大。

（4）基础设施条件不足

基础设施是城市居民生活、城市安全运转和经济社会发展的基本保障，是人类生产、经营、工作和生活的根本，是推动城市化进程的必要条件。在当前的社会发展中，基础设施水平反映了地区城市化的进程，体现出区域的经济水平。但延寿街区当前的基础设施不仅无法满足人民日益增长的生活需求，更不用说去进一步刺激社会经济发展。

市政设施。延寿街历史街区市政基础设施现状由于过去的建设底子较差，现已无法满足人们的基本生活需求。历史街区的院落住宅内没有卫生间、洗澡间、阳台等基本设施，即使是冬天也只能到户外的公共卫生间，尤其是对众多的老年人来说，由基础设施缺乏导致的生活不便也为这些群体的晚年生活增添了诸多阻碍。根据调研，我们发现街区内分布着16个公共厕所，但是作为人口集聚的居住型街区，这个数量的公厕远远无法满足当地百姓的基本生活需求。不仅如此，由于空间狭小，无厨房空间，只能采用煤气罐做饭，带来了较大的安全隐患。而其他市政管廊如下水管道常年失修，无人管理，经常堵塞；雨污水合流问题还进一步增加了污水处理厂的工作，并对环境造成了污染。市政设施的不完备使居民基本日常生活十分不便。

停车设施。历史街区内街巷空间狭小，道路窄，平均宽度不足5米，机动车、非机动车和行人三种通行方式之间的关系没有达到平衡，即使汽车通行量非常小，不足总通行量的1%，但汽车尺度过大，占道停车问题严重，难以保障通行需求最大的行人群体的通行利益。

在非机动车的范畴内，私人车辆与公共车辆（包括共享单车、快递车辆等具有商业性质的车辆）争夺道路空间，同时挤压了行人空间，各种通行方式的人群没有"按需分配"，影响了各类使用者对街道空间的使用权益。更严峻的是，部分断头夹道和院内小道堆积了大量杂物，在影响通行的同时也存在着较为严重的安全隐患。为缓解交通的压力，亟须在街道现状基础上进行结构和需求的优化调整。

根据调研数据统计，街区内共计有六七十辆机动车通车需求，而这些车辆因无处停放长期占据胡同里的公共空间（见表1）。而非机动车则是上百辆堆积在胡同的各个角落，亟须采取相关措施对停车设施进行规划梳理。

表1　延寿街历史街区机动车静态交通情况

单位：辆

位置	工作日数量	周末数量	位置	工作日数量	周末数量
前门西河沿街	14	16	延寿街	12	13
佘家胡同	15	23	刘家胡同	8	7
东北园北巷	7	8	东北园南巷	5	3

2. 文化脉络割裂

（1）文物保护不足

街内蕴含有丰富的历史遗存，有迹可循的历史建筑共计约60个，例如位于佘家胡同 36 号的上虞会馆、位于延寿街 12 号的潮州会馆、位于东北园北巷 14 号的刘宝全故居等，但是由于缺乏对历史建筑的系统性统计调查与专项保护，这里的历史建筑受到了极大的破坏。

位于前门西河沿街 196 号的中原证券交易所，作为中国近代历史上第一个由中国人创办的证券交易所，为中国证券市场的发展奠定了基础，是京钞风潮的产物，也是金融风潮的见证者。同时这类中西结合的建筑形式反映了当时民国时期人们生活方式的潮流，极具历史价值。但观其现状，虽然原始建筑结构以及其他建筑语汇如壁柱、平券窗洞、玻璃高窗和铸铁围栏等依然可见，但整体空间由于缺少维护修缮而变得破败。20 世纪 50 年代后因证券市场停业，这里变为中科院职工宿舍，首层因此被众多私搭乱建的厨房所充斥。

（2）文化表达错误

正如勒庞在《乌合之众》中所言，大众更容易对夸张的、形象化的东西产生反应。尤其是在如今这样一个"快餐式"的时代，文化只有在空间上不断强化自己的形象，才能彰显其存在。因此，资本将历史街区这一文化载体通过"一层皮"式的保留向大众展现所谓的"文化符号"，而历史街区自身的独特性则通过对细节构建的重复式叠加进一步强化，尽管在这之中有些表达并不符合传统规制。

而大众在游览历史街区时往往只对堆砌的符号化表象有所反应，既不在乎文化符号所展现的是否符合历史事实，也不在意这些文化符号背后所代表的含义，仅仅浮于感官上的"文化刺激"。

（3）文化传播渠道欠缺

延寿街历史街区具有诸多历史遗存建筑，是传统商业文化、梨园文化、京味文化的荟萃之地。街区内曾会馆云集，例如襄陵会馆、云间会馆、潮州会馆等。并且众多京剧演员也曾居住于此。但是这些灿烂的非物质文化遗产鲜有人知。除此以外，延寿街历史街区内其他具有百年历史的物质遗存以及背后所蕴含的众多历史记忆也未能得到广泛宣传。

胡同内的旅游黄包车的车夫是胡同历史的主要传播者，但由他们向外传

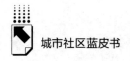
达的历史信息大多是未经考究、片面且不准确的。因此，需要有更准确的文化传播方式，通过对延寿街区的规范性、历史性的解读，展现北京城市悠久的发展历程、有机的发展脉络和独特的历史文化氛围，使其具有独一无二和不可替代性。

3. 社会问题显著

通过对历史街区问题表象的梳理发现，居住型历史街区未能实现更新主要源于社会问题。一是弱势群体高度汇聚。延寿街区人口老龄化严重，且人群结构中外来务工低收入人口数量较多，如此高度密集的弱势群体不仅造成历史街区有限的土地上承载过高，给市政、交通、公共服务设施带来过大压力，居民生活的基本条件无法得到保障，也对街区的功能、风貌和社会稳定发展产生了巨大影响。二是产权主体关系复杂。中国特殊且多样的产权类型造成了一块土地之上拥有多个主体（产权人和使用人），导致交织在一起的主体利益难以均衡，社会主体的参与意识也因此十分薄弱。

（1）弱势群体集聚

据统计，延寿街历史街区共有 3852 户，常住人口密度约为 160.45 人/公顷，是北京市 2020 年常住人口密度的 12 倍之多，因此，大量的人口高度汇集在只有 11.2 公顷的用地面积之上，严重的住房供需不平衡关系导致历史街区出现了大量私搭乱建，使传统的空间肌理遭到破坏。另外，延寿街区人口老龄化现象十分严重。显然，有能力的年轻一代随着街区内的环境日益衰败而纷纷离开，老年人多因身体状况、经济水平以及情感等主客观因素继续留在当地生活，导致街区老龄化现象较为严重，而年龄结构倒挂的问题进一步加剧了地区的衰败。不仅如此，街区破败的物质条件导致房屋租金低廉，吸引了外地人来此经营利润微薄的小商店、五金店等，一方面为本地居民提供了物美价廉的社区服务，另一方面也给社区管理带来压力。

由此可见，在历史街区更新启动之前，延寿街历史街区已呈现出"弱势群体"的大规模集中。从社会学的视角来看，弱势群体主要指的是由社会结构急剧转变、社会关系失调，或是一部分社会成员因自身的某种原因（竞争失败、年老体弱、残疾等）造成对现实社会的不适应，并且出现了生活障碍和生活困难的人群共同体。经济方面的低收入以及生活方面的贫困是这一群体最为外显的特征。从以上内涵观察延寿街历史街区的人群特征可以发现，这里是弱势群体的聚居地，并且社会结构也已经呈现劣势的同质化集聚乃至固化的特征，而这些弱势群体的权利常在街区更新的过程中被强势群体如政府和企业所忽视。

（2）产权主体关系复杂

正如前文所述，受不同历史阶段政治经济因素叠加产生的影响，如今历史街区实际上面临着复杂的权利关系问题。一是产权关系类型多样。经过几十年的权属转让，历史街区内的产权主要分化为直管公房、私产、单位产和混合产四类，而不同的产权类型在街区更新阶段需要面向的主体人是庞杂且多样的，可采用的解决方式也是需要逐一去探讨，不可一概而论。二是产权与使用权严重分离导致房屋的修缮与维护难以正常进行。由国家和集体所有的直管公房和单位产房屋，由于其住户多为居住了几十年的老租户，常年来远远低于市场份额的低廉租金难以平衡房屋修缮的成本；而承租人由于没有房屋产权更不会主动承担修缮的责任，因此在权责分割的情况下住房条件逐渐恶化。对于私产主来说，他们虽然拥有房屋产权，却因地区内公共设施的欠缺而纷纷搬离，将房屋出租给外来务工人员。私产所有者抱着不知何时进行拆迁的心态，不愿意进行房屋修缮，而承租人则更不可能对毫无归属感的地区产生主观能动性去参与历史街区的维护。

延寿街区面临的复杂的产权关系以及产权与使用权的分离问题令居民的生存条件十分艰苦，更有甚者，各类历史遗存在私有或共有的产权关系下，因为主观保护积极性不足以及资金不足等未能得到妥善保护与传承，历史价值无法得以展现，也正是因为如此错综复杂的权益主体之间的利益纠葛使历史建筑保护面临重重困难。因此，只有对历史街区的产权问题进行解决才能阻止其进一步衰败。延寿街现状问题关系网如图1所示。

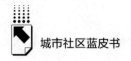
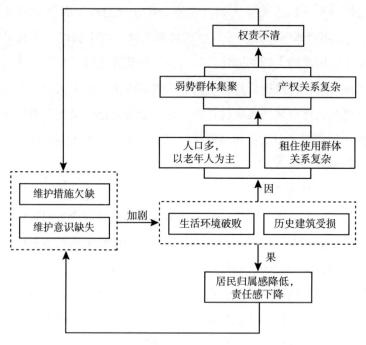

图1 延寿街现状问题关系网

二 "社会—空间"视角下的北京延寿街历史街区更新

中国的城市化发展进程推动了城市向高质量发展迈进的脚步。在经历了传统的大拆大建以及"商业化""同质化"的改造浪潮后，无论是政策导向还是社会现实的迫切需求都对当前城市转型阶段的发展路径提出了新的要求，城市更新需要重新审视和探索如何贯彻以人为本的发展理念，解决城市发展过程中的各种不正义问题，实现城市的可持续发展。

历史街区的更新不只是空间形态上的改造、空间功能的升级以及历史文化的复兴，还伴随着社会关系的重组与社会结构的变化，实际上是一场精神空间、物质空间与社会空间三者综合的空间再生产过程。无论是"博物馆式"的保护模式还是"商业旅游化"的更新模式，都因忽略了地区的社会主体而无法带来历史街区内在的生命驱动力。而"社会—空间"视角下的历史街区的营造始于对社会关系、社会问题的研究分析，坚持社会公平正义，强调保障弱势群体的空间权益，通过激发社会主体的主观能动性去改善人居环境，带动历史街区生机与活力的持续性。因此，延寿街历史街区更新的空间再生产过程要坚持"社会—物质—精神"统一的更新路径，以解决社会问题为出发点，通过对社会空间下的社会关系梳理与重构，进而解决居民在物质空间的生活生产以及精神空间的传承与传播问题。

（一）社会空间重构

列斐伏尔所说的社会空间象征着使用者之间由利益相互作用产生的社会关系，是空间中的各种权力博弈产生的结果，真实地反映了现实利益主体间的复杂关系。而延寿街历史街区中具有复杂的产权主体关系，并且汇聚着大量在空间生产博弈中被忽视的弱势群体。因此，延寿街历史街区更新下的社会空间重构实际上就是通过厘清复杂的社会关系，保障弱势群体权益，构建多方参与平台等策略的空间再生产过程。

1. 厘清产权边界

在历史百年沧桑里，大量传统房屋由于产权明晰得以维持着基本完好的状态，而过去的几十年来，由产权政策的反复变化导致的房屋多元主体职责不清给传统建筑带来了巨大的破坏。在这些房屋中，占比最大的直管公房和单位产房屋由于租金低廉，难以维持最基本的维修要求，更不用说试图改善居民的住房条件和保护历史街区的传统风貌，因此厘清产权边界、解决复杂的产权关系是历史街区更新的基础与关键。

（1）明晰财产权和行为权

厘清产权边界首先需要明确产权所包括的两层含义：一是财产权，二是行为权。按照西方产权经济学的定义，财产权指的是将财产作为物的形式产生的财产与人的关系，反映的是狭义上的所有权，它所具有的是对资产的占有、支配、转让等一组"权利束"。所有权的归属是确定且唯一的，而行为权实际上指的是作用在财产这一物质载体之上的各个主体之间的权责利关系，反映的是人与人之间的关系。它包括两个及两个以上所有者之间、所有者与经营者之间以及经营者与经营者之间的权责利关系。因此，厘清产权边界一方面是要明晰财产权，界定所有权界限；另一方面是要明晰行为权，界定各产权主体的权责关系，要求他们除了行使自己的权利，也要履行自己的职责。

实际上产权问题的根源不在于所有权上，因为财产的所属是固定且唯一的，历史街区产权问题的本质是由未能明确各主体的行为权而导致的。人们常常在现实中只关注了权利而忽视了相应的义务，而明晰行为权除了决定了权利边界，还包括权利所带来的人们相互之间的义务，每个产权主体都必须遵守与其他主体之间的责权利关系。因此，相关部门应对街区中各类房屋的产权人、面积等相关信息进行统计备案，再根据不同的产权类型明确告知其相应的权利与义务。只有在明确公私的权益边界后，通过整合权属关系，才能更好地对院落进行更新保护及发展，也能促使公众广泛参与到与自身利益相关的街区实务中来。

据统计，延寿街区内共有院落404个，其中私产院落131个、单位产院落30个、直管公房院落148个、混合产院落58个、产权不明院落37个。街区内产权类型以私产和公房为主。产权边界的确定，为街区后续院落物质环境更新工作的开展奠定了基础。

（2）整合使用权

基于尊重居民的私有财产，对于私产类型的院落，其自身享有使用权，此处无须进行整合。而历史街区中以直管公房和单位自管公房的使用权严重破碎的问题最为棘手，而这些公房实际上已经完成了其在历史时期中所承担的保障住房的使命，应该对其使用权进行整合，这样可有效避免院落在更新改造过程中面临由多个主体人交织的烦琐手续及利益纠葛问题，使外部效应内部化，进而推动历史街区更新发展的步伐。

而整合使用权可采用"申请式退租"的方法。一方面，历史街区在城市发展的过程中经历了各个时期的人口涌入，导致地区的环境承载能力超负荷，亟须通过人口疏解来实现改善环境的目的；另一方面，对于拥有历史价值的院落，多个承租主体增加了传统建筑修缮维护的难度，因此采取申请式退租不仅可以实现院落使用权的有效整合，还能通过异地换租等方式输出部分人口，进而提升历史街区的环境承载力。

申请式退租是目的导向的，政府、实施主体通过街区评估、实地调研对可利用的腾退空间进行前期研究，明确哪里能做、能做什么、怎么做。在空间可利用性研究的基础上，有针对性地开展申请式退租、恢复性修建等后续工作。通过申请方式体现居民外迁意愿，又以评估和腾退前的空间可利用研究为导向实现腾退空间的有效再利用，避免疏解后的空间资源利用率低下的情况发生。

2. 构建多方参与平台机制

历史街区更新工作涉及政府管理、政策制定、城市规划设计、建筑设计、社区营造、市场运作等方方面面，是众多不同角色共同参与的空间再生产的过程。而在这场空间生产的博弈中，传统的更新路径更多的是以政府与资本（企业）的利益诉求为主导，居民作为社会主体的力量与话语权在其中是不均衡且不对等的。

随着社会的发展，居民开始意识到自己作为空间的主体所具有的空间权利，对于每一个城市居民来说，参与城市空间生产的权利是他们作为公民的基本权利。空间正义要求历史街区内的任何居民都应当具有参与空间生产和空间分配、平等获得空间资源、参与城市规划决策的机会，并确保他们在历史街区更新过程中能够表达自己的需求，正确有效地行使自己的知情权、参与权和决策权。

历史街区的空间生产中，寻求空间正义首先要求的就是确保公民的"城市权利"，使公民不仅得以享受城市空间的权利，与此同时还获得平等参与和塑造城市的权利。列斐伏尔提出的这个概念不仅是对过去由政府和资本主导的空间生产实践的批判，也是在为当代中国的城市治理提供新的视角。正如哈维所说："城市权利不只是公民在享用都市资源上的个人自由，

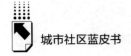

它还强调了公民有权通过变革城市而改变我们自身。"城市居民有权利拒绝资本和权力的单方面控制，并主张由自己来控制空间的生产。

因此，基于空间正义价值导向的历史街区更新应是不同利益主体之间相互制约以达到平衡的社会实践行为，从而构建包括政府职能部门、国企建设平台、街道、居民和社区规划师组成的"五方平台"是十分必要的。多方参与模式是在政府的监督管理之下，由多个主体共同对城市公共事业进行共建共治共享的过程，其最终目的是实现城市经济社会的长久发展，实现城市的可持续。

（1）政府

在历史街区空间再生产的过程中，政府应当弱化直接参与，由行政性管理转向治理型，强调政策制度的秩序监督反馈，如建立奖励机制或街区文化产业创业基金会等引导资本（企业）对居民社会文化意识的培养与物质修缮的扶持。建立监督机制保证历史街区社会公共空间不被任何一方私有化，只有维持历史文化街区的社会生活网络的稳定与文化传承，才能在未来发展阶段中满足当地居民的多元文化精神需求。

（2）企业

企业在这一过程中需要承担起自身的社会责任，摆脱过去寄希望于拆改带来的土地暴利，作为实施主体，需要实现政府为百姓谋福祉、促民生的愿景，通过规划设计、土地及房屋整理、资金筹措、市政公用配套设施建设开展历史街区更新工作。与此同时，为实现收支平衡可通过整合资产、利用后续租赁运营管理以达到营收的目的。

（3）街道办事处

街道办事处在整个历史街区更新过程中主要起着中间协调作用。办事处或社区居委会需要进行前期调查，并积极动员和组织居民参与进来，与此同时还要为后续社区规划师开展工作进行组织和协调。

（4）居民

多元主体参与模式核心在于能够给予居民在其所居住城市的"发言权"，从而通过政治参与重塑城市空间，保障空间再生产过程不会为了实现政府及资本等强权力的空间权益而忽略弱势群体和边缘群体的空间权利，其价值在于践行人民城市人民建的重要理念。因此，在实现城市空间正义的过程中，居民不能让自己被动地接受政府及资本的不正义对待，而是要积极主动地寻求自己的城市权利，发挥其所拥有的知情权、参与权、表达权以及决策权等，成为空间生产中的主导者。

对于历史街区来说，其更新模式不应是一方主观强制的集中拆改，而是要基于地区的经济社会文化情况，尊重居民的真实诉求，采取渐进式的、差异化的、因地制宜的更新路径。规划师也应该为居民提供有针对性和选择性的更新方案。本次历史街区更新采取的申请式退租政策实际上与以往棚改征收项目的强制性不同，居民可选择搬或是不搬，自愿向实施主体申请改善住房条件。不仅如此，申请式退租不是盲目性腾退，也不是为了腾退而腾退，而是由居民自愿申请，通过自下而上的方式，达致人口疏解、居住环境改善的目的，并能够避免由人口整体置换导致街区人口结构发生变化、生活延续性遭到破坏，进一步造成街区文化传承断层等现象发生。

此外，在历史街区的社会空间重建过程中，居民的参与过程也是维持居民情感纽带的重要策略。许多居民基于对街区的归属感自愿继续生活在此地，而对于这些居民可以通过鼓励其在"新历史街区"空间内从事文化活动和商业经营活动，使得住民依旧同历史街区保留有社会属性下的空间联系，同时还能有利于历史街区固有传统文化的传承。因此，居民的有效参与实际上是在空间正义的价值导向下产生的社会关系再生产过程，可以为空间的可持续发展提供源源不断的基础力量。

（5）社区规划师

社区规划师实际上是以一个外来者、第三方的身份介入的，通常是聘用具有古建、规划、社区营造等相关专业背景的专家学者，其职责除了通过了解居民需求来指导街区更新方案的设计、协商、实施等技术工作外，还要鼓励引导居民发挥他们的主人翁意识，帮助街区居民共同参与到项目改造中，一起研讨街区的建设、整治、服务、管理和宣传，努力承担起其作为政府—

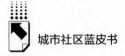

企业—居民之间的桥梁作用，利用多方参与平台解决各种问题、达成共识，增强和提升居民的参与感、幸福感和安全感。

例如，我们在延寿街历史街区更新工作中，采用社会学的研究方法，发放了506份调查问卷，并与居民进行一对一访谈，让他们更加直接地参与到街区更新的过程中，分享他们在社区的生活现状，表达他们的生活需求以及对更新改造的态度和愿景，确保居民在历史街区空间再生产过程中的知情权、参与权和表达权的行使。除此以外，在设计过程中还可通过街区议事会及时向居民更新设计动态，并让其在设计中添加想法及意见，使其充分参与到街区空间再生产的整个过程中，行使自己的话语权。

（二）物质空间重塑

物质空间重塑的过程是在"人民城市人民建"的发展理念指引下展开的。传统的"旅游化""富人化""商业化"的更新模式让历史街区这一城市公共资源变成了少数人的所有，产生了社会隔离、社会分化等现象。此外，还严重剥夺和忽视了生活在街区里的居民个体利益及生活需求，进一步造成传统社区之下的邻里与生活情景也无法保存与延续。因此，在基于充分的社会调查后针对物质空间的问题本着社会公平立场、城市记忆立场以及城市历史风貌延续的立场对街区进行相应的更新策略制定及空间提升设计。

1. 街巷空间营造

延寿街历史街区作为以居住功能为主的传统风貌住宅生活区域，其街巷公共空间基调不仅要尺度宜人、环境舒适、设施完善，还要保持古朴、安静、和谐、亲切、整洁的风格。

因此，在基于现状调研后根据类型学划分对街巷空间进行分类，进而制定街巷空间改造策略。延寿街区作为拥有丰富历史建筑的地区，其建筑周边的环境营造是我们对街巷空间进行分类的主要依据，因此基于建筑价值、建筑功能及空间品质将街巷空间分为两大类六小类，并根据类型分别制定了改造策略（见表2）。

表2 街巷空间营造策略

分类	与文物类建筑结合的空间		与非文物类建筑结合的空间			
	有树	无树	公共建筑周围有树	公共建筑周围无树	居住建筑周围有树	居住建筑周围无树
数目	1处	1处	3处	2处	2处	23处
位置	中原证券交易所旧址	刘家大院旧址	琉璃厂东街、延寿楼	延寿街	佘家胡同、百合园胡同	分布在街巷中
改造策略	通过对公区空间的精细化打造,突出文物建筑风貌,烘托清新素雅的氛围,打造一个开放、有特色的历史性公共空间		移除部分花箱,增设小型的健身娱乐设施、停车设施。形成开放灵活的室外活动空间,促进邻里关系		根据实际情况、栽植数目,增设或更新城市家具,形成休憩空间	

对于与文物类建筑相结合的空间,如中原证券交易所旧址及刘家大院旧址周边的公共空间,通过对公共空间的精细化打造,突出文物建筑风貌,烘托清新素雅的氛围,打造一个开放、有特色的历史性公共空间;对于与非文物类建筑相结合的空间,如佘家胡同、百合园胡同等区域的空间,通过增设小型的健身娱乐设施或更新城市家具,增加适老化设计形成开放灵活的室外活动空间及休憩空间,以促进邻里关系。如位于东北园胡同中段的临近公共建筑的街巷微空间,面积约82.95平方米,通过增加适老设施、休憩设施,调整垃圾站位置,增加古树保护,打造了一个舒适、宜人、整洁、适老化的休憩空间。

2. 建筑空间改善

根据《北京旧城25片历史文化保护区保护规划》的要求,在对现状建筑进行质量与文化的综合评价后进行分类,再针对不同类别的建筑采取相应的保护更新措施。保护区内的建筑主要分为六类,即文物类建筑、保护类建筑、改善类建筑、保留类建筑、更新类建筑和沿街整饰类建筑。在确定建筑类别后,基于产权类型的叠加进而为后续院落更新的重点内容指引方向。

(1)居住建筑

通过调研发现延寿街历史街区内以更新类建筑为主,这些建筑主要包括

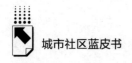
常年来未经养护修缮而造成房屋质量较差的传统建筑以及各个时期在街区内新建的现代建筑。而这些更新类建筑以居住性质为主，因此对于上述建筑，在基于产权分类后，采取相应的更新策略。

例如申请式改善措施，其主要面对未参加"申请式退租"的直管公房承租居民，以及私房居民和单位自管公房居民。根据自家实际情况，本着"自愿、自主、自费"的原则，参加实施主体组织的"申请式"改善工作，提升胡同院落的居住品质。统一住房改造标准，通过激励政策为住房改造提供财政补贴，促进住房空间的适应性改造。

在具体改造内容方面，居民可按照阶梯套餐自行负担，根据每平方米不同的价位进行选择。根据调研反馈，居民针对院落内的需求主要在于厨房和卫生间等设施的补充，因此针对建筑改造，除了进行保温加固等安全措施外，还要进行功能完善。

（2）商业建筑

历史街区传统建筑的改造更新需要考虑空间尺度、风格和肌理的变化，要依据不同时期、不同地区的历史街区风貌特点，把握街区内传统建筑的主要特征规律，对传统建筑的房屋、门、墙等基本要素提供不同比例和档次的标准图样设计及工程做法准则，为自行修缮的居民以及工程施工人员提供指导，确保传统风貌不走样。

延寿街作为街区传统风貌中老字号等零售商业聚集、交易频繁的街道，其基调应为设施完善，商业氛围浓郁、热闹、有趣、古朴，传统特色鲜明、有序、整洁。因此，根据核心区胡同导则、传统建筑导则、城市设计导则等要求，对沿街商业建筑自上而下对单体建筑的各个要素进行引导设计。

一是沿街立面处理原则。沿街立面的整体处理要坚持如下原则：去除外立面的过度装饰，恢复原有门窗立面；针对擅自向外扩建的房屋、构筑物超过红线占用公共空间的，一律"去伪存真"进行拆除；擅自加建房屋、增加房屋高度的建筑一律建议拆除削层，恢复原有建筑高度；去除外立面的过度装饰，恢复原有门窗立面。

二是立面处理内容。根据建筑立面自上而下的具体要素，分别对屋面、墙面、门窗、台阶台明和散水以及牌匾进行有针对性的处理，并配以相应的示意图。

三是立面整饰效果。根据上文沿街商业建筑的更新改造指导准则及要求，在经过现状调研后对延寿街东西两侧建筑进行一户一策的更新设计。

3. 基础设施提升

空间正义导向下的历史街区更新要求公共资源在城市空间中的合理分配，即公共交通、基础设施、生活配套等公共资源要在公正的前提下充分满足地区居民的空间需求，因此历史街区公共资源的数量和质量要能够符合人民的生活水平。

（1）完善市政设施

世代生活在历史街区的居民由于城市管理体制以及历史因素等问题综合叠加，其生活质量与整个社会的生活水平形成了巨大的落差，并且基础设施的落后严重制约了历史街区的现代化进程。在历史街区内生活工作的居民作为现代社会的一分子，需要得到城市所能提供的基本生活条件支持。

其中，市政基础设施的建设与完善是提高生活质量、满足现代生活需求的重要基础。延寿街历史街区现状市政设施中，雨污合流、电线电缆混杂暴露在街巷等问题带来了严重的卫生及安全隐患，迫切需要敷设雨污分流、电力、电信、天然气等综合管廊。由于历史街区较为狭小的空间特点，管线不能按照常规标准来布设，必须要基于现实条件采用新技术、新材料等综合手段来解决。

根据 2019 年北京市地方标准《历史文化街区工程管线综合规划规范（DB11/T692-2019）》，胡同综合管廊的管线设置种类应根据需求及道路宽度、管线规模等因素综合确定。实现雨污分流的院落可以占到街区总院落的70%，街区内长度约744米。

针对院内小市政，根据延寿街区总体情况，有三种策略可解决，即胡同内雨污化粪池、院内化粪池和采用新型马桶。其中可设置胡同化粪池的院落与院内设置化粪池的各类历史院落约占总量的50%，有条件设置的约占15%，合计约320个化粪设施；其余可采用新型马桶解决院内排污，大约有

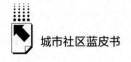

60 个。

（2）规范停车设施

历史街区的保护除了针对成片的传统建筑，其街巷道路的尺度与形态也是维系街区传统风貌的重要一环。历史街区街巷的空间格局以及交通属性决定了其必须采用小规模、分散式的交通设施，因此要摒弃当前城市发展中重快速交通、轻慢行交通的理念，避免历史街区内的慢行空间不断被机动车挤压，要形成街区绿色出行的交通网络。因此，一方面要严格限制货物运输和外来私家车进入历史街区，另一方面要利用街区内密集的街巷道路系统大力推广步行、慢行等绿色交通方式。

根据现状交通设施调研，街区内部机动车停车与非机动车停车问题严重，需要优先处理停车设施。对于机动车优先解决社区"三证合一"以上的停车需求，然后根据出行方式的不同，分类制定相应的解决办法。

首先，禁止机动车在街区内通行，保障步行、慢行优先，打造低速的安全街区，利用周边的沿街路侧停车位以及周边停车场协调解决佘家胡同约15 辆机动车的停车需求，而延寿街有商业货运需求的机动车则要在规定的时间段进出。

其次，针对两类非机动车的限制采取精细化的管理措施。一是老年代步车，作为街区内老年人主要的代步工具，短期内允许老年代步车通行停放，对其进行精细化管理，规划代步车停放空间，禁止街巷内随处停放，并根据街巷的宽度不同，制定不同的空间划分；远期则通过更新项目，提供地下空间完善街区非机动车配给。二是自行车，为街区补充共享单车的出行选择，并在停放区域设置电子围栏，保障停放有序，维护街巷风貌；而对于居民的自用自行车，沿街公共空间考虑部分非机动车需求，创造整洁的街巷空间。

（三）精神空间营造

历史街区历史文化的保护与传承是实现历史街区精神空间发展的必然要求。以历史文化、地方风貌等为代表的精神空间的留存是历史街区得以存在和具有珍贵价值的重要原因。在历史街区更新中，必须时刻着眼于文化的传承，"只见物质翻新，不见精神传承"的更新模式是对历史街区空间的"建设性破坏"，失去了历史与文化传承的历史街区只能沦为"千篇一面"的假古董。此外，文化本身并不仅仅只是美学的形象展示，它还涉及社会群体的生活方式、共同记忆和认同等非物质层面，因此历史街区更新的文化保护策略除了塑造历史建筑空间以外，还可以从社会层面去探索实现历史文化保护与传承的方法。

因此，在对历史街区进行精神空间营造时，一方面在满足街区传统保护定位的基础上对其进行恢复性修建，并对相关历史信息进行梳理总结，建立历史档案清单，以此为依据实现历史信息的留存与传承；另一方面，基于对地区特色民俗、商业、文化的精准把握，在更新过程中对历史街区特有的传统艺术、商业氛围和生活方式进行挖掘总结，并对历史街区居民口耳相传的历史故事、民间传闻、传统艺术、老字号等进行再发现和再创造，进而实现历史街区文化传承的延续性和创造性。

1. 立足历史文化载体实现文化复兴

实施文化复兴的目的并不只是通过保留历史遗迹来缅怀昔日文化或追寻古老往事的痕迹，而是要在物质上与精神上使我们的城市文化乃至生活本身得以延续。因此，如何实现历史文化载体及内涵正确合理的保护、展示及传承是文化复兴的重要主题。通过建立社区历史资料档案清单、以产权为基准更新活化历史建筑以及打造街区微型文化探访路的措施，去实现当今和今后世代都能触摸到传统文化"不能消失的未来心跳"愿景。

2. 建立社区历史资料档案清单

通过在街区内进行实地勘探摸查，以门牌号数为基准，结合用地功能、产权性质、建筑风貌、质量、风格、历史信息以及现状和设计效果，建立街区历史文化信息清单及档案资料（见表3）。该清单不仅可以作为现阶段历史信息资料的汇总，为未来历史建筑保护更新工作的开展奠定基础，还可以弥补街区历史文化资料的空白。历史信息档案虽然记录的是此刻现状，但是经过不断更新与积累，此刻的信息也会成为未来的历史，成为后代了解延寿街历史街区文化内涵的直接途径，实现历史文化的有效延续。

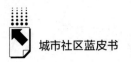
表 3　历史建筑院落信息

级别	位置	名称	产权性质
文物	前门西河沿街 220 号	正乙祠	单位产
文物	前门西河沿街 196 号	中原证券交易所旧址	单位产
文物	前门西河沿街 186 号	钱业同业工会旧址	直管公房
文物	刘家胡同 1、3 号	刘家大院旧址	单位产
文物	西太平巷 5 号	王士禛故居	私产
文物	琉璃厂东街 29 号	琉璃厂火神庙	直管公房
保护院落	佘家胡同 13 号	民居	混产
保护院落	佘家胡同 14 号	民居	单位产
保护院落	佘家胡同 31 号	民居	私产
保护院落	佘家胡同 37 号	民居	单位产
保护院落	东北园北巷 2 号	民居	直管公房
保护院落	东北园北巷 4 号	民居	单位产
保护院落	东北园北巷 6 号	民居	混产
保护院落	东北园北巷 7 号	民居	直管公房
保护院落	东北园北巷 8 号	民居	混产
保护院落	东北园北巷 9 号	民居	私产
保护院落	东北园南巷 10 号	民居	单位产
保护院落	延寿街 108 号	民居	私产
会馆	前门西河沿街 192 号	莆仙会馆	直管公房
会馆	佘家胡同 36 号	上虞会馆	直管公房
会馆	佘家胡同 15、17 号	浙江学会	直管公房
会馆	佘家胡同 11 号	襄陵北馆	直管公房
会馆	延寿街 12 号	潮州会馆	直管公房
会馆	延寿街 33 号	吴县会馆	直管公房
会馆	刘家胡同 1 号	云间会馆	单位产
名人故居	前门西河沿街 222 号	林子杨故居	混产
名人故居	东北园胡同 21 号	王芗斋故居	直管公房
名人故居	东北园北巷 14 号	刘宝全故居	私产
历史建筑	延寿街 49 号	王致和酱菜	单位产

级别	位置	名称	产权性质
历史建筑	延寿街 61 号	商店	直管公房
历史建筑	延寿街 63、67、73、75、77 号	商店	延寿街 73 号直管公房,延寿街 63、67、75、77 号私产
历史建筑	延寿街 83、85、87 号	王致和南酱园	单位产
重要遗迹	佘家胡同 16 号	民居	直管公房

（1）以产权为基准更新活化历史建筑

历史建筑作为历史街区最直接、最触手可及的公共文化资源,所承载的历史文化是市民所共有的社会实践与生活记忆,其公共性决定了它是面向社会大众的共享资源,并通过这种共享式使用来传播地区的文化内涵。因此,在遵循老城整体保护的原则下,首先对延寿街有历史价值的院落进行原始功能分类,主要分为文物类建筑、保护类建筑、现存会馆、名人故居、历史建筑五类,再结合建筑风貌以及产权类型对历史遗存进行分类引导,明确院落更新的机遇所在,通过建立分阶段的、渐进的菜单式保护和更新设计方案来进行历史建筑活化。

例如,街区内的保护建筑——位于西河沿街 196 号的中原证券交易所旧址,建筑坐北朝南,两层砖木结构,屋顶用三角桁架,占地东西 16 米、南北 33 米。二层为周圈走马廊,中间为贯通二层的天井,上覆三角桁架罩棚,两侧开窗;立面为青砖墙,北立面临街,五开间,有台座,墙面有壁柱和檐口线,壁柱柱身有线脚;一层中间开门,其余各间开窗;室内装修如隔扇楣子等多用中式素材,而楼梯栏杆为西式。该建筑呈现出西风东渐、中西合璧的艺术特点。

经过实地勘探,发现此文保单位由于历史原因演变为中科院职工宿舍,首层就被众多私搭乱建的厨房所充斥,因此对于文保单位中原证券交易所旧址的保护更新利用,首先,要基于产权类型进行现有居民的腾退安置。其次,通过对《宣南鸿雪图志》等历史资料的求证查阅,对该类历史保护建筑进行恢复性修缮。为满足现代化需求,对内部设施、照明、给排水及空调

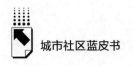

系统进行功能完善。最后，对其进行活化利用，可以采取兼顾展示与商业的精品展演场地，最大化地展示建筑本身的艺术性与故事性，提高文物知名度及教育价值。

（2）打造街区微型文化探访路

对延寿街历史街区的现状问题进行梳理后，笔者发现街区内散落着大量具有历史价值的院落，但缺少对外展示的途径与方法，也缺少正确的传播方式。因此，笔者认为通过充分挖掘历史街区的文化基调，将散落的历史建筑、文物古迹、名人故居等特色文化资源有序地串联起来，提炼文化价值，设计出具有特色主题的线路进行整体推介，让老百姓亲身体验历史文化资源的独特魅力。

以延寿街、佘家胡同为主干，联系东北园胡同、东北园北巷和南巷等街巷，根据街区内现存历史院落的特征类型制定了以正乙祠、中原证券交易所旧址、王士祯故居等文物为主的历史遗存探访路，以琉璃厂东街沿线为主的文化活力探访路，以展示莆仙会馆、潮州会馆等会馆遗存为主题的会馆文化探访路，以及以展示延寿街传统生活性商业为主题的市井文化探访路。不同的文化主题打造不同的文化探访路径，展示和讲述延寿街丰富多样的历史故事。

3. 基于街区集体认同感形成文化共识

某种程度上，由变迁、故事、记忆等要素构成的精神空间，是历史街区的灵魂。历史街区在兴衰沉浮之间留下了曾经喧闹繁荣的蛛丝马迹，这些痕迹不仅存在于斑驳的建筑中，更在那些让人们津津乐道的历史故事里，而这些历史故事也在无形之中塑造着街区居民的集体记忆。

以人的记忆功能为基础建立起来的集体记忆，会因其所拥有的社会属性不断影响和塑造着群体的集体认同。从这一点来看，社区文化生活中的群体认同，就是以集体记忆为媒介而形成的一个共识，并在共识观念的推动下促使社区居民持久参与，从而达到社区的可持续发展。在集体记忆的塑造中去鼓励民众参与历史建构，其实也是历史街区情结的一种"参与式延续"。

（1）居民口述史追溯历史信息构建集体记忆

集体记忆来源于个体或团体对分享不同文化经历或故事的强烈渴望，因此，"地方历史项目、口述史以及影音纪录，通常都会带给我们超越史料记载的前所未闻的声音"。对聚集在一定区域内的某一群体而言，街区的文化档案所承载的地方性的社会群体记忆是必不可少的。

我们与一位80多岁的老人进行口述史访谈后，了解到了地方志所未曾记载的延寿街南端王致和南酱园的历史故事。每一项历史纪录、每一次群体认同，不仅是对当下生活的认识和诠释，更是对未来生活的一种引导，它可以调动和约束人类行为，可以创造社区的人文氛围，还可以引导社区群体去探索和体验生命的意义与价值。而居民作为参与者也会以认同感和归属感为基础，开始主动或被动地参与公共文化生活，借由重温集体记忆，重拾自身存在感来创造多维认同，进而又以共识为动力更加积极地参与，甚至会带动其他居民共同参与。在持续不断的参与过程中形成正反馈机制来推动共识或认同的再生产，从而使历史街区的更新进程得以持续地进行。

王致和南酱园的故事恰恰说明了老人正是基于他对自己所生活的历史街区文化上的认同感、归属感及自豪感而积极地向笔者讲述他记忆中的地区历史，而广泛开展的口述史研究会将个体的记忆不断汇聚形成集体记忆与集体认同，进而促使更多的居民参与到街区历史文化信息构建以及历史文化保护传承的工作中来。

（2）复兴老字号，打造文化产业IP

延寿街作为存在了600多年的生活型商业街道，商业也早已成为其独特的文化属性之一。在这里也曾诞生过一些优秀的老字号，这些老字号有的一直延续至今，有的却在历史洪流中逐渐消失。而这些不复存在的老字号通过邻里口耳相传成为集体共同的历史记忆。王致和南酱园作为老居民口耳相传的老字号，承载着地区的文化历史，以居民的集体文化记忆来复兴"王致和南酱园"一类的老字号，打造地区文化产业IP，不仅可以重塑传承街区历史文化，还将文化内涵注入产业发展。而基于居民集体记忆而带来的产业类型，还可以有效地避免以经济导向为主的过度商业化而使居民产生排斥感。

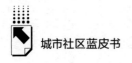

三 结语

历史街区更新面临的是居民生活的物质空间提升、历史文化的传承以及解决社会问题的综合难题。街区更新需要综合考虑上述三类问题，去寻找统筹解决的方案，任何单一方面的更新措施都无法实现历史街区可持续发展。延寿街历史街区的更新实际上是综合了物质环境、文化遗产及社会关系三重属性而展开的空间实践，如何从空间的社会属性出发并基于空间正义的价值诉求解决当前街区更新面临的综合难题是此类居住型历史街区更新的核心。

综观延寿街历史街区的更新策略可以发现，对社会问题的解决贯穿物质空间改善和精神空间营造的过程中，这其实是空间生产理论中"社会—物质—精神"三元空间之间相互影响形成的辩证统一关系。通过对产权主体关系的梳理及职责明晰，为物质空间下的建筑环境更新改造奠定了实施基础，也为精神空间下历史文化的物质载体带来了复兴方向；而基于空间正义价值导向构建的"政府—企业—街道—居民—社区规划师"多方参与平台，使物质空间中的街巷环境、居住环境、商业空间、基础设施等方面的提升改善以及精神空间下对历史文化的传承保护和发展，能够基于社会公平、集体记忆和延续城市历史特色的立场而展开。在政府监督管理下，国有企业作为实施主体，社区规划师引导居民共同参与到历史街区空间再生产的整个过程中，通过共建共治共享实现人民生活条件改善、城市历史文化延续的目标，实现延寿街历史街区菁华荟萃的宣南文化与现代人居生活的有机融合。

参考文献

何淼：《城市更新中的空间生产：南京市南捕厅历史街区的社会空间变迁》，硕士学位论文，南京大学，2012。

王庆歌：《空间正义视角下的历史街区更新研究》，硕士学位论文，山东大学，2017。

〔英〕E. F. 舒马赫：《小的是美好的》，李华夏译，译林出版社，2007。

何淼：《再造"老城南"：旧城更新与社会空间变迁》，中国社会科学出版社，2019。

〔加拿大〕简·雅各布斯：《美国大城市的死与生》，金衡山译，译林出版社，2006。

〔美〕刘易斯·芒福德：《城市发展史——起源、演变和前景》，宋俊岭、倪文彦译，中国建筑工业出版社，2005。

〔英〕史蒂文·蒂耶斯德尔等：《城市历史街区的复兴》，张玫英、董卫译，中国建筑工业出版社，2006。

吴良镛：《北京旧城与菊儿胡同》，中国建筑工业出版社，1994。

中华人民共和国住房和城乡建设部、国家市场监督管理总局：《历史文化名城保护规划标准》（GB/T50357-2018），中国建筑工业出版社，2018。

梁乔：《历史街区保护的双系统模式的建构》，《建筑学报》2005 年第 12 期。

宋晓龙、黄艳：《"微循环式"保护与更新——北京南北长街历史街区保护规划的理论和方法》，《城市规划》2000 年第 11 期。

原珂：《中国特大城市社区治理——基于北上广深津的调查》，社会科学文献出版社，2019。

王骏、王林：《历史街区的持续整治》，《城市规划汇刊》1997 年第 3 期。

夏志强、陈佩娇：《城市治理中的空间正义：理论探索与议题更新》，《四川大学学报》（哲学社会科学版）2021 年第 6 期。

张锦东：《国外历史街区保护利用研究回顾与启示》，《中华建设》2013 年第 10 期。

张坦坦、戴瑞：《存量规划视角下的历史文化街区复兴路径探索》，《城乡建设》2017 年第 12 期。

张鹰：《基于愈合理论的"三坊七巷"保护研究》，《建筑学报》2006 年第 12 期。

胡毅、张京祥：《中国城市住区更新的解读与重构——走向空间正义的空间生产》，中国建筑工业出版社，2015。

Robins K. *Tradition and Translation：National Culture in Its Global Context*，*Spaces of Identity*，Routledge，2002.

B.15
基于"两邻理念"的沈阳平安社区建设：逻辑透视、案例呈现与路径启示

曹海军　梁　赛*

摘　要： 随着统筹"两个大局"、办好"两件大事"、续写"两大奇迹"、打赢"三大攻坚战"等战略目标被摆在更加突出和重要的位置，实现更高水平的平安中国成为国家治理的重要目标。平安社区建设是平安中国建设的有力擎托，沈阳市的"两邻"社区建设是对平安社区建设的形式创新与生动演绎，为审视平安社区建设的现实进路提供了视角观照。通过构建以基层组织、基础工作、基本能力为三大向度的平安社区建设理论分析框架，能够对沈阳市的"两邻"社区建设实践进行透视与解构，并在宏观政策理论与微观实证案例的有效互动当中，实现对平安社区建设的完善联动机制、营造文化氛围、因应差异水平这三大进路的寻径。

关键词： 两邻理念　平安社区建设　平安中国建设

治理之道，莫要于安民。党的十八大以来，以习近平同志为核心的党中央高度重视平安中国建设并先后作出许多重要指示和重大论述。早在2013年习近平总书记便强调，"平安是人民幸福安康的基本要求，是改革发展的基本前提"；2017年党的十九大报告指出，要"建设平安中国，加强和创新

---

* 曹海军，博士，民政部研究基地东北大学城乡社区建设研究院副院长、教授，主要研究方向为城市与社区治理、数字政府；梁赛，东北大学文法学院博士研究生，主要研究方向为社区治理。

社会治理，维护社会和谐稳定，确保国家长治久安、人民安居乐业"；2019年党的十九届四中全会首次提出要"建设更高水平的平安中国"；2020年党的十九届五中全会首次将"安全"与"发展"放在同等重要的位置，指出"统筹发展和安全，建设更高水平的平安中国"是"十四五"时期的重大战略擘画和2035年的远景目标之一。基础不牢，地动山摇。平安社区建设是实现更高水平的平安中国的根基与擎托，"社区作为人民生活基本场景第一站，其平安建设和平安治理不仅符合人民对幸福生活追求的价值定位，更是平安中国建设与高质量人民安全感联结中的关键要素"。2020年11月召开的平安中国建设工作会议也明确指出，"平安中国建设要把重心落到城乡社区"，这有其现实性与必然性。统筹好"世界百年未有之大变局"和"中华民族伟大复兴的战略全局"是现阶段工作谋划的基本出发点，"两个大局"的交织、激荡导致新矛盾、新风险的涌现与叠加，"改革发展稳定任务之重、矛盾风险挑战之多、治国理政考验之大都前所未有"，推动平安社区建设是将矛盾纠纷和重大风险化解在源头、控制在早期的制胜之道。同时，"经济快速发展"和"社会长期稳定"是新中国成立70多年来所取得的两大奇迹，加强社会治理尤其是基层社会治理便成为续写"社会长期稳定"奇迹的必然要求。推动平安社区建设是实现基层社会治理体系和治理能力现代化的题中应有之义，"建设更高水平的平安中国以基层社会治理创新为抓手"，要"加强基层政权治理能力建设，增强乡镇（街道）平安建设能力"。在这种背景下，平安社区建设成为迫切需要重视和回应的理论与实践问题。

以"两邻理念"推进社区治理现代化的实践为审视平安社区建设带来视角观照。2013年8月习近平总书记到沈阳市沈河区多福社区看望群众时指出，"社区建设光靠钱不行，要与邻为善、以邻为伴"，这一重大论断为新时代社区治理提供了根本遵循，并有国内学者将其阐释为"塑造精神情感与搭建关系网络互为表里"的"两邻理念"。沈阳市是深入践行"两邻理念"推进社区治理现代化的实践先导，其通过制定与印发专项行动方案、年度重点工作安排、分类实施方案等文件有力推动了"两邻理念"在全市社区的深入贯彻与落实，并取得显著效果。截至2021年底，沈阳市共在

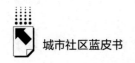

458 个社区开展"两邻"社区建设试点，推进邻里项目 1161 个，开展"邻里日"等活动 3200 余场次，并新设市"两邻节"以及形成"两邻"展示馆、体验馆等一批服务品牌。沈阳市的实践是对平安社区建设的形式创新与生动演绎，在同类案例当中具有典型性、代表性和参照性，能够为更好实现平安社区建设逻辑与经验、理论与实践的照应以及探究平安社区建设路径提供思想资源。

从现有的情况看，学术界对于"平安社区"和"两邻理念"两大主题偶有关注。前者主要围绕平安社区建设当中的防灾减灾问题、社区警务问题、法治保障问题、社区消防安全问题、社会治安综合治理问题以及平安社区的智能化建设和平安社区建设的经验介绍等方面，后者主要集中在党的十六大报告所提出的"与邻为善、以邻为伴"的周边国家外交方针。可以发现，学术界对于平安社区建设的研究缺少理论逻辑透视与实证案例支撑，且对于"两邻理念"的研究只涉及国家邻里关系而未关注到其在社区邻里关系当中的指导性作用，这是不应有的缺憾。在更高水平的平安中国建设以及基层社会治理现代化被摆在更加突出和重要的位置上时，把沈阳市深入践行"两邻理念"推进社区治理现代化作为解构和审视平安社区建设内容、形式以及进路的实践参照便显得尤为迫切和重要。

一　平安社区建设的逻辑透视

平安社区建设是更高水平的平安中国建设的有力擎托，由于理论观照与学理支撑的缺欠，以习近平同志为核心的党中央关于平安中国建设的指示精神便成为透视平安社区建设逻辑的必然和根本遵循。2020 年 11 月，习近平总书记指出，建设更高水平的平安中国要"加强基层组织、基础工作、基本能力建设"；随后召开的平安中国建设工作会议将城乡社区明确为平安中国建设的工作重心，并对基层组织、基础工作、基本能力建设作出具体阐释和明确要求，这为构建平安社区建设的理论分析框架提供了思想资源。整体来看，基层组织、基础工作、基本能力是三位一体的联动关系，基层组织是核心，基础工作是抓手，基本能力是保障。三者之间的良性互动和交互作用是建设平安社区和夯实平安中国建设根基的本然要求，是由社区"小平安"的策略层、要素层到国家"大平安"的目标层进阶的本然过程，其具体理论内涵与结构关系如图1所示。

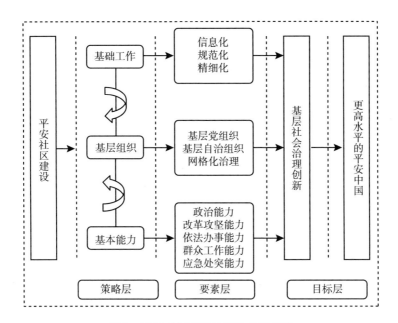

图1 平安社区建设的理论分析框架

（一）基层组织逻辑

基层组织是建设平安社区的核心力量，这是由基层组织在平安社区建设当中的特殊地位、特有优势和特别任务所决定的。

一是基层组织在平安中国建设当中处在"治理枢纽"和"治理末梢"的特殊地位，是贯彻落实平安中国建设以及平安社区建设的决策部署以及防范化解基层矛盾纠纷、感知基层群众服务需求的最直接层级。中共中央组织部于2021年6月发布的《中国共产党党内统计公报》显示，截至2021年6月5日，中国共产党共有基层组织486.4万个。数量庞大的基层组织成为筑

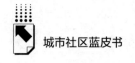

牢社区安全屏障的坚实防线。

二是基层组织是防范化解基层矛盾纠纷的最有效层级。基层组织植根于基层和群众当中，既能够直观、全面地感知和发现潜在的基层风险，以及了解基层矛盾纠纷的情况和预判其发展趋势、联动可能，因应形势采取灵活多样的防范化解方式；也能够充分调动政治资源、治理资源以及聚合群众力量，实现对基层矛盾纠纷的源头治理和平安社区建设的共建共治共享。

三是基层组织是探索和创新平安社区建设模式的最切实层级。截至2021年6月5日，全国共有113268个社区（居委会）。在整体性推进平安社区建设的过程当中，由于各个基层具备的治理资源以及面对的治安形势不同，需要采取差异化的平安社区建设模式以提高适用性和可操作性。基层组织拥有防范化解基层矛盾纠纷的大量经验以及大胆尝试的容错空间，是担负起探索各个社区因地制宜地开展平安建设模式的必然实操部门，具有理念创新、机制创新、手段创新的本然职责，能够为其他地区的平安社区建设发挥参照、示范、纠偏、引领的作用。

可见，基层组织在平安社区建设当中发挥着显著效能。基层党组织、基层自治组织以及网格化治理是建强基层组织的三个发力方向。基层党组织是党的全部工作和战斗力的基础，能够将党的领导优势贯穿平安社区建设全过程，形成基层党建与平安建设互促互进的良好局面。基层自治组织是人民群众实现自我管理、自我服务、自我教育、自我监督的有效平台，网格化治理是激活各个楼栋、各个家庭的基层治理细胞的根本保证，两者能够充分聚合民众、社会组织、市场主体等的治理优势与治理力量，培育形成平安社区建设共同体。

（二）基础工作逻辑

基础工作是建设平安社区的有力抓手，信息化、规范化、精细化是夯实基础工作的三个发力方向。

一是平安社区建设与现代信息技术的深度融合。信息技术的进阶迭代与跃迁发展成为当今社会的显著特征，大数据、人工智能、区块链等现代信息技术也逐渐向社会治理领域适用，并给平安社区建设带来新的机遇。其主要体现在现代信息技术具有的智能化感知、预测、预警、评估等功能，有力推动了平安社区建设由"经验决策"向"大数据决策"转变，提升了平安社区建设的智慧决策水平；具有的科学性、客观性以及精准性等优势推动了平安社区建设的治理手段、治理模式、治理理念创新，实现了信息互联、数据互通、资源互享，提升了平安社区建设的智慧治理水平；具有的即时性、便捷性、交互性等特征使得基层协商治理等平安社区建设载体摆脱了场地、时间、成本等桎梏，实现对基层风险以及矛盾纠纷的全天候、长时间、低成本、跨区域的防范化解，同时，平安社区建设智能化平台的搭建与应用也更好地满足了人民群众的差异化、个性化需求，提升了平安社区建设的智慧服务水平。

二是平安社区建设工作的标准化。标准化是平安社区建设能够整体推进、规避走样、严格落实的重要保证，主要体现在领导职责的标准化、力量配备的标准化、场所建设的标准化、工作机制的标准化等方面。确定领导以及责任单位，明确参与平安社区建设的成员单位，规范平安社区建设场所的建设标准，以及完善相对应的协同机制、落实机制、考评机制、监督机制、管理机制、保障机制等，是推动平安社区建设工作纳入规范化、制度化轨道的必然要求。

三是平安社区建设工作的精细化。精细化包括精细化治理和精细化服务两个方面，这要求平安社区建设主体既要精确掌握所在基层具备的治理资源、面临的治安形势以及基层矛盾纠纷的规律、特征、趋势，实现对平安社区建设困境、挑战的全面性和统筹性的精准预防和精明化解，也要致力于以精细化的公共服务产品和体验实现对基层风险以及矛盾纠纷的源头化解，满足人民群众的多元化公共服务诉求。

（三）基本能力逻辑

基本能力是建设平安社区的重要保障，政治能力、改革攻坚能力、依法办事能力、群众工作能力、应急处突能力是提升基本能力的五个主要构成部分。

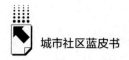

一是政治能力。政治能力是建设平安社区应具备的首要基本能力，这要求基层组织尤其是基层党组织要将平安社区建设作为重要政治任务，夯实共同的思想基础，担负起政治责任，不断提升自身的政治敏锐力、鉴别力、统筹力、实践力。

二是改革攻坚能力。社区是矛盾风险的滋生地与集聚地，且矛盾风险具有复杂性、传导性、联动性、转化性等特质。这决定了基层组织在推进平安社区建设当中，既需要具有创新能力，以理念、机制、方法的创新推动平安社区建设的联处联控、协同共治，破解利益掣肘等问题，也需要具有攻坚克难能力，打好化危为机的战略主动仗。

三是依法办事能力。法治思维和法治方式在正确、规范化解基层风险以及矛盾纠纷方面效能显著，能够解决好人民群众的合理合法合规诉求以及依法打击违法犯罪人员，引导人民群众依法保护自身权益，推动基层矛盾纠纷在法治轨道内彻底化解。

四是群众工作能力。平安社区建设是一项综合治理、系统治理工程，需要形成共建共治共享的治理体系，创新政社互动、专群齐动机制，完善人民群众参与平安社区建设的组织形式和制度化渠道，丰富有事好商量、众人的事情由众人商量的制度化实践，借助民众、社会组织、市场主体的力量和优势解决平安社区建设难题。

五是应急处突能力。基层风险以及矛盾纠纷的产生、传导、叠加、转化具有难以预测性和难以预防性，这决定了基层组织需要具备应急处突能力，加强应急处置机制建设。既要第一时间解决和控制基层风险以及矛盾纠纷，提升预测预警能力，也要强化对各类突发事件的事中事后处置能力，实现对基层风险以及矛盾纠纷的全链条、全过程式的防范化解。

二　基于"两邻理念"平安社区建设的案例呈现

深入践行"两邻理念"推进社区治理现代化，是对平安社区建设的形式创新与生动演绎，其以基层党组织建设为关键、以政府治理为主导、以居民需求为导向、以改革创新为动力，致力于建设充满亲情的新型社区治理模式以及实现邻里和睦、环境和美、文化和融、社区和谐的根本目的，打造"社区有颜值、有温暖、有内涵，居民有尊严、有认同、有希望"的和谐场域，这与平安社区建设具有内在统一性和同一性。沈阳市是深入践行"两邻理念"推进社区治理现代化的实践先导，其在试点建设、项目推进、活动开展以及品牌构建等方面效果突出，在案例呈现方面具有代表性和参照性。通过对沈阳市深入践行"两邻理念"推进社区治理现代化的实践透视与归纳发现，沈阳市在基层组织、基础工作、基本能力三个方面做法先进、经验突出，这对于探究平安社区建设的现实进路具有重要的启示和借鉴意义（见图2）。

（一）党建引领、基层自治、组织融合、网格治理

沈阳市深入践行"两邻理念"推进社区治理现代化的实践有力推动了基层组织的建强，主要体现在党建引领、基层自治、组织融合、网格治理四个方面。

一是党建引领。沈阳市明确由社区党组织负责社区发展规划制定、重大事务决策和重要工作部署，建立健全社区党组织、网格党支部、楼院党小组、党员中心户的组织架构，构建社区党组织带领下的社区居民委员会、业主委员会、物业服务企业协调运行格局，强化党组织对物业服务企业的监督管理，推动社区党组织与驻社区单位等多元主体的协调联动，完善驻社区单位党组织、在职党员到社区为群众服务的长效机制，推动社区党组织不断提升政治功能、服务功能和治理能力。

二是基层自治。沈阳市通过完善居民（代表）会议、社区事务协调会、社区事务监督评议会等协商会议制度，依托社区党群服务中心灵活设置邻里议事厅和评理说事点，以及优化社区、小区、楼栋、单元四级微信矩阵以拓宽群众的诉求表达渠道，有效推动了议事协商机制的完善。通过打造承载民俗节庆、文艺表演、亲子互动等活动的邻里交往空间，发挥自由职业者、志愿者以及退休人员等群体在促进邻里间资源、知识、技能等供需对接方面的

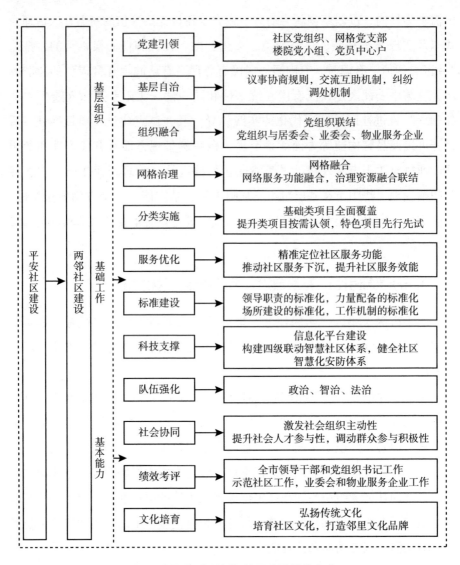

图2 沈阳市"两邻"社区建设具体内容

特长优势，有力推动了交流互助机制的构建。通过完善心理疏导、纠纷调处制度和发挥评理说事点的作用，以及加强人民调解组织队伍的建设，有效实现了对基层矛盾纠纷的防范化解。

三是组织融合。沈阳市把不同隶属、不同层级、不同领域的各类党组织连接起来，着力推行社区"两委"成员与业主委员会、物业服务企业负责人"双向进入、交叉任职"，推动居委会、业委会、物业服务企业在社区党组织领导下协调行动、增强合力，有力实现了组织共建、资源共享、机制衔接、功能优化的系统建设和整体建设。

四是网格治理。沈阳市着力推动党建与综治、行政执法、应急等各类网格的整合，将各部门职能统一延伸进网格，统一调配网格员，统一职责任务，实现了网格的提质增效。着力提升社区网格信息化水平，结合全市社区治理领域智慧化平台建设，推动智慧党建网络、智慧城市管理中心、行政执法平台、综合治理网络、12345 呼叫平台等网络服务功能的有机融合。整合各种资源，探索实行"预约式、代办式、菜单式"等个性化服务以及"全天候""组团式"服务，建立健全"受理问题—分流交办—联动处置—反馈评价"的全链条、闭环式办事流程。

（二）分类实施、服务优化、标准建设、科技支撑

沈阳市深入践行"两邻理念"推进社区治理现代化的实践有力夯实了基础工作，主要体现在分类实施、服务优化、标准建设、科技支撑四个方面。

一是分类实施。为探索建立"两邻"社区建设运行的标准体系以及形成可复制可推广的经验做法，沈阳市以重点打造市级层面6个标杆社区、16个示范社区和70个试点社区为目标，着力推动党员进社区、减负措施落实、社区"资源图"绘制、"亲民化"改造、"微景观"打造、宣传氛围营造等6个基础类项目的全面覆盖，并落实党建服务品牌打造项目、社区服务提质增效项目、社区"资源图"拓展应用项目、邻里中心建设项目、小区环境改造提升项目、社区文化品牌培育项目等6个提升类项目的按需认领。明确要求在完成6个基础类项目、4个提升类项目的基础上，标杆社区确定不少于2个项目、示范社区确定不少于1个项目作为特色项目先行先试，以形成试点先行、重点培育、经验共享、滚动推进的工作格局。

二是服务优化。沈阳市通过明确自治组织依法履职和协助政府工作事项

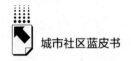

清单，全面清理规范社区工作事项以及推动服务场所亲民化改造，实现了对社区服务功能的精准定位；通过深化行政体制改革推动更多资源和服务落实到社区，探索快递、零售、餐饮配送等生活服务"到家"模式，强化家政、物业、养老等服务业态线上线下融合，培育本土社区商业连锁品牌，实现了对社区服务下沉的有效推动；通过推广"全天候接待、全方位受理、全过程模式"，推动社区便民服务事项"全市通办"向农村地区试点延伸，拓展掌上办、一次办、主动办服务功能，实现了对社区服务效能的全面提升。

三是标准建设。沈阳市通过成立市、区（县）两级专项行动领导小组，依法厘清基层政府与基层群众性自治组织的职责边界，制定社区依法履职、依法协助政府、考核评比、出具证明事项等清单，有效推动了领导职责的标准化；通过整合组织、宣传、政法、民政、财政、农业农村等部门以及工会、共青团、妇联、残联、红十字会等群团组织，定期对两委班子成员进行轮训，规定新登记和新备案社区服务类社会组织数量，有效推动了力量配备的标准化。通过明确"村（居）民评理说事点"等"两邻"实践载体的9项建设标准，有效推动了场所建设的标准化。通过健全城市基层党建联席会议制度以及"一核多元"共建共治共享机制，建立1个区县（市）直部门、1个驻社区单位、属地街道与社区的"三对一"包扶机制，有效推动了工作机制的标准化。

四是科技支撑。沈阳市通过加强社区治理信息化平台建设，加快推进基层治理服务管理平台建设，构建市、区（县）、街道（乡镇）、社区四级联动智慧社区体系，健全社区智慧化安防体系，有力提升了社区智能化服务水平。

（三）队伍强化、社会协同、绩效考评、文化培育

沈阳市深入践行"两邻理念"推进社区治理现代化的实践有力提升了基本能力，主要体现在队伍强化、社会协同、绩效考评、文化培育四个方面。

一是队伍强化。沈阳市通过强化社区党组织对社区各项事务的政治引

领，注重在优化营商环境、提升城市品质、创新基层治理等重大任务落实当中检验社区党组织的战斗力，深化行政体制改革，下放财权事权，下沉管理执法力量，推进法律服务进社区，依托科学技术精准供给公共服务，将是否合法作为审查社区协商结果的唯一标准，扎实做好矛盾纠纷排查化解工作，有力提升了社区治理能力和服务水平。

二是社会协同。沈阳市通过为社会组织提供办公场所，加大政府购买服务的力度，引导社区组织有序参与优化社区服务、协调利益关系、化解社会矛盾等社区治理工作，有效激发了社会组织的主动性；通过培育社会工作机构，吸引社会工作人才参与社区治理，提高社会工作师在社区工作者当中的比例，有效提升了社会人才的参与性；通过绘制可视化社区资源图掌握驻社区单位、社会组织情况，鼓励学校、医院等单位为社区提供公益性教育、医疗服务，引导行业联盟、小微商户联盟、商圈自治联盟参与社区建设，引导居民骨干积极参与社区志愿服务，有效调动了群众参与的积极性。

三是绩效考评。沈阳市通过建立领导小组周调度、月督导工作机制，对示范社区工作开展情况实现了持续跟踪问效；通过完善对物业企业的监管机制，加强了对业主委员会的工作指导，督促业主委员会和物业服务企业履职尽责；通过建立健全"以奖代补"和积分激励机制，有效发挥了财政资金在绩效考评当中的撬动作用；通过将深入践行"两邻"行动作为全市年度领导班子和领导干部工作实绩考核项目，将践行"两邻"理念、党建引领社区治理相关要求纳入党组织书记抓基层党建工作述职评议考，有力提升了绩效考评的激励作用。

四是文化培育。沈阳市通过深入挖掘基层民俗文化与"两邻"理念的契合点，制定邻里公约，着力宣传社区道德模范、好人好事，实现了对传统文化的大力弘扬；通过完善以社区讲堂为主要载体的社区教育体系，丰富全民阅读、全民艺术普及、全民体育健身等活动内容，开展"最美邻里""和谐邻里"评选，实现了对社区文化的积极培育；通过培育"一区（县）一特色""一社（村）一品"的邻里文化，在少数民族集中居住区域建设民族特色社区，有序推进"熟人社区"建设，实现了对邻里文化品牌的有效塑造。

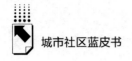
三 基于"两邻理念"平安社区建设的路径启示

随着统筹"两个大局"、办好"两件大事"、续写"两大奇迹"、打赢"三大攻坚战"等战略目标被摆在更加突出和重要的位置，实现更高水平的平安中国成为国家治理的重要目标。平安社区建设是夯实平安中国建设根基的重要保证，沈阳市深入践行"两邻理念"推进社区治理现代化的实践，为透视平安社区建设的现实进路提供了案例参照与思想资源。经过与平安社区建设的理论分析框架的对照以及对相关案例材料的分析发现，沈阳市的"两邻"社区建设在建强基层组织、稳固基础工作、提升基本能力三个方面进行了大量有益尝试和实践探索，这对丰富平安社区建设的模式、内容以及手段带来启示。除平安中国建设工作会议对基层组织、基础工作、基本能力建设作出的具体阐释和明确要求以外，沈阳市的"两邻"社区建设在完善联动机制、营造文化氛围、因应差异水平三个方面的实践经验对于平安社区建设具有指导性和适用性的重要意义。

（一）完善平安社区建设的联动机制

平安社区建设是一项系统性、整体性、复杂性的社会治理工程，"无论是国家、市场还是被许多人寄予厚望的公民社会都无法单独承担应对风险的重任"。这需要有效发挥党的领导优势和社会主义制度的政治优势，创新完善联动工作机制，统筹各种治理资源力量，提升共建共治共享水平，其主要包括创新完善组织之间、政社之间、专群之间的联动工作机制三个方面。

一是创新完善组织之间的联动工作机制。要构建纵横交织的网状治理结构，明确上下级之间的权责边界，厘清属地管理与属事管理之间的职责边界，建立健全相关组织的平安社区建设权责清单；利用大数据、云计算、人工智能等现代信息技术推动组织之间的信息互联、数据互通、资源互享，实现治理资源、治理功能、治理力量、治理手段的有力整合；创新责任共担、平安共建、风险联处的组织协同体系，培育全局意识和整体思维，规避利益掣肘、推诿扯皮等问题。

二是创新完善政社之间的联动工作机制。坚持党的绝对领导是推动平安社区建设的根本保证，要充分发挥党的领导优势，加强党组织对平安社区建设各项工作的政治引领力以及兜底管理责任，发挥社区党组织、网格党支部、楼院党小组、党员中心户的前沿阵地作用，切实增强党组织在居民委员会、业主委员会、物业服务企业以及相关平安社区建设参与单位的覆盖有效性。要充分发挥政府的主导作用，推动政府职能体系优化，加强平安社区建设战略、规划、政策、标准等的制定和实施，发挥政府对民众、社会组织、市场主体有序参与平安社区建设的引导、支持和监督作用。服务是最好的治理，要充分发挥社会组织的服务优势，通过政府购买服务的方式把适合由社会组织提供的公共服务和解决的事项交由其承担，加大对公益性、服务性组织的支持以及对志愿服务的保障与激励，强化社会组织在平安社区建设当中的参与性。要充分发挥市场主体的专业优势，构建"有为政府"和"有效市场"的良性互动格局，提高服务社会、防控风险、化解纠纷等问题解决的专业性，强化市场主体参与平安社区建设的积极性。

三是创新完善专群之间的联动工作机制。专群结合是政法系统工作的基本方针和宝贵经验，也是平安社区建设的重要支撑，能够有力形成群策群力、群防群治的平安社区建设局面。要丰富人民群众参与平安社区建设的制度化渠道，创新群众工作机制，搭建线上线下相结合的参与平台；要拓宽人民群众参与平安社区建设的协商载体，丰富邻里议事厅、评理说事点等有事好商量、众人的事情由众人商量的制度化实践；要完善人民群众参与平安社区建设的评价体系，将人民群众对平安社区建设的要求作为努力方向，广泛听取人民群众的意见，提升平安社区建设的实效性以及人民群众的获得感、安全感和幸福感。

（二）营造平安社区建设的文化氛围

文化是更基本、更深沉、更持久的力量，在平安社区建设当中发挥着价值引导、行为引导、社会教化、和谐构建的重要社会治理功能。"文化是人

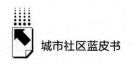

与自然、人与人在实践中的产物，是规范人与自然、人与人关系的根本准则"，能够降低基层风险以及矛盾纠纷的发生率与传导力，消除其叠加、壮大、转化的思想土壤。培育平安社区文化、建设文化传播平台、做好文化宣传工作是营造平安社区建设文化氛围的三大抓手。

一是培育平安社区文化。要注重发挥中华优秀传统文化与社会主义核心价值观在培育平安社区文化方面的引领作用，深入挖掘基层民俗文化与邻里公约、乡规民约方面的契合点，通过特色平安社区文化的塑造唤起群众的情感共鸣；引导驻社区单位共同参与培育"一社（村）一品""一区（县）一特色"的平安文化；完善以"社区讲堂"为主要载体的社区文化教育体系，拓展"流动讲堂""虚拟讲堂"等新型组织形式，整合社区场地功能，建设集观赏休闲、游憩社交、体育锻炼、文化教育等多种功能于一体的社区广场，定期举办主题活动和互动活动，在与人民群众的充分互动中促进平安社区文化的切实培育以及文化品牌的有效打造。

二是建设文化传播平台。要遵循平安社区建设规律、新闻传播规律以及互联网发展规律，打造线上线下相结合的平安社区文化传播平台。线下平台要发挥社区党组织的政治功能，结合"两学一做"学习教育安排、支部主题党日等，组织党员深入学习平安社区文化；利用社区所属的党校、高校等教育资源加强理论研究，结合新时代文明实践中心建设建成平安社区文化宣传阵地，实现对社区工作者以及社区居民的分期分批、分类分层的文化传播；依托"微景观"、邻里广场等设施打造沉浸式传播阵地。线上平台要发挥好传统媒体和网络新媒体的优势互补作用，满足人民群众的分众化、差异化、个性化传播需求，利用"全市通办"服务管理平台、基层治理服务管理平台以及社区、小区、楼栋、单元四级网格化微信矩阵构建平安社区文化的全媒体传播体系，提高平安社区文化的覆盖面和穿透力。

三是做好文化宣传工作。要通过宣传社区道德模范、好人好事、文明家庭和"最美邻里"等事迹，以及特色鲜明、亮点突出、成效显著的示范社区做法等，实现对平安社区文化的生动解读和有力引导；要以党员带头宣讲的形式推动平安社区文化的纵深宣传，充分与到社区讲党课、开展日常调研、联系服务企业、走访慰问等工作相结合；要注重文化与实际相结合，以平安社区文化推动基层风险以及矛盾纠纷的化解，让人民群众切实感受到平安社区文化的引领力。

（三）因应平安社区建设的差异水平

坚持实事求是的思想路线是平安社区建设的重要原则，这是对全国113268个社区所具备的治理资源以及面临的治安形势、工作现状存在明显差异的必然因应，"中国是一个非均衡的庞大国家，不同地区的差异很大"，需要采取分类实施的方式以确保各个社区平安建设工作的实效性，其主要体现在社区分类、项目分解、任务分领、经验分创四个方面。

一是社区分类。要明确社区分类标准，在系统评判各个社区整体情况的基础上帮助其找准平安建设定位，按照一定数量择优选取为平安社区建设的"标杆社区""示范社区""试点社区"，并提出具有针对性、可行性、差异性的建设要求，形成可复制、可推广的经验做法以推动平安社区建设效能的整体提升。

二是项目分解。要按照紧迫性、必要性以及探索性的原则将平安社区建设项目进行全面分解，将其划分为基础类项目和提升类项目两种。基础类项目要全面覆盖到全部平安社区建设试点社区、示范社区和标杆社区，实现项目内容的逐一实施和全部落实，以夯实全部社区的平安基础；提升类项目主要是对基础类项目的优化提升，平安社区建设试点社区、示范社区和标杆社区要从居民实际需求出发，根据项目具体要求认领不少于对应的项目数量，并结合本社区实际确定实施内容和路径，以满足不同社区平安建设的差异化需求。

三是任务分领。要结合本地实际对平安社区建设试点社区、示范社区和标杆社区提出差异化的任务要求，按照试点社区重在查漏补缺、示范社区重在固本强基、标杆社区重在引领先行的目标，将不同类型社区的建设任务具体化，加强对任务分领的审核，规避任务分领可能出现的漏项、扎堆、超纲等问题。

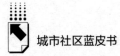

　　四是经验分创。平安社区建设的"标杆社区""示范社区""试点社区"的任务分领决定不同类型的社区所取得的经验也不同。要鼓励不同类型的社区围绕各自认领的项目探索实践，形成具有各自特色的样板经验，实现"标杆社区"的建设经验带动"示范社区"的发展，"示范社区"的建设经验带动"试点社区"的发展，"试点社区"的建设经验带动"其他社区"的发展，构建"分类交流、分项展示"的经验推广格局。

B.16
北京市"接诉即办"典型做法与实践经验：以顺义区体制机制促进基层治理现代化为例

宁晶 李锋*

摘　要： 增强基层治理能力是推进国家治理体系和治理能力现代化的有效抓手。2018 年北京市开始实施"接诉即办"改革，在这一背景下，顺义区创新"街乡吹哨、部门报到"工作机制，建立"六联清单工作办法"，有效解决了基层治理难题。本文以顺义区为案例，探究其以体制机制促进基层治理现代化的重要举措。顺义区以党建为引领，持续深化"街乡吹哨、部门报到"改革，扎实开展"接诉即办"工作，打通基层治理"最后一公里"，优化机构设置，持续推动网格化管理，推动基层治理提质增效。目前基层治理仍然存在典型性梗阻现象与一般性短板问题，需要进一步的研究。

关键词： 接诉即办　"吹哨报到"改革　基层治理创新　顺义区

在国家治理体系中，基层治理体系和治理能力现代化是整个治理体系的重要任务和关键抓手，也是更好地满足人民群众对美好生活需要的必然要求。为破解首都基层治理难题，2018 年北京市开始实施"街乡吹

---

* 宁晶，博士，对外经济贸易大学政府管理学院讲师，主要研究方向为健康政策、基层治理；李锋，博士，中共中央党校政治和法律教研部副教授，主要研究方向为基层治理、数字治理。

哨、部门报到"改革工作，主要以镇街管理体制改革为突破口，通过赋权明责，推动管理、服务、资源下沉，组建实体化的综合执法中心，帮助基层社区减负。北京市政府出台了《关于党建引领街乡管理体制机制创新实现"街乡吹哨、部门报到"的实施方案》，明确加强党对街乡工作的领导、推进街道管理体制改革、完善基层考核评价制度、推行"街巷长"机制等 14 项重要举措，以解决"五指难握拳"和"看得见的管不了、管得了的看不见"的治理难题。通过下沉资源、赋权增能改革，提升属地治理能力，让镇街有底气吹哨、有能力吹哨，吹哨以后问题能够得到有效解决。

北京市以"接诉即办"为抓手，倒逼各项改革落地见效，形成权责清晰、条块联动的体制机制，打破行政组织"条块分割"，打通基层治理的"血脉经络"，有效凝聚了治理合力。2019 年 1 月，北京市进一步深化全市党建引领"街乡吹哨、部门报到"改革，正式启动"接诉即办"工作机制；12345 市民服务热线镇街业务正式开通，成为大抓基层的有力抓手。完善直派体系，全市一单到底，将管辖权属清晰的群众诉求直派全市 333 个街乡镇。对于涉及行业主管、政策调整的问题，派单给市级部门或公共服务企业，建立群众诉求市、区、街三级承办体系，大大缩短了受理反馈时间。通过热线民生大数据分析运用，实现全市热线受理数据汇总和统一分析运用，为提升基层治理效能提供了强有力的支撑。

在北京市推进"街乡吹哨、部门报到"中，顺义区创新"街乡吹哨、部门报到"工作机制，建立"六联清单工作办法"，有效解决了基层治理难题。作为北京市产业布局的重要城区，顺义区将"街乡吹哨、部门报到"制度延伸到企业，从"吹哨报到"模式转变为"上门领哨"模式，推动了服务水平提升。2020 年 1 月 1 日，新制定出台的《北京市街道办事处条例》正式实施，明确了街道的 7 项职权和 7 项职责，强化了基层治理的法制化保障，将党建引领"街乡吹哨、部门报到""接诉即办"等改革成功经验以法规形式固化下来。北京市还充分把握新形势下基层治理发展变化特点，聚焦人民群众关心的热点难点问题，先后修订完善或制定了《北京市物业管理条例》《北京市生活垃圾管理条例》《关于推进本市停车设施有偿错时共享的指导意见》，公布《北京市街道党工委和办事处职责规定》等政策法规，基层治理体系的法制化、制度化保障日益完善。

纵观近年来北京市和顺义区的基层治理体制机制创新实践，基层治理效能在改革中大幅提升。面向进一步推进首都治理体系和治理能力现代化的重大任务，如何从理论上总结和梳理已有的基层治理创新实践，在巩固的基础上进行理论提升，成为优化地方治理面临的重要命题。本文以顺义区为案例，探究其以体制机制促进基层治理现代化的重要举措。

一 以党建为引领，持续深化"街乡吹哨、部门报到"改革

改革开放以来，在经济高速增长、城镇化快速推进的同时，也出现了基层党委政府组织动员能力弱化、基层党建与治理"两张皮"、基层党委政府与广大群众"断层"、基层社会治理碎片化分散化矛盾化等问题。近年来，顺义区坚持以党建为引领，以落实四个条例为抓手，以接诉即办为主线，聚焦街道改革、街区更新、社区治理，靶向施策、强力攻坚，推动新时代街道工作和"吹哨报到"改革向系统集成、协同高效不断深化拓展。

（一）以党建为引领，提高政治站位

2018年1月，北京市出台《关于党建引领街乡管理体制机制创新实现"街乡吹哨、部门报到"的实施方案》，并作为全市"1号改革课题"，明确加强党对街乡工作的领导、完善基层考核评价制度、推行"街巷长"机制等14项重要举措。在2021年，注重聚焦"七有""五性"水平提升，以"接诉即办"为抓手，持续健全完善民生政策。在具体过程中，区委书记、区长双挂帅，5位区领导担任改革召集人，成立接诉即办、协管员整合、物业管理、垃圾分类等工作专班，通过书记区长专题调度、召集人定期调度、

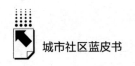
专题改革随时调度、实际问题现场调度四级统筹推进机制，推动各项任务一抓到底，目前年度任务均已完成。

在督查考核中，将基层社会治理纳入2020年党建工作要点、党建述职评议和党（工）委书记月度点评会范畴。用好党建绩效考核倒逼激励机制，赋予构建"眼睛向下、大抓基层"工作机制等单独权重。树立以基层为先的用人导向，对在"吹哨报到""接诉即办"等工作中真抓实干、业绩突出的干部，大胆提拔使用，有侧重地安排46名干部进入镇街党政班子，其中从基层提拔或进一步使用29名，占相应干部总数的63%。

在"街乡吹哨、部门报到"过程中相对应的是另外一项新创举"社区吹哨、党员报到"。顺义区鼓励与倡导党员参加社区（村）建设，推动驻区党组织和在职党员"双报到"，把党的领导植根于群众，夯实党的执政基础。顺义区实施《关于进一步深化"双报到"工作的方案》，通过拓宽报到形式、丰富活动内容持续增强"双报到"工作热度，积极引导报到党组织和党员融入基层群众的日常生活，进一步丰富在职党员服务项目清单和社区群众需求项目清单的实用性。通过亮身份、明承诺、做表率、出主意等方式，发挥先锋模范作用，引领各类组织和居民群众"跟着干"。在2020年度，利用"双报到"机制动员党组织和在职党员参与疫情防控、垃圾分类等基层治理实践，发动全区736家党组织，2000余名机关干部、3.5万名国企职工在职党员精准下沉，圆满完成首都机场接转重任，涌现了"红色脉搏"冲锋队、红船扬帆服务队等先进典型。目前，旺泉街道西辛社区"党员爱心早教团"、石园街道五里仓一社区"十色袖标党员引领服务队"等典型案例和一系列在职党员优秀事迹，不断提升"双报到"的社会影响力。推动在职党员"报到"为群众服务，依托"党员E先锋"网络平台，创新"工作在单位、服务在社区、奉献在双岗"的党员管理新模式，探索"居民点单、支部列单、党员接单"的菜单式服务模式，按照专业特长、职能优势及志愿服务意愿对报到党员建立分类管理台账，将服务特长相似、工作岗位相近的在职党员统编一组，积极回应群众诉求，有针对性地开展各类服务活动，进一步提高服务的针对性和实效性。

（二）充分发挥党建引领在吹哨报到全过程中的作用

顺义区整合资源力量，实现多方共治"一盘棋"。立足"一轴多元"，强化基层党组织领导，推动居委会、业委会、物业公司、驻区单位及社会组织等合作。在工作机制上，制定《顺义区2019年度党建工作绩效考评实施方案》，建立敢于吹哨和积极领哨的考核矩阵。创新"吹哨报到"六步法、"部门领哨"等机制，借鉴"回天有我"模式，相继开展"镇街有所呼，部门必有应""百项工程看河东"等专项行动。

从共治共享的角度，以党建为引领也可以更便于共建共管，调动个体、市场力量等多元主体的积极性。制定《顺义区"红色物业3+X"专项行动实施方案》《顺义区加强物业管理工作提升物业服务水平三年行动计划（2020~2022年）》，重点推进党建引领物业管理提升"三率"指标，推行"双向进入、交叉任职"，物业服务覆盖率为95.4%，党的组织和工作覆盖率为100%，业委会（物管会）组建率为90.7%。依托区域化党建、社区居委会下属六个委员会建设，把各类治理主体纳入党组织框架，逐步构建起共驻共建的"一轴多元"基层社区组织体系。例如，空港街道在每个小区配备物业专员2~3人，由社区"两委"干部兼任，开展每日巡查，收集居民物业需求，记录和上报物业问题及隐患，同时加强与物业公司、业委会及业主的协调联动，强化工作合力。建立社区党支部与业委会共建机制，加强法律指导和业务培训，推动业委会党组织应建尽建，提升成员、主任党员比例，对无党员业委会选派党建指导员，指导业委会规范运行。除此之外，积极鼓励物业公司发挥作用，配好"红色管家"。空港街道出台《物业服务企业综合评价办法》《物业服务企业综合评价奖励资金使用管理办法》等文件，加强对物业公司的指导考评，健全了组织领导、多方评价、促进提升的制度闭环。

（三）切实提高群众满意度，创新工作机制

2019年《"街乡吹哨、部门报到"六步工作办法》正式颁布实施，为

顺义区深入推进"街乡吹哨、部门报到"改革提供了规范化、制度化的新路径。"六步法"是以"大党建"工作闭环格局推动改革的创新路径，通过明确权责、创新机制、规范流程，将改革要求具体化、步骤化、规范化，覆盖了顺义区各镇、街道、功能区、职能部门及相关单位。通过赋予镇、街道、功能区统筹权、吹哨权和35%的考核权，在基层一线设立执法工作平台，推动权力下放、力量下沉、资源下聚，进一步厘清和优化条块关系，夯实基层基础，打通基层治理"最后一公里"，实现"赋权""下沉""增效"，充分发挥基层党组织的战斗堡垒作用，激发职能部门报到的责任感和积极性，有效解决条块分割难题，提升基层治理效能，推进区域城乡基层社会治理体系和治理能力现代化。不仅如此，顺义区还持续夯实"六步法"的长效工作机制。持续完善各方面保障措施，确保形成长效：创新党建绩效考核机制，以"大党建"绩效考核系统为抓手，形成一体贯通、上下衔接的考核链条，确保改革责任有效落实。促进吹哨单位有依据、有职权、有力量，加强党对基层治理工作的领导，明确权责利划分，完善相关制度保障，确保吹哨单位敢于吹哨、勇于吹哨、善于吹哨。促进报到单位有平台、有机制、有资源，加强街镇实体化综合执法平台建设，推行"街巷长"机制，建立"小巷管家"队伍，整合协管员等队伍，加快"多网融合"，提高报到单位履职能力。完善政策资金保障，强化街道自主经费和人员保障，持续推进社区减负工作，确保改革稳妥有序推进。

通过分级分类解决问题，做到小事不出社区（村）、大事不出街道（镇）、重大事项区级统筹协调。结合区级要求，天竺镇以事项大小确定吹哨层级，探索出"两吹、两不吹"工作模式。针对综合整治、消除安全隐患、拆迁腾退等难点问题，由执法中心按照顺义区吹哨报到"六步法"协调区级相关职能部门和执法部门办理。通过"四级筛选、四级过滤"机制，使城市管理和社会治理中90%以上的问题由镇街先行发现、先行处置，实现了村居事件"微循环"、镇街事件"小循环"、区级事件"大循环"。

从制度保障方面，先后印发《顺义区"街乡吹哨、部门报到"改革工作方案》等文件，为改革提供支撑和保障。通过"街乡吹哨、部门报到"

改革工作，借助"多网"融合综合信息平台等信息化手段，构建了自上而下和自下而上相结合的，具有双向需求、双向沟通、双向服务的响应机制，力推执法真实效、人民群众真满意，切实提高人民群众获得感、幸福感，健全服务群众工作机制。

在创新政府工作机制的同时，注重培养社区自治服务功能。聚焦社区减负，从存量和源头抓起，将社区职责清单减至 35 项、表格系统减至 9 个、社区挂牌减至 15 个，让社区回归主业。顺义区精简 300 余项社区事务的做法得到了北京市委书记蔡奇的批示表扬。开展社区议事厅示范点和楼门院治理示范点建设，全面推行社区分层协商工作，运用社区议事厅、军民恳谈会、居民"微提案"等形式，全年开展议事协商 386 次，让群众自己"说事、议事、主事"。全区大力开展社会救助、社会福利、养老助残、政务便民、就业保障等公共服务，解决群众关心的身边事、烦心事。

二　扎实开展"接诉即办"工作
打通基层治理"最后一公里"

2019 年 1 月，北京市进一步深化全市党建引领"街乡吹哨、部门报到"与"接诉即办"改革；12345 市民服务热线镇街业务正式开通，成为提升基层治理能力的有力抓手。《北京市街道党工委和办事处职责规定》明确了街道党工委和办事处的职能定位、主要职责以及具体的职责事项，也将大大强化街道在"接诉即办"乃至基层治理中的统筹能力、服务能力、管理能力和动员能力，充分体现出责权统一的原则。

（一）高位推动接诉即办，推动力量下沉到基层组织

北京市已初步形成"接诉即办"的工作机制。由区委书记亲自抓 12345 市民热线工作，靠前指挥、批阅督办、一抓到底；镇街书记带头攻坚，直接研究、部署、调度、检查好本单位"接诉即办"工作；村居书记作为辖区"接诉即办"第一责任人，负责做好本村居群众诉求办理工作。针对农村管

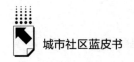

理、物业管理、违法建设、市政设施、环境保护等群众反映强烈的重点难点问题，顺义区每月召开专题调度会，听取工作进展情况汇报，共同分析原因、制定工作措施；在 2020 年撰写的日报、周报、月报、季报及专刊上，区委书记、区长、区委副书记、常务副区长一共作出 200 余次重要批示，此外，各副区长每周对分管行业进行调度，着力解决重点难点问题。

（二）着眼综合便民，打造及时有效全面的处理机制

顺义区聚焦群众家门口的事，着眼接、派、办、督、考等关键环节，整合便民服务资源，创新接诉即办机制，彰显了"民有所呼、我有所应"的力度、速度和温度，着眼综合便民，提供"全口径""家门口"政务服务。打造全市入驻比例最高、部门最全、业务最广的区级综合性一站式服务平台，设立 38 个"综合受理"窗口、6 个"新企业开办"窗口、4 个"综合出件"窗口和 20 个特殊功能窗口，推动实现"走进一个门，办成一揽子事"。25 个镇街政务服务中心全面实现镇街级政务服务事项 100% 进驻，社保、建筑、电力等 306 个事项下沉镇街，237 个事项 100% 全区在线通办，实现全市下沉事项最多、领域最全。率先利用区块链技术实现身份证、结婚证等共 6 个电子证照在区、镇街两级政务服务中心综合窗口应用，成为全市首家应用"区块链+电子证照"功能的区级政务服务中心。

在工作机制上，建立了全覆盖的动态全周期管理，具体包括区领导调度机制、一把手办理机制、部门联动机制、"十天一预警"机制、考核通报机制、督办督察机制。紧抓两个"关键小事"，构建党建引领下居委会、业委会和物业公司三驾马车的治理架构，形成了仁和镇龙泉苑推进回迁社区治理、旺泉街道前进花园长期失管后选聘物业等典型做法。物业管理覆盖率为 95.4%，党的组织和工作覆盖率为 100%，业委会（物管会）组建率为 90.7%。以首善标准抓好垃圾分类，垃圾分类示范片区覆盖率达 100%，组桶站提升改造率达 100%，垃圾清运车喷涂率达 100%。

在部门联动方面，针对职能交叉、权属不清、多头无头等诉求，由市民热线专班协调各涉及职能部门采取"首接负责"制方式，由"首接"单位

"一办到底"，同时将工单派发至协办单位，主责单位及时"吹哨"，协办单位向前一步，形成合力，解决条块分割、多头管理、推诿扯皮等问题，办理结果一并纳入主责单位和协办单位成绩考核，"双派单、双考核"的方式促进诉求办理，有效破解"看得见的管不了，管得了的看不见"的治理顽疾。

在处理诉求预警方面，市民热线专班办公室充分利用大数据，对群众反映强烈的问题和区域进行梳理分析。每十天对诉求量较大、自回访排名靠后的单位进行预警调度，共同分析原因，共商解决办法。

在督办督查方面，区工作专班办公室每月对诉求量较大排名靠后的单位进行实地督导；区委督查室、区政府督查室将"接诉即办"中区领导的批示件及群众诉求的重点、热点、难点问题作为督查重点，进行跟踪问效；区委组织部将群众诉求办理情况作为干部提拔任用的重要参考依据，提高各单位参与积极性和干部主观能动性；区纪委区监委充分发挥执纪监督作用，对在问题办理过程中推诿扯皮、不作为乱作为、推进不力的，依法依纪严肃处理，针对多次甚至连续在全市排名靠后的单位，开展监督核查，对失职、渎职、履职不力等相关情况坚决予以问责，切实以强有力的问责，进一步倒逼责任落实、工作落实。

在接诉即办中不断创新接诉即办创新机制，持续深入联系群众。创新"1+1+1"群众工作法，即"1名镇街包村居领导+1批机关干部+1批村干部"共同解决群众问题，通过调查研究、走访座谈等方式加强同群众百姓的直接联系，特别是针对重点工作任务、重大项目的实施，提前做好群众工作，变被动为主动，切实满足群众所需。深化"吹哨报到"工作机制。将"吹哨报到"机制逐步向服务群众、日常管理、推动发展延伸。推广"村居吹哨、部门报到""一线吹哨、党员报到"等工作模式，将工作推进机制挺在群众诉求的最前沿，确保群众各类诉求能够高位统筹和有效解决。

在接诉即办过程中丰富载体，灵活办理各项诉求。例如，利用集体活动办理群众诉求。结合"在职党员回社区""月末清洁日"活动，发动党员干部办理群众身边事、家门口事，为群众创造舒心的生活环境。在村（居）委会建立居民议事厅，鼓励居民参政议政，及时将换届选举、资金

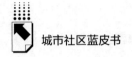

使用等敏感问题公之于众，消除群众疑虑，努力把群众的诉求和问题化解在议事厅。针对邻里矛盾纠纷的诉求，依据村（居）规民约开展"好邻居""文明使者我先行"等活动，在构建和谐家园、睦邻友好的邻里关系中化解群众矛盾。

在处理诉求过程中，着眼"七有""五性"，深入开展综合监测评价。出台《顺义区"七有""五性"水平提升工作方案》《顺义区12345市民服务热线"七有""五性"综合评价工作方案》等，分解80项大类和350个细项，涵盖75%左右的群众诉求，把任务量化成指标、细化到年度、分解到部门和镇街，并加快推动"七有""五性"综合评价与"接诉即办"考核同步、考评规则一致，倒逼责任落细落实。

（三）以"接诉即办"机制为抓手，推动"未诉先办"

顺义区将接诉即办作为连接群众、服务群众的重要抓手，创新"12345"工作法，即一抓一、一线抓，将其作为"一把手工程"，纳入党建绩效考评、党建述职评议范畴，坚持区委书记、区长双挂帅，建立工作专班，每月召开镇街党工委书记点评会、政府常务会固定通报接诉即办办理情况，压实各方责任。完善区级部门"三率"考评工作，全面推行"首办负责制""并联派件""双派单、双考核、双通报"等机制，推动部门与属地条块结合、协同联办。建立区、镇街、社区三级网上接诉平台，开发接诉即办信息管理系统，作为第五网纳入"多网"融合综合信息平台，形成"1+1+N"（区热线工作专班、区12345网格互动平台、N个部门和属地诉求渠道）的接诉即办信息化管理体系，推动"接诉即办"由耳畔到指尖的全方位接件。区工作专班每十天一预警，进行实地督导；区委督查室、区政府督查室重点督查区领导批示件以及群众诉求的重点、热点、难点问题，持续跟踪问效；区委组织部将群众诉求办理情况作为干部提拔任用的重要参考依据；区纪委区监委对推诿扯皮、不作为乱作为、推进不力等，依法开展监督核查、问责追责。

顺义区委坚持以"接诉即办"为抓手，纲举目张推动街道工作和"吹哨报到"改革深化延伸，推动各项改革任务更加成熟、更加稳固。同时，倒逼各级部门和属地建立简约高效的运行机制，及时预判和分析本领域、本辖区各类治理问题，特别是对物业管理、违法建设、市容环卫、拆迁回迁等诉求集中的问题，加大政策、制度创新力度，做到早排查、早发现、早预警、早处置，下好主动治理先手棋。全区优化"接诉即办"流程，完善"日报告、周分析、月通报"机制，建立区、镇街、社区三级网上接诉即办平台，聚焦"十大类"专项问题，建立健全"双派单、双考核"工作机制，办理结果同时纳入对主责单位及协办单位的考核，深化接的及时畅通、办的多元合力、诉的源头治理，做到"未诉先办、主动治理"。2021 年 1~11月，共受理群众诉求 30.29 万件，"三率"平均成绩为 92.8 分，三次进入全市前 3 名。

顺义区通过推广成功经验办理，注重一类问题的解决，通过一个诉求解决一类问题，通过一个案例带动一片治理，把群众诉求"接诉即办"的被动治理推向"未诉先办"的主动治理。加强"线上""线下"信息搜索收集办理。"线上"搭建热线电话、区长信箱、微信公众号等平台，广泛搜集民意；"线下"充分发挥网格员、小管家、小红帽等作用，主动排查身边问题，第一时间解决群众诉求。走近群众"找事"办理。采取"移动办公"模式，将办公桌挪到社区内，与居民群众零距离接触，面对面交流，主动"找事"，响应民生，着力解决居民诉求。

三 优化机构设置，持续推动网格化管理

顺义区按照责权一致、方便办事、提高效能的要求，强化镇街基础地位，推动职责职权匹配，尽可能地把更多的管理、服务、力量下放到镇街。利用网格化管理不断提高基层社会治理的精细化程度，持续加强基层党政组织的治理能力，扩大基层公共服务范围。在 2018 年城市管理指挥中心挂牌成立后，顺义区通过搭建管理体系、创新网格机制、重塑案件流程、发挥科技支撑，不断健全完善城市管理网格化体系，推动城市管理由游击式向常态

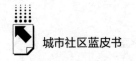

化、粗放型向精细化、被动式向主动化转变。网格化城市管理模式的采用，为提升政府对城市的管理能力和处理速度，将问题解决在居民投诉之前提供了可行办法，进一步推动"接诉即办"向"未诉先办"转变。

（一）持续深化镇街机构改革，推动人员力量下沉

顺义区按照"7+1+5"的组织架构设置原则，调整街乡机构职能设置，在完成6个街道"6+1+3"大部制改革的基础上，持续推进乡镇机构改革，细化乡镇职责清单、向镇街下放行政执法职权、综合设置机构、整合执法队伍等改革内容，推动街道结构设置与基层治理需求紧密结合，在向下对应的同时做好上下衔接，确保运转高效。赋予街道党工委员"抓党建、抓治理、抓服务"三项职能和6类111项职责，同步建立动态管理、准入和检查机制，确保街道工作聚焦主责主业。

顺义区不断推动人员力量向基层集聚，统筹社会治理和方便群众办事的需求由"向上对口"变为"向下对应"，构建简约高效街乡体制。按照"剥离一批、保留一批、下沉一批、规范一批"的原则，拟定《顺义区城市协管员队伍管理体制改革实施方案》，确定首批下沉协管员队伍。在2020年度，确定首批下沉16支协管员队伍清单，招募"小巷管家"3246名，240名社区专员下沉到一线参与社区治理工作。考核评价、人员管理等权力的下放，给街乡赋权赋能，实现基层事基层办、基层权力给基层。建立健全"综合窗口""全能社工"模式和全程代办服务机制，在13个新批准建立的社区服务站，科学配置43名社区服务站工作人员，已有138个社区设立"综合窗口"，395名熟练掌握各项业务的"全能社工"。持续开展社区减负，将社区职责清单减至35项、表格系统减至9个、社区挂牌减至15个，切实为街道松绑减负。

在深化镇街机构改革中，注重持续完善基层执法机制。在将"区城管执法监察局统一管理"调整为"以镇街为主的双重管理"的基础上，不断完善镇街综合执法平台建设，将街道综合行政执法队调整为各街道统一管理，整合工商所、食品药品监督管理所，纳入街道统一指挥协调。向镇街下

放部分行政执法职权，实现应放尽放，由镇街综合执法队以属地名义集中行使下放行政执法职权，构建"权责统一、权威高效"的综合执法体制机制。

（二）推进"多网合一"，建立一体化的综合指挥平台

《北京市街道办事处条例》指出，街道办事处可以将社区合理划分为若干管理网格，对辖区实行网格化管理。推进"多网合一"，建立一体化的综合指挥平台，为街道开展综合执法、联合执法等工作提供支持，及时解决辖区内群众诉求。

2019 年，针对全市机构改革、街道改革后出现的新情况和推进"多网"融合工作中发现的新问题，由区委改革办、区委社会工委、区城市管理委等牵头，制定了《顺义区推进"多网"融合发展若干措施》，进一步指明了下一步的工作思路和努力方向。顺义区从标准化规范化体系化入手，把各级网格力量下沉至微网格，合理划分"责任田"，精准锁定到每栋楼、每个人，制定微网格工作责任、培训、职能、考核等规范性制度，形成一揽子的政策体系。明晰管理外延，依据北京市地方标准梳理城市管理事件、部件事项，包括城市管理部件 6 大类 100 小类 346 细类、事件 5 大类 71 小类 146 细类服务事项，明确权责部门及处置标准、时限，形成权责清单；形成网格"一张图"，搭建平台组织架构，保障"多网"融合综合信息平台运行后各街镇、经济功能区内部案件顺利流转。

此外，为全面加强网格员队伍建设，发挥网格员队伍在问题巡查、发现、上报等方面的作用，顺义区制定了网格员队伍管理工作方案，明确了专兼职网格员的配备要求和工作职责，并要求各专业执法部门的协管员在开展日常执法辅助工作的同时，一并承担网格内各类城市服务管理问题的巡查、发现、上报等工作责任，形成具有城市级别特点的"全面覆盖、多网融合、一体化运行"的三级网格化城市管理指挥平台。推动 36 个委办局和镇街属地、5 个经济功能区、10 家公共服务企业纳入网格化体系建设联席推进机构，累计接收案件 32 万余件，结案率超过 96%。

为确保"多网"融合责任落实到位、工作开展到位，近年来，顺义区

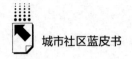

坚持联席会议制度，加强对"多网"融合工作的统筹调度，增强了各单位、各部门工作开展的积极性，形成了"多网"融合的工作合力。"哨声一响、快速响应"，实现镇街层面由联合执法向综合执法转变。为便于指挥协调、避免重复建设，顺义区设计了受理中心、处置中心、地理信息、统计分析等公共功能模块，不断做优城指中心，统筹城市管理资源。整合城市运行指标、城市运行综合管理以及智慧应用等内容，把与城市治理密切相关的公安、综治、城管、环保、安监、食药等36个委办局、25个镇街属地、5个经济功能区、9家公共服务企业全部纳入网格化体系建设联席推进机构，打造具有城市级别特点的"全面覆盖、多网融合、一体化运行"的城市管理指挥平台，确保管理无缝隙、责任全覆盖、问题快处理。做实网格管理，构建城市治理新格局。推进镇街、经济功能区开展边界确认、网格划分工作，构建了全区一级网格1个、二级网格30个、三级网格592个、四级网格1779个的体系，形成了边界清晰、属地权责明确的全区"一张网"。依托全区唯一"一张网"，鼓励各部门按照"一对一"或"一对多"的办法设置专业网格，推动原有工作机制和流程嵌入网格化管理。各镇街按照"规范+特色"的指导方针，在通用功能的基础上，结合地域工作特点，建设了特色应用模块，增强了平台的实用性。赵全营镇充分利用物联网技术，逐步提高信息化监测手段。如利用芯片感应技术，实现了辖区重点企业的水、气污染监测；利用视频分析技术，实现了渣土车辆运输路线的监控；利用视频遥感技术，实现了火情的远程监控报警；利用视频传输技术，实现了执法现场的视频实时传输与指挥调度等。

（三）充分应用信息化，推动网格治理智慧化

顺义区以多网融合为契机，打造基层社会治理智慧平台。出台了《智慧顺义大数据建设发展规划》，主体框架为"一个总后台"+"八个领域应用"+"一个总前台"，统合智慧政务、智慧设施在内的47类211项建设任务。在数字治理模式和智慧城市治理的支撑下，"网格化+智慧化"形成快速安排、落实、检查、反馈的良性、高效工作机制，实现了城市管理"全

天候、无缝隙、全覆盖、好布置、落实快"的工作格局。

顺义区积极打造全区"全面覆盖、多网融合、一体化运行"的三级网格化城市管理指挥平台和集"多网"于一体的区、街镇、社区（村）综合信息平台。截至目前，顺义区基本完成政务信息资源目录，已汇集区内行政许可和行政处罚等数据1.6万余条，并将全区动态数据网接入"领导驾驶舱"，为区领导了解区情和实施决策提供全面准确的信息。有序推进"多网"融合工作，形成"八个一"工作举措。开发"多网融合综合信息数据仪表盘"系统，直观展示平台人、地、事、物、组织的数据专题构成。通过"多网"融合综合信息系统向业务科室和村居派发案件，将城市管理和社会治理80%以上的问题由镇街先行发现、先行处置。顺义区政务服务管理局会同区委社会工委、区民政局探索便民利民新举措，依托"顺手办"掌上办事大厅开通"社会救助"直通车，在全市率先实现低保申请、特困申请、低收入申请、临时救助、供暖救助、高等入学6项社会救助事项掌上办理，实现"群众少跑腿、数据多跑路"。

各属地积极推进网格化智慧平台应用，改变传统运作模式，进一步提升了基层治理整体化、扁平化、智慧化水平。比如，仁和镇创新"热线吹哨、闪速报到"成为接诉即办新模式，引入智能AI监控系统动态感知社会运转；天竺镇依托"智慧天竺"，创新"两吹两不吹"工作模式；石园街道将鳏寡孤独家庭烟感报警器接入多网平台；赵全营将辖区1.2万台煤改清洁能源接入多网平台。

做深底图网格。在区经信委GIS地图基础上，推进镇街、经济功能区开展边界确认、网格划分工作，在明确三级网格的基础上，以居民楼栋、村民小组、规模企业为单位，划分四级网格。针对24个有疑义的地块，按照"搁置争议、先期运行、加强协商、逐步解决"的方式，加紧做好网格落图和图层数据叠加工作，力求形成边界清晰、属地权责明确的全区"一张网"。

以新理念，促进资源共享。马坡镇创新社会治理理念，主动打破传统部门科室之间条块分割、资源信息壁垒，以"智慧马坡"网格管理服务平台为依托，逐步将社会服务、城市管理、社会治安、城管综合执法、环境保护、安监等各职能部门与村级网络对接，将宅基地、非宅、企业、城市部件等各类信息数据录入大数据库。通过 PC 端将辖区内的人、地、事、物都在一张图上综合展现，实现了"一张地图、一个网格、数据上图、一网总览"；手机端 App 以宅基地和网格管理为主轴、以户为单位进行综合信息采集。通过网格员的日常巡查上报工作，实现网格员一次数据采集，业务部门分类共享数据，减少重复采集。截至目前，共采集信息 1856 户，形成"横到边、纵到底、全覆盖、无缝隙"的服务管理责任网格。

四　结论

北京市顺义区深入贯彻党的十九届四中全会关于推进国家治理体系和治理能力现代化的精神，落实蔡奇书记"大抓基层""解决群众家门口的事"的工作要求，坚持党建引领，结合"不忘初心、牢记使命"主题教育，持续深化"街乡吹哨、部门报到"改革，以"接诉即办"为抓手，继续围绕"赋权、下沉、增效"，深度聚焦"七有"要求和"五性"需求，全面推进各项重点任务，全区基层社会治理不断深化，街镇工作水平持续提升，在工作过程中涌现出了大量的成功做法和成功案例，总结这些街镇的成功案例对探索特大城市下基层治理提供了宝贵经验，而研究、推广创新社会治理中涌现出的新经验、新典型、新做法，对于丰富中国特色社会主义政治制度、提升国家治理效能也具有极强的现实意义和实践内涵。

然而，当前顺义区基层治理仍然存在一些典型性梗阻现象，比如，"接诉即办"现行运行模式下仍有优化空间，"吹哨报到"与"条块分割"的张力仍然存在，大数据治理效能受制于多元主体的纵横向分割，基层组织工作方式尚未实现向主动治理的转型。同时，在基层治理方面还存在一些一般性短板问题，如政府部门的协同关系尚未理顺，治理合力不足；政府层级间权责关系配置失衡，属地负担过重；社区一线的治理定位尚未明确，多种问题并存；基层人员的激励机制尚未健全，工作动力不足等，亟待未来进一步的探索。

参考文献

李文钊：《超大城市的互动治理及其机制建构——以北京市"接诉即办"改革为例》，《电子政务》2021 年第 11 期。

马超、金炜玲、孟天广：《基于政务热线的基层治理新模式——以北京市"接诉即办"改革为例》，《北京行政学院学报》2020 年第 5 期。

马亮：《数据驱动与以民为本的政府绩效管理——基于北京市"接诉即办"的案例研究》，《新视野》2021 年第 2 期。

孟天广、黄种滨、张小劲：《政务热线驱动的超大城市社会治理创新——以北京市"接诉即办"改革为例》，《公共管理学报》2021 年第 2 期。

王敬波、张泽宇：《接诉即办：基层治理现代化的实践探索》，《行政管理改革》2022 年第 4 期。

王文举、孙杰：《以人民为中心的接诉即办运行逻辑》，《北京社会科学》2022 年第 2 期。

原珂：《中国特大城市社区治理——基于北上广深津的调查》，社会科学文献出版社，2019。

翟文康、徐文、李文钊：《注意力分配、制度设计与平台型组织驱动的公共价值创造——基于北京市大兴区"接诉即办"的数据分析》，《电子政务》2021 年第 5 期。

张楠迪扬：《"全响应"政府回应机制：基于北京市 12345 市民服务热线"接诉即办"的经验分析》，《行政论坛》2022 年第 1 期。

B.17
"破警戒线的危机"：基层防汛应急的社区韧性提升

——以南京市江心洲街道洲岛家园社区为例

张胜玉　景钰雯*

摘　要： 提高基层社区的"韧性"，是风险社会背景下我国基层应急治理体系和应急治理能力现代化的必然要求。南京市长江沿岸的防汛防涝工作责任在于市级、省级甚至国家级防汛抗旱指挥部的统筹，但对于基层来讲，充分的应急准备和多方联动是保障人民至上、生命至上的最基础防线。本研究通过剖析我国基层社区防汛应急的韧性不足，以江心洲街道的全国综合减灾示范社区——洲岛家园社区为研究对象，深入调研其在防灾减灾方面"未雨绸缪"的经验做法，并以 2020 年 7 月长江南京市段突如其来的"破警戒线危机"为例，讲述江心洲街道洲岛家园社区在防汛应急方面的结构韧性、机制韧性和过程韧性方面的经验。

关键词： 基层　应急管理　防汛　社区韧性

一　韧性社区的基本理论及分析框架

社区被喻为我国社会治理体系的"神经末梢"，关乎国家的安全和稳

---

* 张胜玉，博士，南京信息工程大学应急管理学院讲师、公共安全治理研究院副院长，主要研究方向为韧性社区、网格化治理；景钰雯，南京信息工程大学法政学院本科生，主要研究方向为韧性社区。

定。一项针对全国的调查显示，社区易遭受各类灾害、危机的冲击，有80%的突发危机事件都发生在社区。陈涛、罗强强认为社区层级的主体能力建设尚未与社区治理的各项内容有机结合，多元主体在社区应急管理中的潜力未能得到充分的挖掘。徐柳怡、汪涛、胡玉桃指出当下社区应急管理制度尚未形成科学、完整的体系，平台建设、财政支持等方面的政策保障措施不够完善，在突发事件应对压力之下，还可能出现应急管理制度"执行失灵"问题。汪超认为当前基层政府对社区应急教育关注度较低，社区居民缺乏相应的应急教育培训，应急反应能力与自救能力明显不足。朱正威、刘莹莹指出，相较于单灾种风险，复合型风险由多种风险因素叠加而成，易诱发诸如"黑天鹅""灰犀牛"等严重次生事件，由此造成的后果往往超出社区本身的应对能力。风险的复杂性加剧了社区的脆弱性，社区的各种"脆弱性"使得社区韧性不足，导致社区应急的抗逆力、适应力和复原力不足。

"韧性"在狭义上可以理解为弹性，是对外界应力时对折断、损坏的抵抗属性；而广义上则体现出承灾体在外界事物发生变化时做出的反应。"韧性"一词起源于物理学领域，原是指材料恢复形变的能力，20 世纪 80 年代后，西方学者将韧性这一概念引入社会治理的研究中，并将韧性与弹性、复原力相联系。多年来，韧性已成为发达国家可持续社区议程的一个重要和不可分割的部分。"韧性"是指系统应对外部环境冲击或重大变化的能力。由于韧性社区有着提供防范灾害、保护居民生命免受风险以及恢复稳定生活条件的能力，一经引入便受到公共行政学者和实践者的重视和关注。有西方学者也将社区韧性与社区适应力相结合进行研究，提出韧性是指减少、抵御灾害的影响，适应和发展自己的能力，使其不易受到未来灾害和紧急情况的影响，有些国家，如英国、巴西、希腊甚至将社区韧性和适应力用于旅游、心理健康、生物多样性等领域。国外对于韧性社区的研究，结合了各个区域的地理、人文、环境，重视其在维持或者恢复原来的状态与功能的程度，以及该模式下良好的灾害适应能力和提升原有功能的程度这三层含义。

国内对韧性社区的研究开始于 2010 年之后，认为韧性社区包含抗逆力、适应和转变三个核心；也有人认为韧性社区是指在城市系统面临扰动和冲击

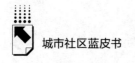
时，能够降低损失和人员伤亡，保持其基本功能的稳定和迅速恢复，并通过学习而产生适应性的现象；韧性社区就是以社区共同行动为基础，能连接内外资源，有效抵御灾害与风险，并从有害影响中恢复、保持可持续发展的能动社区。也有学者认为韧性是持续作用过程所体现出的能力，韧性社区即是社区在危机发生前后通过自组织、自适应、自我恢复的过程所体现出的社区相应的能力即组织力、适应力、恢复力。综合来看，我国对韧性社区的研究虽然略晚于西方，却也有着广泛和深刻的研究，特别是新冠肺炎疫情发生以来研究呈现上升趋势。

综上，本文认为，所谓韧性社区，就是具备应对突发事件的抗逆力、适应力和复原力的社区。增强社区韧性，构建韧性社区是应对突发公共事件风险与危机的重要路径。如何增强社区应对突发事件的"韧性"，是新时代提升我国基层治理体系和治理能力现代化的重要政策议题，也是风险社会背景下国家加强应急管理体系和韧性城市建设必不可少的重要环节。基于此，构建韧性社区，形成基层社会治理新格局，提升基层社区风险防控与应急能力成为基层社区的必然要求。

二 基层社区防汛应急韧性存在的问题

在我国，每年由洪涝灾害导致的受灾人次多达几千万。2021 年 7 月，洪涝灾害已致我国 3481 万人次受灾。郑州作为内陆城市，暴露出应对突发自然灾害的气象与应急部门联动不足、应急响应迟缓、基础设施缺陷等诸多问题。而处于"最后一公里"的城乡基层社区在外部洪涝的影响下，防汛应急也存在诸多缺陷，表现出抗击灾害的韧性不足。

（一）社区常态化治理的结构韧性不足

1. 空间条件——基础设施部分缺失

对于大部分基层社区来说，应急空间和基础设施规划不合理，或者物资储备不充分是一个共性问题。诸如不少老旧小区空间规划上缺少应急避难所，一些高层楼盘楼间距过密缺少"平战"两用的活动空间。同时大部分社区注意力都集中在常态化社会治理，一般依照惯例准备应对汛期的各种物资，召集专业救援人员，但万一出现特大暴雨，诸如郑州"7·20"特大暴雨导致破堤，之前准备的救灾物资和救灾设备不足以应对比以往更严重的防汛"危机"。

2. 制度设计——制度体系尚待完善

我国综合减灾示范社区的评选，大部分社区都处于"迎评"状态，一些工作机制和制度也是临时创建。与此同时，应急预案的制定和执行也存在断节的风险，很多时候应急预案制定完成，但是演练"形式化"，社区工作人员无法真正熟悉各种危机的应对流程，预案效能发挥不足，这也为防灾救灾工作增添了难度。

3. 主体参与——多元主体缺乏联动

在基层社区大多存在社区工作人员不足的窘境，尤其是具备防灾减灾专业技能的工作人员更少。有些社区老年人居多，有些新建社区居民参与意识薄弱等，致使社区治理主体的能动性较差。并且由于社区与社会力量的衔接存在缺口，社会组织的力量无法渗透到社区工作当中，社区内外无法产生有效联动，一旦危机发生，社区无法做到多主体联动参与救灾，社区韧性治理也得不到体现。

4. 文化建设——居民应急意识欠缺

随着我国经济的飞速发展，众多社区快速改建，但是社区应急文化的建设却存在诸多问题。基层社区的文化活动和宣传基本围绕着传统节假日，与防灾减灾有关的知识教育、宣传活动、技能培训比较少，一般基本在国家和国际防灾减灾日举行一些应急宣传教育活动。居民参与应急演练的积极性也不高，很多社区通过发放物质奖励的方式调动居民参与应急演练宣传活动。尤其像郑州这样的内陆城市，相比沿海地区如广州、上海等经常经历台风、暴雨的城市，防汛意识更薄弱。

5. 技术方面——信息技术应用有限

社区常态化治理离不开大数据、互联网、5G等信息技术的支持。但是由于地区发展差异和经济差异，一些社区人力、财力不足，网格化、数字治理等信息平台还未建立，基本靠普通的微信群、人工信息统计等方法来开展工作。信息技术应用有限，没有充分收集数据形成数据网，就无法对危机进行常态化的监控，无法为社区防灾救灾做到有效的应急决策支持。

（二）社区应急治理中的过程韧性不足

防汛应急重在"防"。从危机尚未发生之时就应该做好预防，人为地将社区承受灾情的能力进行提高。但郑州"7·20"暴雨就是典型的教训，城市外围堤坝破堤，城市基础设施难以应对强降水带来的内涝积水，导致地铁、地下车库大量被淹。防汛预防环节做不好，将会给后续应急带来难以预计的难度。

同时，大部分基层社区的应急预案在制定设计后未能按标准、高质量演练，形式化色彩比较浓厚。对于防汛应急，常发生灾害的社区会集中进行防汛演练，但内陆社区演练基本都集中在地震、消防等，一旦洪涝发生，就会手忙脚乱。并且大多数社区防汛物资准备不足，防灾减灾宣传中洪水来临自救技能等宣传缺乏。

基层社区防汛应急，预防、准备、响应和恢复整个过程链是有机统一，也是互相衔接的，预防和准备往往决定应急响应的结果。目前来看，基层社区在防汛应急过程中也存在过程应急的韧性不足问题。

（三）常态化与应急治理衔接的机制韧性不足

诸如党委领导、网格化治理、河长制、信息技术的良好运行，是实现常态化治理与应急治理衔接、构建"平灾结合"基层治理体系的重要机制。但大部分社区常态化治理与应急治理是一种"单向嵌入"关系，党委领导、网格化治理、河长制等常态机制运行良好，但上下联动、平战结合的志愿者体系、社会力量参与等应急管理机制尚未健全，在"危机"来临时，社区防汛的志愿者体系经常出现缺口，企业等社会力量参与应急治理不足，应急治理经常成为"党政"联动下的社会动员。常态化与应急治理衔接的机制韧性不足成为社区防灾减灾治理的一大难题。大部分社区忙于应付"千条线"的任务，应急治理经验转化为日常常态化治理的推进工作不足，也会影响常态化治理与应急治理的衔接。

三 南京市江心洲街道洲岛家园社区防汛应急案例

（一）背景介绍：防汛应急管理任务重

1. 长江贯穿，南京市防汛压力大

南京市处于长江下游，长江蜿蜒从中间穿过，属于长江沿岸城市。据水利部报道，在每年的5月底、6月初，长江南京市流域进入汛期，持续时间较长。6月中旬到7月初的梅雨季节，降水量可达全年的1/4，持续降雨导致长江南京市段水位上涨也极有可能发生洪水灾情。在1954年、1998年、2016年南京市面临严重的汛情与内涝威胁，在2020年7月更是达到了历史最高水位，由此可见南京市防汛压力十分艰巨。

2. 江心孤洲，社区应急任务重

建邺区江心洲街道位于南京市西部，四面环水，北望南京长江大桥，南眺南京长江三桥，东隔夹江毗邻河西新城，西跨长江主航道遥望浦口区，是长江下游的冲积沙洲，因状若青梅，故又称梅子洲，全洲南北长12公里，东西平均宽度1.2公里，全洲陆地面积14.3平方公里，四面环水，被人们形象地形容为一叶"江心孤舟"。除此以外，小岛四周高中间低的"木盆"地形容易造成积水与排水不畅的问题。

洲岛家园社区是江心洲街道这座"江中孤舟"中一个具有代表性的社区，2014年就有居民入住，于2016年正式成立，属于安置房保障社区，2019年被评为全国综合减灾示范社区，防灾减灾能力较强。但是2020年7月，长江水位"破警戒线"，启动Ⅰ级应急响应依然给该街道和社区带来了前所未有的防汛压力。

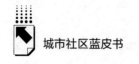

（二）未雨绸缪：社区应急准备充分

长久的防汛经验使洲岛家园社区在汛期之前就未雨绸缪，在每年进入夏季前，就从基础设施、制度、主体、文化、科技五方面进行了充分的应急准备。

1. 生态家园基础设施

江心洲街道最具特色的便是生态科技岛的美誉，通过生态科技岛对全岛进行了重新规划和建设。岛上的防洪堤坝最先仅有 9 米左右，属于重粉质堤坝，从 2013 年起，生态科技岛采用平铺石块工程先后维修加固了全岛 22.5 公里的防洪堤，全岛江堤实现了一个高标准的闭环，标准防洪堤顶高达 12.13~12.6 米，极大地增强了堤岸抵御汛期洪水的能力。同时，科技岛还融入了海绵城市的建设理念，透水砖铺装道路、生态树池海绵道路，降水时实现水流就地入渗、净化，实现道路"吸水"，而在非降水时，道路储蓄的水又成为生态循环的水基础，智能调节洲上的水环境。生态科技岛通过人工和科技巡查相结合的方式进行防汛防灾，有效促进社区防内涝与防水灾相结合，促进生态保护与防汛防灾结合。

岛上还建有 4 个大型排涝泵站，用于防洪防涝。此外，江心洲街道拥有已经建设了几十年的水利仓库，社区的便民服务室内还建设了物资储备室，为应对汛期做了充分的准备。社区内的建筑地下都有雨水收集箱，还会定期维护社区排水管道等相关的基础设施。社区还规划避难场所，满足灾害来临时居民的避难需求。

2. 制度健全防灾保障

（1）防灾减灾管理制度

经过不断地发展完善，社区组建了综合减灾领导小组，制定了综合减灾工作机制、应急预案、防灾减灾培训演练制度以及结合社情制定风险评估、隐患排查、绩效评估等一系列防灾减灾工作制度。

（2）网格化防灾减灾机制

网格化在社区管理可以做到"纵向到底、横向到边""小事不出网格，大事不出社区"的治理效果。洲岛家园社区共划分为 14 个网格，并建了 14 个居民网格群，有网格员 11 个。网格员要负责网格内的日常巡查，包括消防、安全检查，避免网格内有险情出现。在汛期时，网格员也可被统筹进巡堤工作中。通过网格化工作机制，可以做到预警发布覆盖 100%。

（3）河长制

2017 年河长制在南京市全面推行，现在常态化的河长巡堤贯穿日常管理。河长制采用联动的巡查机制，做到街级河长每月一巡，社区河长每周一巡，社区巡河员每日一巡。在汛期来临时，街道成立临时指挥部，负责防汛统筹工作，长江干线河长要做好巡堤等日常工作。

（4）防汛应急预案及演练

防汛应急预案是做好防汛抗洪工作的保障，而应急演练可以提高预警预测、信息报告、决策处置、沟通协调、资源配置能力。洲岛家园社区每年汛期来临之前多次组织开展多内容的应急演练活动。在 2020 年"5·12"防灾减灾宣传日就联合物业服务中心曾以南京市遭受特大暴雨导致本小区雨水灌进地下停车场水位快速上升的紧急情况为模拟场景开展防汛演练。

（5）1310——党群结对模式

江心洲街道还探索出"1310"（一生有你）党群结对模式创新工作，通过结对方式，一个党员骨干带三名普通党员，三名普通党员再带十个群众。据此，全街道画了 67 个同心圆，充分把党员发动起来，通过"点对点"服务，构建"群众点、支部配、党员送、群众用（评）"的快速服务闭环系统。

（6）"五微共享社区"——防灾微心愿收集

面对熟人社会到生人社会的变化，洲岛家园社区运用"五微共享社区"平台打破陌生高楼大厦的阻隔，通过"线上线下相结合"的形式，开展数字化社区治理。"五微共享平台"围绕"互联网+党建"主线，以微平台、微心愿、微行动、微实事、微星光为框架，构建了 120 个子平台，子平台之间信息互联、资源共享，服务效率更佳。

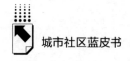

3. 多元主体应急储备

（1）特色防汛组织

洲岛家园社区常态化防汛工作中组建了党员突击队、民兵应急队、银发巡查队等特色队伍有序推进社区防汛工作，充分发挥党员先锋、转业军人、退休老干部等的参与作用。

（2）构建志愿者体系

洲岛家园社区通过社会治理中文化活动、科技与科普活动等志愿服务队伍建设，吸纳、注册、整合成为社区防灾减灾的志愿者队伍。

（3）党委领导多方合作

在社区防汛工作当中，无论是汛期的巡堤、风险隐患的排查，还是平时应急意识的提升，党员干部都积极参与进来。并且社区将党委领导的机制指挥小组、志愿者、共建单位、社区居民以及社会救援力量联合起来，构建韧性防灾减灾的多元主体参与体系，引导他们共同参与防灾减灾及社区治理的全过程。

4. 防灾减灾宣传教育

（1）防灾减灾宣传

社区以宣传栏、文艺演出、讲座以及 16 个居民微信群、3 部电子屏、84 部电梯的党建宣传等为载体，通过多种多样的形式开展全方位、多灾种的防灾减灾宣传，增强社区居民的防汛意识、自救互救意识和能力；并且社区通过开展各种公共活动使居民参与到日常的社区生活之中，增强对社区的参与感和认同感，形成防灾的共同体意识。

（2）防灾减灾培训

社区在居民代表、党员、楼栋长、志愿者和物业保安中选拔综合防灾减灾应急骨干，对他们加强专业技能培训，在发生意外的时候能救人救己；在社区教育工作中，定期安排相关课程，开展防灾减灾安全知识培训，能在汛期来临时，迅速以各种形式参与到社区防汛工作中，为防汛提供帮助。

5. 技术赋能社区应急

洲岛家园社区结合大数据科技设备，社区目前配备集预防预测、通知、信息公告、知识普及于一体的电子显示器，利用智慧化防汛系统，实时为社区居民提供最新的、准确的、易懂的信息。此外，社区与气象部门有对点气象预测的合作，及时、准确、快速地为社区提供最快、最完全的天气信息，为社区提前预警提供最快的信息。运用南京市应急管理局的"181"信息化平台实现智慧化预警、智慧化联动，创新应用物联网、大数据、AI技术等，通过8个系统全面在线对防灾减灾等各类应急事务进行流程处理。

（三）化危为安：破警戒线韧性应对

2020年社区如往年一般准备防汛，可是长江水情形势却异常严峻，而洲岛家园社区面对汛期大考，上下联动、党员先锋、齐心固堤，"化危为安"，赢得了多方好评。

1. 汛期来临，提前准备

在2020年汛期来临之前，为做好防汛工作，江心洲街道借鉴洲岛家园社区成熟的小组管理模式，重拳出击。区—街道—社区组织防汛队伍进行常态化巡堤，并且社区下设不同的职能工作小组配合工作，其中宣传教育小组与物资保障小组为防汛工作做好了充分的后方人力物力准备。江心洲街道配足了防汛物资，包括浪桩1030根、麻袋42000条、救生衣1160件以及块石1万吨，同时还有两辆卡车、一台挖掘机在江堤随时待命。

2. Ⅰ级预警，汛情升级

洲岛家园社区属于长江下游的冲积沙洲，因四面环江，长江水位的涨跌或者是汛情来临时水位的异常，使江心洲街道汛期时受到更大的威胁。并且平缓地势以及近海的位置因素，使得长江南京市水段排水十分困难，暴雨以及涨水后形成大量的积水极易造成内涝问题。

2020年7月6日南京市防汛升级为Ⅳ级（蓝色）；7月7日升级为Ⅲ级（黄色），江心洲街道机关干部、社区工作人员、党员、志愿者等120人组成了防汛工作组，及时应对并开展防汛工作；7月10日升级为Ⅱ级（橙色）；7月13日，江水已经没过树干，部分树木仅剩树冠，沿江一侧也已树起了警示牌和警戒线。

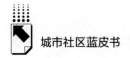

7月18日8时，潮位达到10.26米，超警戒水位1.56米，创历史新高（1954年为10.22米）。长江水情形势异常严峻，39个站点超警戒水位。根据《南京市防汛应急预案》，南京市防指决定，自7月18日10时起，南京市启动全市防汛Ⅰ级应急响应（红色），所有人紧绷起了防汛这根弦。

截至2020年7月21日上午9时45分，长江南京市站水位已经涨至10.39米，达历史新高。而由于长江水流从上往下的坡度，实际上江心洲街道要比南京市站水位还要高50厘米，达到10.89米，社区面临前所未有的防汛考验。

3. 危局时刻，共筑"堤坝"

2020年7月18日南京市长江水位破警戒线后，南京市领导更加重视，靠前指挥，坐镇调度。市防指指挥主持会议，做出防汛应急工作部署，并派专家组赴一线加强技术指导，全面开展防汛设施检查养护，强化排水设施建设，提高防御能力。在党建统一领导指挥下，多主体协同应战，共渡危机。

（1）闪电部署，上下联动

南京市、区、街道和社区上下联动，迅速部署。南京市防指立即下达"安全第一，常备不懈，以防为主，全力抢险"的工作方针；建邺区政府迅速进入实战状态，抓牢应对之策，压实工作之责；江心洲街道落实防汛责任，做好应急撤离预案、应急救灾准备；洲岛家园社区成立综合减灾领导小组，精准防洪，做好防外淹、防内涝、护人民三大重要工作。在水位破警戒线的严峻形势下，充分利用中新生态科技岛排水设施，人工和科技巡查双管齐下防止外淹。

社区工作人员24小时全身心地扑在防汛上面，不仅是防长江的降水，还要防社区内大量的安置房，包括一些商品房、小区里的车库等，每个区域负责各自区域的隐患排查工作。党员带头学带头做，党建引领防汛工作，洲岛家园社区目前已有4个党支部，凝聚了175名党员，结成30组党群结对团体，通过"楼栋长""好帮手"调解队等确保居民群众安全有保障，及时发送汛情实时情况，确保物资及人员疏散。面对汛情大考，区—街—社区河长上下一心，有条不紊地开展防汛部署工作。

（2）志愿巡堤，党员先锋

火车跑得快，全靠车头带。防汛危机下洲岛家园社区充分发挥党员的先锋模范作用，党员作为第一批带头人进行轮值巡堤，积极响应，志愿者队伍不断壮大，踊跃参与。社区在沿岸堤上设了26个防汛点，配备可以住人的集装箱，确保轮值人员每半个小时外出江堤巡查一次，遇到紧急情况时第一时间到达防汛前线。在巡堤中，有经验的老党员冲在志愿前线，守卫家园。"老带新"形成巡堤经验代际传授，也形成了防洪中的特色党建。

同时，洲岛家园社区的居民们自发成立了志愿组织，积极参与到江堤巡查与隐患排查的工作中，与社区对接的十余个共建单位也志愿参与巡堤。

（3）齐心防洪，八方筑堤

社区发挥联动机制效能，联合开展防灾减灾工作，积极争取人员、技术资金等方面的支持，进一步营造了齐抓共管的良好氛围。

社区工作人员参与：在防汛指挥部指挥下24小时待命有序防汛。

物业参与：社区联合物业召开防汛安全工作专项联系会，布置防汛工作，扎实有序推进防汛工作；同时开展安全隐患排查，通知相关车辆和居民做好安全防范。

共建单位参与：30家共建单位志愿进行巡堤工作并提供防汛物资。

居民参与：社区通过党员群及14个网格群发布了志愿者招募信息，不少居民加入了"江堤我守，家园我护"的防汛大军。

志愿者组织：社区成立有民兵应急队、银发巡查队等特色志愿组织，有序推进社区防汛工作。

4. 防汛大考，多方好评

社区的防汛工作，居民们看在眼里。不少群众在网络上对社区的工作赞不绝口，家住江心洲的李师傅说："我是土生土长的江心洲街道人。在我的记忆中，以前每到夏季汛期，江心洲街道就淹得不成样子……但近几年，政府在这里搞了生态治理，建设海绵城市，这种情况就没再发生过。"社区原住民一位大爷的评价也是非常有信心的："现在的江心洲我可以说就像'铁桶'一样，江堤宽了而且又牢了。"

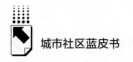

（四）深谋远虑：总结经验完善机制

1. 应急经验常态运用

防汛应急具有不可抗拒的国家级、省级统一指挥部的防泄协调，但在洲岛家园社区应对防汛危机上，他们采取了一系列具有特色的方式共渡难关，相应的应急经验可以常态应用。

2. 防汛经验总结提升

洲岛家园社区在汛期危机过后就积极总结防汛经验，提升防汛应急能力：落实党建引领形成上下联动，做好社区防汛工作预案，组织相关单位进行防汛演练；以此次防汛为契机完善其志愿者体系，形成志愿者注册机制和"志愿服务群网络"；注重加强与共建单位、社区居民等社会力量的互动等。

3. 应急预案及时修订

在 2020 年防汛之后，洲岛家园社区修改完善了 2021 年防汛演习方案，江心洲街道也修改并发布了《2021 年江心洲街道防汛应急预案》，对应急指挥机构、成员单位、工作职责，详细规定了汛期具体的工作要求，为年度防汛工作提供预案准备。

洲岛家园社区防汛应急的过程中，在三方面突出体现了韧性社区理论的适用性：一是社区内空间、制度、主体、文化、技术五个方面要素的结构韧性，这五种要素互动链接，形成要素互为支撑、整体聚合的韧性；二是社区面对风险时整个应急的过程韧性；三是社区从常态化治理到应急治理衔接的机制韧性。

四　洲岛家园社区防汛应急社区韧性经验总结

（一）结构要素韧性分析

应对 2020 年长江水位破警戒线的危机，在洲岛家园社区党委领导下，调动多元主体尤其是居民的防灾减灾共同体意识，基于江心洲的防汛基础设施，依据社区的应急制度和信息技术迅速部署、快速响应，平稳度过汛期，体现社区面对汛期时展现出的空间、制度、主体、文化和技术方面互动链接的结构韧性。

1. 空间韧性

洲岛家园社区的空间韧性主要体现在基础设施的建设上。江心洲这一生态科技岛先后维修加固了全岛 22.5 公里的防洪堤，增强并体现出社区应对汛期灾害的抗逆力；建设海绵城市理念的融入，汛期与非汛期时的整个水循环过程生动体现了社区应对洪水的一种适应力以及常态化管理。此外，社区建设物资储备室，定期维护社区排水管道等相关基础设施等，"外牢内坚"全方面提高了社区防汛基础设施的抗逆力、承灾力，在社区内搭建起一个空间韧性体系。

2. 制度韧性

通过对洲岛家园社区的实地考察，可以看到社区制定了一系列综合减灾工作制度。社区工作人员通过规范的制度划定应急责任，通过预案演练熟悉各种危机的应对流程。社区每年在 6 月和 11 月进行两次防汛演练，不仅锻炼了社区人员应对汛期危机的抗逆力，而且在演练过程中发现问题，不断改进制度，使社区能快速适应突发事件，及时从常态化治理转到应急治理。

3. 主体韧性

洲岛家园社区发挥党委领导应急指挥小组的机制作用，将社区防汛工作人员、志愿者、共建单位、社区居民以及社会救援力量联合起来，构建了韧性的综合减灾多元主体参与体系。2020 年长江水位破警戒线时，党委发挥领导能力，社区工作人员 24 小时巡堤待命，党员干部积极响应发挥先锋模范作用，迅速动员社会力量，组织志愿者队伍积极参与，为社区防灾减灾提供了大量的人力、物力支持，增强了社区抗逆力和适应力。

4. 文化韧性

洲岛家园社区通过多种防灾减灾宣传活动和培训演练，增强居民的防灾意识、自救互救意识和能力，并且居民通过日常参与社区生活中的社区志愿者活动、应急演练等，不仅对社区有了较强的参与感和认同感，而且在危机

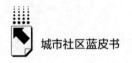

应对时的防灾减灾责任感也得以激发。在 2020 年长江水位破警戒线的汛期来临时，洲岛家园社区居民能够迅速以各种形式参与到社区防汛工作中，形成防灾的共同体意识，充分发挥"护岛爱家"的"共同体精神"这一文化韧性。

5.技术韧性

洲岛家园社区结合大数据科技设备，配备了电子显示器实时为社区居民提供及时、准确、易懂的防灾减灾信息。此外，市气象局在社区设立智慧气象预警屏，可以实现实时气象灾害提前预警；应急管理局的 181 信息化平台，可在线对防灾减灾等各类事务进行流程处理。技术运用可以实现智慧化预警、智慧化联动，极大地增强了社区应对危机的适应力。

（二）应急过程韧性分析

预防：2013 年建邺区通过中新生态科技岛规划了江心洲的外围堤坝，堤坝高度最高处达 12.6 米；2016 年大洪水后对堤坝重新加固并逐渐形成牢固的闭环。岛内建设海绵道路、海绵河道等设施，可以实现蓄排水功能。2020 年 7 月 20 日汛期，建邺区江心洲堤坝完全可以抵御 10.39 米的洪水，岛内无内涝，不用撤离。而同时间 7 月 19 日南京市八卦洲撤离了 306 名失能、半失能老人及特困供养人员，足以证明建邺区在风险预防方面进行了大量的投入，保障了人民的生命安全。

准备：在 2020 年汛期来临之前，江心洲街道和洲岛家园社区根据已有的防汛应急指挥小组，积极做好防汛的前期准备工作。在 6 月份组织物业进行防汛应急演练，做好防汛应急预案优化。社区坚持街道防汛指挥部的统一部署，利用河长制、网格化、党群结对等机制，让每一个人都纳入管理体系之中。区街两级应急物资准备，建邺区共给江心洲投入防汛队伍 18 支，各类防汛车辆 33 台套、专业泵车 10 辆、发电机组 13 台、抽水泵 67 台。此外，江心洲街道也为防汛工作配足了物资。

响应：2020 年 7 月 18 日南京市防汛应急四级提升，南京市、区、街道和社区上下联动，快速响应。江心洲街道人工和科技巡查双管齐下，并且动员近 300 多名社工、党员、居民在 26 个防汛值守岗亭 24 小时值守。洲岛家园社区在综合减灾领导小组的指引下，精准防洪，统筹规划，充分利用成熟的应急制度机制应对危机。

恢复：基于长江防洪泄洪的总体布局及南京段降水减少，南京长江段"警戒线"危机逐渐破除。进入恢复阶段，江心洲街道及洲岛家园社区按照相关制度对灾后恢复重建工作提出具体措施，全面落实灾后恢复重建的主体责任，有序恢复居民的生活秩序；区分轻重缓急，统筹规划安排灾后恢复重建的建设项目；针对防汛抢险物料消耗情况，及时补充到位，并确保外界物资有序撤离。最后，对防汛工作的各个方面进行总结、评估，使防汛应急中的部分做法常态应用，不断提升社区的防灾减灾能力，充分体现出社区的过程韧性。

（三）衔接机制韧性分析

南京市汛情预警按 Ⅳ—Ⅲ—Ⅱ—Ⅰ 级逐级提高，洲岛家园社区在小岛危急之际，运用常态化的党建、网格化、社会动员、信息技术机制，迅速转换到应急状态，调动社区各方力量参与到防汛应急工作中。

在常态化的党建引领机制下，党组织网络架构连接起网格、社会组织、楼栋、业委会、物业，通过党员带动群众发挥党组织的凝聚力。面对 2020 年的防汛"大考"，洲岛家园社区在党委领导的应急指挥小组下，根据市、区应急预警闪电部署，迅速启动社区应急预案，明确职责分工。在应急状态下，党员主动担当冲到防汛巡堤第一线发挥示范带头作用。

网格化管理是社区治理的基本机制，也成为常态化治理动态转换到应急治理的重要机制。在常态化治理下，网格员是洲岛家园社区服务与管理的重要纽带，同时也是各种安全风险隐患的排查员。南京市汛情预警升级，网格员不仅在网格群及时发送气象灾害预警信息，提醒社区居民注意各类雨水险情；而且参与到小岛巡堤和社区内涝隐患点排查工作中。此外，在应急撤离预案中，网格员也是脆弱人群撤离的重要联系人。

在常态化治理中，社会动员是社区开展各种活动的基础。洲岛家园社区

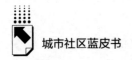

在开展各种文艺活动、防灾减灾宣传、应急演练中都要动员社区居民参与，通过动员参与提升居民对社区的融入感和责任感。在南京市汛情预警升级后，江心洲街道通过党委领导的社区应急指挥小组，通过社会动员机制调动了街道机关干部、社区人员、党员、社工、群众志愿者组成防汛抢险小组，24小时巡堤。因此，常态化下的弱社会动员可以形成居民与社区的熟络关系，而应急状态下的强社会动员更易形成多主体参与的应急"命运共同体"。

信息技术是江心洲街道生态科技岛常态化治理的特色，运用智慧气象预警屏，可以实现实时气象灾害提前预警，应急管理局的181信息化平台可以实现预测预警智能化、应急预案数字化，可以及时、高效地进入应急状态。南京市汛情预警升级生态科技岛的智慧防涝系统，实现对堤岸水位、岛内积涝的实时监控，为应急指挥决策提供了数据支持。

除此之外，河长制也是常态化治堤防洪的重要机制，也是汛期巡堤任务段值守的重要机制。在党委领导下，综合减灾领导小组及时根据相关应急预案制度从常态化治理进入应急治理状态，体现了领导机制、预案机制及"1310"工作法从常态化到应急治理的应用。总之，洲岛家园社区在党委领导、网格化机制、社会动员机制、信息技术机制下，其结构要素能在危急时刻快速响应，从常态化治理迅速切换到应急治理体现出社区的机制韧性。

洲岛家园社区防汛应急的社区韧性经验可为处于汛期脆弱点、脆弱带的社区提供可借鉴、可学习的参考。社区韧性提升，韧性社区建设已经成为应对综合性风险和危机的有效路径。

Abstract

Urbanization is an inevitable process of human development after modern industrialization. It is also the only way for achieving Chinese modernization. Since the reform and opening up, urbanization in China has been increasing at an annual rate of 1%, and by the end of 2019, the urbanization rate has exceeded 60% for the first time. By the end of 2022, the rate had reached 65.22%. According to the statistics of the Ministry of Civil Affairs in the third quarter of 2022, there are about 606000 urban and rural communities in China, including about 489000 rural communities and 117000 urban communities. Xi Jinping, General Secretary of the Communist Party of China pointed out: "The people's yearning for a better life is our goal." The community, especially the residential community (also known as the neighbourhood community), as the basic unit of urban lives and grassroots social governance, has increasingly become the micro-unit for the party and government to provide basic public services, implement social governance, and promote neighborhood interaction. Currently, urban residents in China spends 75% of their time inside the residential community in average, and by 2035, about 70% of the population will be living in residential communities. To this end, the construction and development of urban communities should be promoted in a systematic and scientific manner, to promote high-quality development, high-quality living, and high-level governance, and to enhance social vitality, improve management accuracy, and convey a sense of governance, making our cities and communities a strong support for the people to pursue a better life.

The Construction and Development of Chinese Urban Communities Annual Report 2022 has the theme of "Green, Healthy, Resilient, and Intelligent

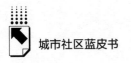

Development". The book consists of four parts. The first part, the general report, systematically explores five major trends in the current high-quality construction and innovative governance of urban communities in China: livability, refinement, greenness, digitization, and law-based measures. Based on this, it proposes important measures to promote the transformation of people's demands for residential communities from "yes or no" to "high quality" and "more livable" needs, through diversified governance, technological empowerment, and rule of law under the core leadership of the Party and the government, to truly meet and realize the needs of the people for a better life in the new era. The parallel report session mainly provides a systematic analysis of the construction and development of green, healthy, resilient, and smart communities in 2021, aiming to form replicable and learnable experiences for community development. The special report session mainly discusses the construction of China's urban green community evaluation system, the construction of elderly-friendly communities, the construction of resilient communities, and community development governance. The case study session mainly conducts individual case analysis on issues such as the protection and renewal of the historical block in Beijing's Dazhalan area, the construction of safe communities under the "two-neighborhood concept" in Shenyang, the innovative practice of "handling complaints immediately" in Shunyi District, Beijing, and the community resilience enhancement of grassroots flood prevention and emergency response in Nanjing.

To conclude, the construction, development, and governance of urban communities are important issues for promoting the modernization of the national governance system and governance capacity in the new era. Continuous promotion of high-quality, harmonious, and livable community construction is the starting point and foothold for realizing, maintaining, and developing the fundamental interests of the broadest people during the 14th Five-Year Plan period. This series of reports aims to systematically explore the new dynamics and trends in the development and governance innovation of urban communities in China since the new era, through 5 – 10 years of continuous trace, combined with annual hot topics, social surveys, and case studies, providing theoretical references and practical guidance for urban managers, researchers, and people with insight to actively participate in the construction, development, and governance of urban communities.

Keywords: Urban Community; Green Community; Healthy Community; Resilient Community; Smart Community

Contents

I   General Report

Abstract: The construction, development and governance of urban communities are important issues to promote the modernization of the national governance system and governance capacity in the New Era. Continuing to promote the construction of a harmonious and livable high-quality community is the starting point and foothold for realizing, maintaining, and developing the fundamental interests of the majority of the people during the "14th Five-Year Plan" period. Although the community construction and development of many cities in 2021 would continue to be affected by COVID −19 and the impact of severe floods, ice and snow disasters, etc. , it had not prevented more cities from trying to build high-quality livable communities with regional characteristics according to local conditions. In the face of the great changes in the "two centuries" and the continuous impact of the COVID‑19, although the process of China's new urbanization will slow down, it will continue to advance. At present and for a period of time in the future, livability, refinement, greening, digitization and the rule of law will be important directions for developing high-quality construction and governance innovation in modern urban communities. In the future, the high-quality construction and development of urban communities in China will highlight the people-oriented value orientation. Under the leadership of the Party and the government, through important measures such as pluralistic co-governance, technology empowerment and legal escort, it will effectively promote the people's awareness of residential communities. The requirements of the "have or not" have shifted to the improvement of "high-quality" and "more livable" needs to truly meet and realize the people's needs for a better life in the new era.

Keywords: Urban Community Construction; Livable Area; Quality Community; Social Governance Community

Ⅱ Sub-reports

B.2 China's Green Community Development Report

Huang Qing, Liang Wenci / 019

Abstract: China's rapid urbanization has led to serious contradicts between economic development and environment protection. Against this background, urban environment protection and sustainable urban lifestyle became crucial agenda. As the foundation of urban governance and the place of daily urban life, urban community became the platform to practice sustainable development policies. In July 2021, China's Ministry of Housing and Urban-rural Development published *Green Community Development Scheme*. This document elaborates the meaning of green community as well as the basic rules of practice, therefore marking the new phrase of China's green city development. Exploring the

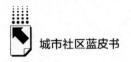
origination of the theory, reviewing the policy development of China green community and reflecting the challenges will contribute to the development China's green city.

Keywords: Green Community; Environmental Governance; Community Sustainable Development

B.3 Beijing Green Community Development Report

Kong Derong / 038

Abstract: China's cities have experienced decades of rapid and incremental development. While assuming economic development and social needs, the urban environment has also experienced immense pressures, such as environmental pollution, energy pressure, and sustainable development. At the same time, Beijing has also developed a status in which new areas, urban renewal, and renovation of old communities coexist. In developing and constructing environmental pressure, and the coexistence of multiple work priorities, the concepts, methods, and technologies of green and sustainable development are indispensable. Beijing's green community is a crucial physical and social space that connects the upper and lower systems to practice the concept of green sustainable development, urban planning, and urban governance. After years of construction and development, many achievements and experiences have been achieved. In the future, Beijing's green community will continue to construct and improve green buildings and infrastructures. Under the guidance and promotion of methods and policies, such as planning first, technological innovation, improvement of policies and regulations, and strengthening of long-term mechanisms. It will continue to improve and promote green communities. The development of ideas and construction will form a unified whole green community.

Keywords: Green Community; Green Building; Green Standard; Ecological Landscape

B.4   Report on the Construction and Development of Urban

Healthy Communities in China

Ning Jing, Zhang Xinyi and Liu Yuanlin / 052

Abstract: Health is the basis for social development and national prosperity. In 2016, the Chinese government published the "Healthy China 2030", emphasizing the extensive construction of healthy communities. Therefore, it is important to assess the healthy communities in different provinces of China for the development of healthy communities in the future. Based on relevant policy documents and previous literature, this report establishes the indicator system and evaluates the development of health communities in 31 provinces. We find that Jiangsu, Zhejiang and Guangdong provinces' healthy community are in the top three. Second, the development of healthy communities shows that health communities develop better in eastern provinces, middle in center provinces and relatively worse in western provinces. This report gives suggestions to promote the development of healthy communities and facilitating the achievement of the strategic goals of Healthy China.

Keywords: Healthy Community; Healthy Community Population; Healthy Community Environment; Healthy Community Governance

B.5   Report on the Development of Healthy Communities in

Wuhan: Taking Emergency Medical Services as An

Example   *Luo Weicong* / 072

Abstract: Extant studies on EMS access often focus on one-way trips, such as getting ambulances or transferring patients to hospitals, and the most relevant studies do not consider the impact of real-time traffic on EMS access. This study evaluates spatiotemporal EMS access in Wuhan, China, at the shequ (smallest administrative unit) level, seeking to address a gap in the literature by

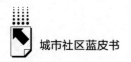
incorporating and comparing both trips in the EMS access evaluation. Two spatiotemporal access metrics are used: the proximity-based travel time obtained from online map services and the gravity-based enhanced two-step floating catchment area (E − 2SFCA). According to the results, there is a significant reduction in EMS access during peak traffic hours, especially in the urban area. In addition to the impact of peak traffic periods on EMS access, urban-rural inequality in EMS access is remarkable in Wuhan. Further, good ambulance access does not always imply good hospital or overall access, and vice versa.

Keywords: Emergency Medical Services; Community Emergency; Geographic Information System (GIS); Real-time Traffic Conditions

B. 6 Construction and Development of Resilient Communities

in China   *Li Zhiqiang，Yang Caimeng* / 092

Abstract: In response to the rapidly spreading modernity nurtured by global industrialization and marketization, resilience governance is often considered as the more autonomous, adaptable and transformative sustainable governance idea, which provides a new perspective for the concept update and practice expansion of community emergency management. In recent years, with the deepening of the construction of resilient cities, the investment in urban security protection in China has been increasing year by year, and great progress has been made in urban disaster prevention, disaster reduction, and damage reduction. However, judging from repeated urban compound disaster events, urban construction is still very fragile. Building resilient communities expose many serious problems. The path of urban resilience community governance should be constructed around spatial resilience as the foundation, organizational resilience as the foundation, institutional resilience as the guarantee and technical resilience as the means.

Keywords: Resilient Community; Spatial Resilience; Organizational Resilience; Community Resilience; Complex Governance

B.7 Beijing-Tianjin-Hebei Resilient Community Construction

Development Report

Zeng Peng, Wang Yu, Tang Fengliang and Ren Xiaotong / 108

Abstract: With the intensified global climate change, the frequent occurrence of extreme disasters, and the repeated wave of the Covid epidemic, building resilient communities has an urgent necessity for China. Start by first discussing the origin and evolution of the concept of resilient communities, this report establishes a cognitive framework, summarizes the future paths and strategies for building resilient communities through analysis of policies and practices in the Beijing-Tianjin-Hebei region. A resilient community is an interdisciplinary complex and comprehensive system that requires considerations of both soft and hard resilience. A multi-dimensional framework is established containing environmental resilience, economic resilience, social resilience and institutional resilience. The Beijing-Tianjin-Hebei region has already accumulated preliminary experience in the development of resilient communities. This report selects relevant policies and representative practices in this region in 2021, conducts a multi-dimensional analysis on their effects and summarizes the experience of these practices. By combining the analysis of relatively complete foreign resilient community planning and management systems with recent resilient community practice in China, this research concludes by providing safer, and more effective coping strategies towards resilient and sustainable community development.

Keywords: Resilient City; Resilient Community; Beijing-Tianjin-Hebei Region

B.8 Construction and Development of Smart Communities

in China *Li Tingting, Wu Lanbo / 118*

Abstract: Smart community is the basic unit and core component of smart

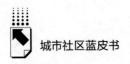

city. It is a new form and model to realize the informatization and intelligence of community social management and public service supply. As an important breakthrough in deepening urban transformation and achieving sustainable development, smart community construction is related to the transformation of community governance, efficiency enhancement and the realization of the modernization of grassroots governance. After more than ten years of exploration, the construction of smart communities in China has mainly shown the government-led, multi-party participation in local practice for many years, reducing the burden and increasing energy, fine and convenient, pilot first, demonstration driven, financial investment as the main, social financing as a supplement, attention Residents' needs, bridge the "digital divide", promote the participation of residents and social organizations, and promote the six characteristics of community autonomy. At the same time, there is still the lack of top-level design, and the administrative trend of smart community services is obvious. There are practical problems such as structural shortcomings in the community workers team that restrict the in-depth advancement of the construction of smart communities. To promote the further development of smart community construction, it is necessary to take practical measures to strengthen top-level design, improve the level of intensive construction, accelerate the innovation of smart community service systems and mechanisms, optimize project approval, evaluation and supervision, strengthen public financial guarantees and strengthen community workers, etc.

Keywords: Smart Community; Community Construction; Community Digitization

. 9   Beijing Smart Community Construction and Development

Report   *Wang Wei, Xu Dapeng, Shan Feng and Mei Yiduo* / 136

Abstract: As the basic unit of daily management and service in the city, the community is the "last mile" for the party and the government to contact and serve the people. As a new community governance model in the new era, the Party

Central Committee has attached great importance to the smart community. Beijing As the capital of the country, city governance and community construction play an important leading role. Through the review of Beijing's smart community construction work since 2012, the report selects three typical district-level smart community construction practices in Beijing, Dongcheng District, Chaoyang District, and Haidian District. Analyzed and introduced, and analyzed the challenges faced by the construction of Beijing smart community from the perspective of "technology, system, and people", and finally put forward a people-centered intelligent framework for community governance in Beijing, from governance system, governance capacity, governance process, and governance. Starting from the four dimensions of intelligence, including governance content, it will promote the construction of Beijing's smart community in depth.

Keywords: Smart Community; Intelligence; Digitalization; Community Development

Ⅲ Special Reports

B.10 Construction and Development of Elderly-friendly

Community in Chaoyang District of Beijing

Geng Yun, Ma Mengjiao / 150

Abstract: The construction of an age-friendly community is an important measure for the Party and the government to deal with the population aging and rapid urbanization, promote the development of the aging cause and improve the quality of life of the elderly. In March 2021, in order to thoroughly implement the national strategy to actively respond to population aging and promote the construction of age-friendly communities, the Beijing Municipal Health Commission issued the "Notice on Launching the National Demonstration Age-Friendly Community Creation in 2021", which made important arrangements to fully mobilize the efforts of all sectors of society to participate in the construction of

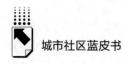

age-friendly communities. Chaoyang District, as the district with the largest population and the largest number of elderly people in Beijing, has strong representativeness and research value in Beijing for actively promoting the construction of an age-friendly community and relieve the pressure of social pension in response to the population structure entering a stage of deep aging.

Keywords: Age-friendly Community; Healthy Community; Community Development; Social Participation; Aging of Population

B.11　Tianjin Resilient Community Construction Development Report in Tianjin: An Assessment of Resilience Characteristics of Five Types of Communities in Heping District

Wang Yu, Yu Zeru / 168

Abstract: By reviewing the existing progress of community resilience, this research constructs a new resilience assessment framework by using a physical-social dual system. A community resilience index under this framework is also set up that contains four main aspects of resilience: physical space, space, facility, population and governance. The existing communities in Heping District, city of Tianjin are divided into five categories: single-family household, old tower, commodity housing and commercial-residential apartment. A community resilience is implemented in selected typical cases in Heping by using the above index. Summarizing the resilience levels, characteristics and existing problems of various types of communities, this study proposes resilience optimization strategies combining physical and social systems for the future community development in Heping District.

Keywords: Resilient Community; Resilience Assessment; Community Building; Heping District of Tianjin

B.12　Report on Community Development and Governance

in Chengdu, Sichuan Province　　　*Gou Huan* / 183

Abstract: As a large city in western China, Chengdu has always been superior in grassroots governance, especially in recent years in the community development and governance is innovative, typical, representative practices and cases. Combing the practice of community governance in Chengdu in recent years, it is consistent with the logical change of China's social governance reform, and has a benign transformation supporting each other with the theoretical innovation and practical exploration of social governance at the national level. Chengdu grassroots community development and governance practices may be considered as both the macroscopic strategic thinking on the national level, such as policy planning guidance, more through the innovative practice path and strategy, providing a reference for other grassroots social governance practices, even promoting national excellent cases, reverse to promote the optimization of related policies and regulations. This is the root and value of combing and studying the practice of community development and governance in Chengdu.

Keywords: Community Development; Community Governance; Grassroots Governance; Chengdu

B.13　Social Governance Innovation under the Leadership of

Urban Grassroots Party Building: a Practical Study on

the "Five Micro-sharing Community" in Jianye District,

Nanjing

Ren Keqiang, Shi Ziteng, Zhou Long and Ren Jingchun / 203

Abstract: In the process of integrating urban community Party building resources to promote the modernization of community governance, Jianye District adheres to the people-centered development concept. It plays the role of

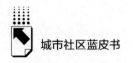
"Internet +" and actively builds a network digital Party building platform "Five Micro Sharing Community" with "micro platform, micro wish, micro action, micro fact, micro starlight" as the main content. It insists that Party building leads urban community governance, pays attention to the era innovation of governance thinking and governance methods, and takes the innovation of social governance working mechanism as the starting point to realize organizational co-construction, resource sharing, mechanism connection, and function optimization. And establish a new pattern of social governance that is connected, coordinated, standardized and efficient. In this way, the organic integration of grass-roots Party building and social governance has been realized, and a new way of social governance of co-construction, co-governance and sharing has been explored.

Keywords: Urban Grassroots Party Duilding; Community Governance; "Internet+"; Shared Community

IV　Case Study

B.14　A Study on the Regeneration of Yanshou Historical District
in Beijing Dashila from the Perspective of "Social-Spatial"

Ding Qi, Zhou Yang and Zhang Jing / 222

Abstract: The article selects the Yanshou Historic District as the research object and studies the renewal strategy of residential type historic districts. Through field surveys and questionnaire interviews, we summarize the following three main problems of the Yanshou Historic District: one is the deterioration of physical space, which manifested in four aspects: poor quality of street space, destruction of courtyard texture, depressed architectural space, and insufficient infrastructure conditions. The second is the fragmentation of the cultural lineage, which is manifested in three aspects: lack of protection of cultural relics, wrong cultural expression, and lack of cultural dissemination channels; the third is the significant social problems, which are produced in two aspects: the gathering of disadvantaged groups and the complex relationship between property owners. We use the theory of the "social spatial" relationship, and summarize the spatial attributes of the renewal of historic districts as a manifestation of the nature of spatial production through the study of "spatial production" and "spatial justice". After clarifying the spatial practice of renewing the historic district of Yanshou as a triple attribute of the physical environment, cultural preservation, and social relations, and the theoretical basis of the dialectical unity of "social-material spiritual" in the spatial practice, a "socialspatial" perspective is developed. The study of the regeneration strategy of the historic district of Yanshou in Beijing from the perspective of "society-space" is carried out, and a comprehensive strategy of reconstructing social space, reshaping material space, and creating spiritual space is formulated, and specific regeneration measures are defined for the elements of the three types of space.

Keywords: Block Conservation and Renewal; Spatial Production; Spatial Justice; Yanshou Historical District

B.15　Shenyang Safe Community Construction Based on
　　　　"Two Neighbors Concept": Logical Perspective,
　　　　Case Presentation, Path Enlightenment

Cao Haijun, Liang Sai / 250

Abstract: With the strategic goals of coordinating "two overall situations", running "two major events" well, continuing to write "two major miracles", and winning "three tough battles", etc. , have been placed in a more prominent and important position. A high-level safe China has become an important goal of national governance. The construction of Ping'an community strongly supports the construction of Ping An China. The "two neighbors" community construction in S City is an innovative and vivid interpretation of the construction of Ping'an community, which provides perspectives for examining the realistic approach to

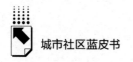

the construction of Ping'an community. By building a theoretical analysis framework for the construction of safe communities in three dimensions: grassroots organization, basic work, and basic capabilities, it is possible to examine and deconstruct the practice of community construction in the "two neighbors" of S City, and to analyze macro-policy theories and micro-empirical cases. In the effective interaction between the two groups, the three approaches of perfecting the linkage mechanism for building a safe community, creating a cultural atmosphere, and responding to different levels are realized.

Keywords: Two Neighbors Concept; The Construction of Peaceful Community; The Construction of Peaceful China

B.16　Typical Practice and Practical Experience of "Public Complaints Processed without Delay" in Beijing:
A Case Study of Shunyi District to Promote the Modernization of Grassroots Governance

Ning Jing, Li Feng / 267

Abstract: Increasing grassroots governance capacity is an effective way to modernize the governance system and governance capacity. In 2018, Beijing began to implement the reform of "Public Complaints Processed without Delay". Shunyi District innovated the mechanism of "sub-district offices and township governments whistle, agencies report for duty" and established the "six-linked list work method", which effectively solved the problem in grassroots governance. This paper takes Shunyi District as a example to explore its measures to promote the modernization of grassroots governance through institutional mechanisms. Guided by party building, Shunyi District deepened the reform, carried out the work of "Public Complaints Processed without Delay", solved the "last mile" problem in grassroots governance, optimized institutional settings, continued to promote city grid management, and promoted the quality and efficiency of grassroots governance through epidemic prevention. There are also typical shortcomings in grassroots governance, and further research is needed.

Keywords: Public Complaints Processed without Delay; Reform Whistling in the Street; Grassroots Governance Innovation; Shunyi District

Abstract: Improving the "resilience" of grassroots communities is a necessary requirement for the modernization of China's emergency governance system and capacity in the context of a risk society. While the responsibility for flood control along the Yangtze River in Nanjing lies with the flood & drought control headquarters in relation to municipal, provincial, and national levels. Adequate emergency preparedness and multi-linkage governance are the most basic defence for the people and lives at the grassroots level. In order to investigate the limitation of resilience of grassroots communities in flood prevention and emergency response, Jiangxinzhou Street's national comprehensive disaster mitigation demonstration community and the Zhoudao Home Community are selected as the case study areas. The study aims to investigate their experiences and practices in disaster prevention and mitigation for a rainy day in 2020. We take the Nanjing river base of the Yangtze River as an example, which entered into a crisis of "breaking the warning line" in July 2020. The example presents the experience of Jiangxinzhou Street's Zhoudao Home Community in terms of structural resilience, institutional resilience and process resilience in flood prevention and emergency response.

Keywords: Grassroots; Emergency Management; Flood Control and Disaster Relief; Community Resilience

皮 书

智库成果出版与传播平台

❖ 皮书定义 ❖

皮书是对中国与世界发展状况和热点问题进行年度监测，以专业的角度、专家的视野和实证研究方法，针对某一领域或区域现状与发展态势展开分析和预测，具备前沿性、原创性、实证性、连续性、时效性等特点的公开出版物，由一系列权威研究报告组成。

❖ 皮书作者 ❖

皮书系列报告作者以国内外一流研究机构、知名高校等重点智库的研究人员为主，多为相关领域一流专家学者，他们的观点代表了当下学界对中国与世界的现实和未来最高水平的解读与分析。截至2022年底，皮书研创机构逾千家，报告作者累计超过10万人。

❖ 皮书荣誉 ❖

皮书作为中国社会科学院基础理论研究与应用对策研究融合发展的代表性成果，不仅是哲学社会科学工作者服务中国特色社会主义现代化建设的重要成果，更是助力中国特色新型智库建设、构建中国特色哲学社会科学"三大体系"的重要平台。皮书系列先后被列入"十二五""十三五""十四五"时期国家重点出版物出版专项规划项目；2013~2023年，重点皮书列入中国社会科学院国家哲学社会科学创新工程项目。

皮书网

（网址：www.pishu.cn）

发布皮书研创资讯，传播皮书精彩内容
引领皮书出版潮流，打造皮书服务平台

栏目设置

◆ **关于皮书**

何谓皮书、皮书分类、皮书大事记、
皮书荣誉、皮书出版第一人、皮书编辑部

◆ **最新资讯**

通知公告、新闻动态、媒体聚焦、
网站专题、视频直播、下载专区

◆ **皮书研创**

皮书规范、皮书选题、皮书出版、
皮书研究、研创团队

◆ **皮书评奖评价**

指标体系、皮书评价、皮书评奖

◆ **皮书研究院理事会**

理事会章程、理事单位、个人理事、高级
研究员、理事会秘书处、入会指南

所获荣誉

◆ 2008 年、2011 年、2014 年，皮书网均
在全国新闻出版业网站荣誉评选中获得
"最具商业价值网站"称号；

◆ 2012 年，获得"出版业网站百强"称号。

网库合一

2014年，皮书网与皮书数据库端口合
一，实现资源共享，搭建智库成果融合创
新平台。

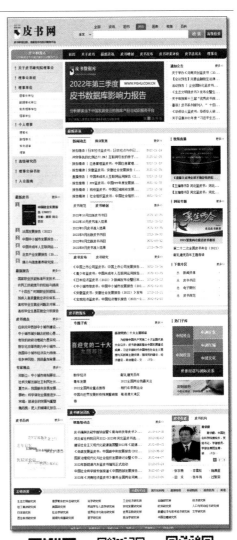

皮书网

"皮书说"
微信公众号

皮书微博

权威报告·连续出版·独家资源

皮书数据库
ANNUAL REPORT(YEARBOOK)
DATABASE

分析解读当下中国发展变迁的高端智库平台

所获荣誉

- 2020年，入选全国新闻出版深度融合发展创新案例
- 2019年，入选国家新闻出版署数字出版精品遴选推荐计划
- 2016年，入选"十三五"国家重点电子出版物出版规划骨干工程
- 2013年，荣获"中国出版政府奖·网络出版物奖"提名奖
- 连续多年荣获中国数字出版博览会"数字出版·优秀品牌"奖

皮书数据库　　　　"社科数托邦"
　　　　　　　　　微信公众号

成为用户

　　登录网址www.pishu.com.cn访问皮书数据库网站或下载皮书数据库APP，通过手机号码验证或邮箱验证即可成为皮书数据库用户。

用户福利

- 已注册用户购书后可免费获赠100元皮书数据库充值卡。刮开充值卡涂层获取充值密码，登录并进入"会员中心"—"在线充值"—"充值卡充值"，充值成功即可购买和查看数据库内容。
- 用户福利最终解释权归社会科学文献出版社所有。

社会科学文献出版社 皮书系列
SOCIAL SCIENCES ACADEMIC PRESS (CHINA)

卡号：937821345737
密码：

数据库服务热线：400-008-6695
数据库服务QQ：2475522410
数据库服务邮箱：database@ssap.cn
图书销售热线：010-59367070/7028
图书服务QQ：1265056568
图书服务邮箱：duzhe@ssap.cn

基本子库 SUB DATABASE

中国社会发展数据库（下设12个专题子库）

紧扣人口、政治、外交、法律、教育、医疗卫生、资源环境等12个社会发展领域的前沿和热点，全面整合专业著作、智库报告、学术资讯、调研数据等类型资源，帮助用户追踪中国社会发展动态、研究社会发展战略与政策、了解社会热点问题、分析社会发展趋势。

中国经济发展数据库（下设12专题子库）

内容涵盖宏观经济、产业经济、工业经济、农业经济、财政金融、房地产经济、城市经济、商业贸易等12个重点经济领域，为把握经济运行态势、洞察经济发展规律、研判经济发展趋势、进行经济调控决策提供参考和依据。

中国行业发展数据库（下设17个专题子库）

以中国国民经济行业分类为依据，覆盖金融业、旅游业、交通运输业、能源矿产业、制造业等100多个行业，跟踪分析国民经济相关行业市场运行状况和政策导向，汇集行业发展前沿资讯，为投资、从业及各种经济决策提供理论支撑和实践指导。

中国区域发展数据库（下设4个专题子库）

对中国特定区域内的经济、社会、文化等领域现状与发展情况进行深度分析和预测，涉及省级行政区、城市群、城市、农村等不同维度，研究层级至县及县以下行政区，为学者研究地方经济社会宏观态势、经验模式、发展案例提供支撑，为地方政府决策提供参考。

中国文化传媒数据库（下设18个专题子库）

内容覆盖文化产业、新闻传播、电影娱乐、文学艺术、群众文化、图书情报等18个重点研究领域，聚焦文化传媒领域发展前沿、热点话题、行业实践，服务用户的教学科研、文化投资、企业规划等需要。

世界经济与国际关系数据库（下设6个专题子库）

整合世界经济、国际政治、世界文化与科技、全球性问题、国际组织与国际法、区域研究6大领域研究成果，对世界经济形势、国际形势进行连续性深度分析，对年度热点问题进行专题解读，为研判全球发展趋势提供事实和数据支持。

法律声明